엮은이 **아르민 퐁스**

1968년에 태어났으며 대학에서 사회학, 심리학, 정치학을 공부하였다. 현재는 뮌헨에 살면서 자유 저널리스트, 사진작가, 저술가로 활동하고 있다. 또한 자신이 편집한 책들을 주제로 한 강연회와 토론회, 전시회를 기획하고 있다.

옮긴이 **김희봉(freizeit@hanafos.com)**

연세대학교 철학과 졸업, 동대학원 졸업(석사)
독일 부퍼탈 대학교 철학박사
현재 그리스도신학대 교양학부 교수
저·역서: 『현대윤리학의 문제들』(철학과 현실사, 2002, 공저), 『철학의 거장들』(한길사, 2001, 공역), 『인간의 조건과 실천철학』(한양대출판부, 1996, 공저)
논문: 「가상현실의 철학적 의미」, 「지각과 진리의 문제」, 「인간 폭력의 근원과 의미」 외 다수

이홍균(lhk330@chol.net)

연세대학교 사회학과 졸업, 동대학원 졸업(석사)
독일 마부룩 대학교 사회학박사
연세대학교, 이화여자대학교, 국민대학교, 가톨릭대학교 등 강사
이화여자대학교 연구교수
현재 서원대학교 연구교수
저·역서: 『NGO 시대의 지식 키워드21』(아르케, 2003, 공저), 『사회적 압력과 소외』(학문과 사상, 2003), 『하버마스의 사상』(나남, 1998, 공저)
논문: 「국가 시장 그리고 시민사회단체」, 「발전국가의 도덕적 해이와 새로운 세계질서: 'IMF 시대'의 내재적 원인과 외재적 원인」, 「지속 가능한 발전 개념에 대한 비판」

사회과학자 12인에게 던지는 질문

당신은 어떤 세계에 살고 있는가? ❶

아르민 퐁스 엮음

김희봉·이홍균 옮김

국립중앙도서관 출판시도서목록(CIP)

당신은 어떤 세계에 살고 있는가?. 1 / 아르민 퐁스 엮음 ; 김희봉 ; 이홍균 〔공〕옮김. -- 서울 : 한울, 2003
p. ; cm

관제: 사회과학자 12인에게 던지는 질문
원서명: In welcher Gesellschaft leben wir eigentlich? : Gesellschaftskonzepte im Vergleich. Band 1
원저자명: Pongs, Armin
ISBN 89-460-3169-7 03330
ISBN 89-460-0113-5(세트)

331.54-KDC4
303.4-DDC21 CIP2003001169

In welcher Gesellschaft leben wir eigentlich?

Gesellschaftskonzepte im Vergleich

Band 1

Aus der Reihe "Gesellschaft X"

herausgegeben von Armin Pongs

In welcher Gesellschaft leben wir eigentlich?
Gesellschaftskonzepte im Vergleich, Band 1
by Armin Pongs

니클라스 루만(Niklas Luhmann, 1927~1998)

사회를 과학적 분석 대상으로 끌어올리는 데 기여한 한 사람에게 – 이제 그의 영혼과 분리된 이론에 감사하며.

신분적인 것은 점차 사라지고, 신성한 것도 자취를 감추고, 마침내 사람들은 자신들의 삶과 인간관계를 무감각한 시각으로 바라보게 되고 말았다.

카를 마르크스, 1848

지식의 증가와 합리화의 증가가 바로 삶의 조건에 대한 일반적인 지식의 증가를 의미하지는 않는다. 그러나 다음과 같은 사실에 대한 지식과 믿음을 의미한다. 어떠한 비밀스럽거나 계산 불가능한 힘도 존재하지 않는 사실과 거의 모든 사물을 이제 계산에 의해 지배할 수 있다는 사실에 대한 지식과 믿음을 의미한다. 그것은 세상의 탈주술화이다.

막스 베버, 1919

우리에게 확실한 것은 우리가 과거라고 기억하는 것이 미래에도 변함 없이 재현될 것인지를 확신할 수 없다는 것이다.

니클라스 루만, 1992

옮긴이 서문

세상은 수많은 문제와 다양한 변화를 동시에 쏟아내면서 점점 더 빠른 속도로 질주하고 있다. 그럼에도 현대인들은 그 변화를 좇아가기에도 급급할 뿐, 현대사회가 쏟아내는 문제해결의 주체가 되지 못하고 있다. 현대사회의 질주가 많은 문제들을 양산하고 있음에도 그 문제들을 어디에서 어떻게 풀어나가야 하는지 알 수 없고, 점점 더 해결하기 어렵게 꼬여가는 이유가 여기에 있다.

그 문제들은 결코 '나'와 무관한 것이 아니고 '우리'와 무관하지 않다. 비록 당장은 모두 자기 자신의 눈앞의 문제들만 해결하기에도 급급하지만, 그 눈앞의 문제들은 장기적인 안목에서 해결불가능한 문제를 만들어 내고 있다. 그럼에도 사회에는 장기적인 안목에서 자신의 문제를 보지 못하고 눈앞에 당면한 문제만을 보는 사람들로 가득하다.

이 책은 각 개개인이 당면한 문제에 대한 답을 제시하지는 않는다. 그러나 12명의 저명한 사회과학자들이 사회 전체를 각각 하나의 키워드로 설명하고, 사회 전체의 변화와 전망 또는 대안들을 제시하고 있다. 서로 다른 시각에서 사회의 다양한 측면들을 설명하고 문제점을 지적하며 그에 대한 대안을 제시하고 있다.

사회 전체의 흐름을 읽을 수 있는 사람이 많아질 때 사회적 합의가 가능하다. 또한 과거 사회의 패러다임에 묶여 있지 않을 수 있고, 개인과 집단의 근시안적 관점에서 벗어날 수 있다. 현대사회가 직면하고 있는 실업과 환경, 경제위기들은 과거 이론에 의존해서는 설명할 수도 또한 해결할 수도 없는 새로운 성질의 위기들이다.

그 위기의 해결을 위해서는 무엇보다도 위기의 새로운 성질을 이해하고 현재까지 그 위기에 대처한 방식에 대한 문제 제기 또한 필요하다. 그리고 위기에 대한 사회 전체의 인식이 시급하다.

현대사회에 대한 이해는 자신이 안고 있는 문제를 자신의 문제로만 인식하지 않고 사회와 연관지어 이해할 수 있게 해준다. 그것이 미국의 사회학자 밀즈의 표현대로 사회학적 상상력을 키우는 방법이다.

이 책은 어느 이론 편향에 서지 않고 다양한 입장의 이론가들을 한 자리에 모아 놓고 자신들의 입장을 기탄 없이 토로하게 한다. 또한 이 책은 한 사람의 이론을 이해하기 위해 들여야 할 많은 시간을 줄여주고 있다. 그러나 그 과정에서 압축적이고 은유적이며, 현학적인 표현이 종종 발견된다. 이 부분이 번역하면서 어려웠던 부분이다.

아르민 퐁스의 체계적인 기획은 독자들에게 석학들의 세계관을 짧은 시간에 쉽게 이해시키려는 목적에서 출발한 것으로 보인다. 이 기획은 독자의 학문적 관심을 발견하는 데에도 큰 도움이 되었으면 하는 바람이다.

2003년 10월

김희봉·이홍균

엮은이 서문

이 책이 던지는 핵심질문은 "우리는 어떤 사회에 살고 있는가?"이다. 이러한 질문은 누구나 한 번쯤은 던져보았을 것이다. 문제는 누구나 시간과 공간에 따라 다른 대답을 했을 것이라는 점이다. 앞의 인용구들은 카를 마르크스, 막스 베버, 니클라스 루만이 각각 자기가 살았던 시대를 진단한 것이다. 첫번째 인용문은 카를 마르크스와 프리드리히 엥겔스가 1848년에 출판한 『공산당 선언』에서, 두번째 인용문은 막스 베버가 1919년 뮌헨 대학에서 강연했던 『직업으로서의 학문』에서 발췌한 것이고, 세번째 인용문은 1992년 출판된 니클라스 루만의 『근대성의 관찰』이라는 책에 들어 있는 것이다. 루만은 '사회'를 '인간적인 공동생활의 총체적인 체계'로 정의하였다. 그리고 그는 "더 세부적인 특징들에 대해서는 합의되지 않고 있다"고 하였으며, 사회의 기능적인 연관성을 파악하려고 하였다. 중병으로 인해 이 책의 핵심질문에는 답하지 못하고, 1998년 11월에 세상을 떠난 그에게 이 책을 바치고자 하는 바이다.

우리가 말할 수 있는 것은 우리가 본 무엇인가에 대해서이다. 우리가 살고 있는 사회에 대해서 기술하기 위해서는 사회를 좀더 자세히 살펴볼 필요가 있다. 그에 따라 이 책에서는 경제적이고 사회적인 교환관계, 노동관계, 직업구조와 교육과정 등을 포괄하는 사회개념들을 주제로 잡고 있다. 우리의 일상생활에서 찾아볼 수 있는 다양한 공동생활의 형태들과 행동양식들을 보여주고 밝히고 있다. 이에 다음과 같은 비판이 제기될 수도 있다: 그러한 것들이 사회와 무슨 관련이 있다는 말인가? 사회에 대해서 말한다는 것이 도대체 무슨 의미를 갖는가? 많은 이들에게 사회는 시야에서 벗어나 있는 것이다. 그러한 것은 사회가 지난 몇 십 년 동안 급격하게 변화했다는 사실과도 관련이 있을 것이다. 또는 오늘날의 사회가 공통분모를 잃어가기 때문일지도 모른다. 사람들 사이의 지속적인 사회적 연결이 더 이상 생기지 않거나 친밀한 관계로 발전하지 못하는 것이 보통이다. 각각 개인들에게 요구되고 있는 것은 그 자신의 삶을 스스로 통제하는 것이다. 사회는 이제 과거의 주어진 것들이 아니라 현재의 조건하에 존재하고 있다. 미래가 어떻게 될지는 아무도 알 수 없다. 우리가 살고 있는 사회는 지속적으로 변화하고 있다. 언제나 사회를 바라보는 다양한 차원과 관점과 질문이 있으며, 그에 따라 서로 다른 대답과 개념들에 도달할 수 있다. 이것은 이 책을 통해서 다시 한번 분명해지리라 생각한다.

지금까지 아무 것도, 그리고 아무도 배제하지 않아야 한다는 요구를 수용할 수 있는 책은 없었다. 이 책에는 독일어권의 사회과학자들이 주로 등장하고 있다. 이것은 약점일 수도 있지만 –많든 적든 어쩔 수 없이– 이 책이 국경을 단위로 연구되거나, 국민국가와 동일시되고 있다는 것을 고려한 것이기도 하다. 앞으로 계속 발간될 이 책은 사회과학자들에게 자신의 테두리를 넘어서 세상을 내다보라는 요구이기도 하다. 이 책의 또 다른 약점으로는 왜 여성 학자를 한 명도 등장시키지 않느냐를 들 수 있다. 그것은 사회과학적 토론에서 여성들이 언제나 열등한 역할을 맡아왔다는 사실을 스스로 설명하고 있기도 하다. 이 문제는 이 책의 2권에서 다룰 것이다.

나는 이 책에 기여한 모든 '사회 전문가'들이 보여주었던 도움에 감사를 드린다. 그들의 도움 없이는 이 책을 구성할 수 없었을 것이기 때문이다. 또한 나는 아닐 제인, 엘마 코엔, 프랑크 애서가 준 자극에 감사한다. 또한 홈페이지(http://www. dilemma-verlag.de)를 작성하여 이 주제에 대한 토론의 장을 가능하게 해준 랄프 그라이너와 한스 바이드호퍼에게 감사한다. 특히 이 책의 마지막까지 끝없는 열정을 보여준 나의 조교 라이너 켈러와 마르틴 쉘모저에게 감사를 드린다. 그리고 내가 가는 모든 길에 곁에 있어준 나의 아내 에텔과 아들 알레얀드로에게 고마움을 전한다. 그 두 사람이 보여준 '양과 같은 참을성'이 이 책이 나오기까지의 모든 어려움을 잘 극복할 수 있도록 해주었기 때문이다.

1998년 6월 12일, 뮌헨에서
아르민 퐁스(Armin Pongs)

차례

옮긴이 서문 9
엮은이 서문 11
들어가며 17

마틴 앨브로(Martin Albrow) ▶▶ **세계사회** 19
울리히 벡(Ulrich beck) ▶▶ **위험사회** 41
다니엘 벨(Daniel Bell) ▶▶ **후기산업사회** 63
랄프 다렌도르프(Ralf Dahrendorf) ▶▶ **시민사회** 85
피터 그로스(Peter Gross) ▶▶ **다중선택사회** 105
빌헬름 하이트마이어(Wilhelm Heitmeyer) ▶▶ **해체사회** 129
클라우스 레게비(Claus Leggewie) ▶▶ **다문화사회** 151
아르민 나세히(Armin Nassehi) ▶▶ **기능분화사회** 173
클라우스 오페(Claus Offe) ▶▶ **노동사회** 203
게하르트 슐츠(Gerhard Schulze) ▶▶ **체험사회** 227
볼프강 벨슈(Wolfgang Welsch) ▶▶ **가변문화사회** 247
헬무트 빌케(Helmut Willke) ▶▶ **지식사회** 271

후기 295
찾아보기 299

『당신은 어떤 세계에 살고 있는가 2』 차례

아미타이 에치오니(Amitai Etzioni) ▶▶ **책임사회**

앤소니 기든스(Anthony Giddens) ▶▶ **근대사회**

악셀 호네트(Axel Honneth) ▶▶ **균열사회**

스테판 라딜(Stefan Hradil) ▶▶ **독신자사회**

로널드 잉글하트(Ronald Inglehart) ▶▶ **포스트모던 사회**

카린 크노르-세티나(Karin Knorr-Cetina) ▶▶ **지식사회**

스콧 래시(Scott Lash) ▶▶ **정보사회**

카를 울리히 마이어(Karl Ulrich Meyer) ▶▶ **교육사회**

레나테 마인츠(Renate Mayntz) ▶▶ **다이내믹 사회**

닐 포스트맨(Neil Postman) ▶▶ **미디어 사회**

리처드 세네트(Richard Sennett) ▶▶ **유연한 사회**

지안니 바티모(Gianni Vattimo) ▶▶ **투명사회**

들어가며

"우리는 어떠한 사회에 살고 있는가?" 21세기의 문턱에서 이 질문에 답하기란 쉽지 않다. 후기산업사회, 고도기술사회, 고도분화사회는 개인주의화와 지구화의 과정에 의해서 근본적인 구조변동의 상태에 ―이러한 문제들이 이 책에서 중점적으로 다루어질 것이다― 있다. 우리는 모든 이의 삶의 조건을 엄청나게 변화시키고 있는, 사회·역사적 변화과정의 증인이다. 우리는 교육과 일자리, 사회적 지위에 대한 믿음을 잃어가고 있을 뿐 아니라, 우리가 어디에 서 있고 또 어디로 가고 있는지에 대한 확신도 없다.

이와 비교할 만한 사회변화는 신분제를 그 기반으로 했던 농업사회가 근대화의 물결에 의하여 해체되면서 산업사회가 본격적으로 형성되고 있었던 19세기에 있었다. 20세기의 지난 몇십 년 동안 이러한 변화를 예측할 수 있었다. 정보기술의 발전, 대중매체의 확산, 교통수단의 대중화나 국제적 의무의 증가, 세계시장의 형성 등은 급격한 사회변동을 일으키고 있다. 그 변동은 산업사회의 형태와 민족국가의 경계를 무너뜨리고 있다. 전지구적인 근대화과정은 직선적으로 진행되는 것이 아니고, 분명한 하나의 목적도 없이 모순 속으로 빠져들고 있다. 사회가 어디로 나아가게 될 것인지 아무도 알지 못하는 것이다.

반 정도의 설득력밖에 가지고 있지 않는 대답들로 채워진 책들이 있을 뿐이다. 수많은 사회과학적 시도들과 설명들로 혼란스러울 정도이다. 물론 사회 현실은 하나의 사회개념으로 완전히 파악되지 않는 어려움이 있기는 하다. 이 책은 세계적으로 저명한 사회과학자들(사회학자들, 정치학자들, 철학자들)에게 질문을 던지고 있다. 그들은 고유한 연구대상 영역을 가지고 있을 만큼 독특한 방식으로 연구해온 사람들이다. 이 책에서는 짧고 분명하게 다양한 사회분석들을 기술하도록 했으며, 그들의 이론적 기반을 또렷하고 비판적으로 질문하고 있다. 그 결과 사회 기제의 작동을 느끼게 하는 그들의 뛰어난 이론과 개념들에 대한 전체적 조망을 얻어낼 수 있었다. 그를 위해 그들 각각의 관점을 부각시키고, 관찰 가능한 흐름과 변화를 잡아냈다. 분화되고 있는 사회요소들 속에서 전체적인 딜레마와 아울러 현대사회의 잠재력을 보여주고 있다.

"논쟁적이지 않은 것은 말할 가치가 없다." 서로 대화하는 가운데 인간적인 삶을 위한 새로운 가능성이 열린다. 이 책은 혁명을 일으켜야 한다거나 유토피아를 실현해야 한다고 말하지 않으며 처방을 제시하려 하지도 않는다. 그보다는 무시되고 있는 연구대상인 '사회'를 주제로 취급하여 문제화하고 대중의 의식 속으로 끌어들이려는 것이다. 이 책의 의도가 잘 전달되기를 바라며, 많은 학자들 사이에서 논쟁을 불러일으키게 되기를 희망하며…….

1999년 1월, 뮌헨에서
아르민 퐁스

마틴 앨브로

세계사회

생애

"지구적 시대에 오신 것을 환영합니다."

마틴 앨브로(Martin Albrow)는 1937년에 태어났다. 그는 런던 로햄턴 연구소의 사회학과 교수이고 런던 경제학교의 초빙교수이다. 그의 주된 연구 테마는 전지구화와 사회학 이론이다.

"모든 것을 덮고 있는 덮개는 주의를 끌지는 못한다"고 마틴 앨브로는 쓰고 있다. 전지구화의 영향을 완전하게 이해한다는 것은 지금까지 불가능하다는 것을 인정하더라도, 양심적인 사색가이자 집필자인 그에게 세계화라는 현상은 현 시대의 사회이론으로서 가장 중요한 것이다.

앨브로는 근대의 관점을 고집하지 않는 지식인이다. 그는 자신이 사회적 사실—전지구적 시대—로 인식하고 있는 것을 전달하고자 할 뿐이다. 앨브로가 이 용어를 사용한 첫번째 사람은 아니다. 그럼에도 그 개념은 그 이전에 지금껏 학문적으로 엄밀하게 정의되어 사용되지 않았다.

앨브로는 근대의 질식할 것 같은 분위기와 나쁜 공기를 피해 가족과 함께 발함으로 이주했다. 런던 근방의 전지구적인 도시로 연구를 심화시키기 위해, 그리고 그의 테제를 발전시키기 위해 그가 발함에서 워싱턴 D.C로 이사간다면 그는 다시 '전지구적인 마을'에서의 삶을 '전지구적인 도시'에서의 삶으로 바꾸게 될 것이다.

■ 주요 저작들

- Martin Albrow. 1996, *The Global Age: State and Society Beyond Modernity*, London: Polity Press. —『전지구적 시대: 근대성을 넘어선 국가와 사회』(영어 원본)
- _____. 1998, *Abschied vom Nationalstaat: Staat und Gesellschaft im Globalen Zeitater*, Frankfurt/M.: Suhrkamp Verlag. —『국민국가여 안녕: 전지구적 시대의 국가와 사회능동적 사회』(독일어판)

개념 오늘날까지 사회는 국가를 단위로 정의되어왔다. 우리가 살고 있는 시대를 대부분의 사회과학자들은 모던이라고 하고 몇몇은 포스트모던이라고 한다. 앨브로에 의하면 이 두 개념은 이미 낡은 개념이다. 새롭게 등장하고 있는 지구적 현실을 보면서 그는 사회에 대한 새로운 관점을 제시하고 있다.

앨브로는 1995년 개최된 유엔 세계기후회의에서 변화된 지구 상황에 대한 강력한 확신을 얻게 되었다. 그 회의에서 발표된 연구결과들에 따르면 온실효과의 영향으로 전지구의 기온이 올라가고 있다. 이것은 앨브로가 강조하고 있는 것처럼 각 나라에서 방출하고 있는 이산화탄소에 의해 전지구의 기온이 상승하고 있음을 보여주는 예이다. 지구의 온난화는 국가 단위로 생각하고 있었던 사회를 전지구적 세계사회로 변화시키는 데 일조하고 있고, 동시에 근대성 시대의 종말을 고하고 있다. 그와 더불어 새로운 시대가 열리고 있다는 증거이다.

앨브로에 따르면 전지구적 시대는 근본적으로 인간적인 삶과 행동에 각각 독특하게 급격한 변화를 일으키고 있는 다섯 가지 요인에 의하여 구별된다. 첫번째 요소는 인간이 불러일으키고 있는 환경문제이다. 두번째 요소는 핵 위험에 의한 안전의 상실이고, 세번째는 시·공간의 한계를 극복하는 전지구적 네트워크 구축에 의하여 가능해진 의사소통의 장들, 네번째로는 전세계로 넓어진 무역관계, 그리고 다섯번째로 국경의 한계를 넘어서 사회적 상호작용이 일어나고 있는 전지구적 사회에 살고 있다는 의식이 그것이다.

의사소통의 가능성과 행위의 가능성이 확대됨으로써 생활공간이 이제는 더 이상 각 개인의 생활과 일치하지 않게 되었다. 국경을 넘어서 사회적·경제적인 접촉이 일어나고 있고, 그에 상응하여 상품과 서비스, 기업 연관이 이루어지고 있는 것이다. 인간의 생존에 대한 전지구적인 실천과 위험의 영향력이 점점 증가하고 있다는 사실은 앨브로가 근대성에서 전지구적인 시대로의 전환이라고 표현한 시간적인 전환으로 표현될 수 있다.

앨브로는 자연과 인간을 지배하고자 하는 욕망이 근대성의 추동력이라고 본다. 그리고 인간의 행동은 국민국가의 관심과 질서에 잘 연결된 목적을 지향하고 있었다. 국가의 아이디어는 국가와 국민을 묶어 주었고, 종종 자의적인 법 해석과 경계 구분을 정당화하였다. 사회는 국가적 모델에 따른 것이다. 새로운 기술의 발견, 일터와 생활 영역의 분리 등과 같은 사회적인 힘은 국가라는 울타리를 넘어서고 말았다. 경제적이고 사회적인 교환은 점차 국경을 넘어선 과정으로 발전되었고, 그 과정에서 국민국가는 점차 통치권을 잃어가고 있다. 국가는 새롭게 등장하는 수없이 많은 사회 조직들을 더 이상 총괄하지 못하고 있다. 사회적 교환의 규칙들은 더 이상 중앙에서 관장할 수 없고 여러 곳에서 통제되고 있기 때문에 국가는 속수무책인 것이다. 장기적인 안목에서 보면 새로운 형태의 사회, 경제적인 접촉은 과거의 집단 소속감을 상대적으로 약화시키고, 새로운 형태의 정체성을 만들어나가고 있다. 전세계가 하나로 연결됨에 따라 국가의 영역을 넘어서 전지구주의로 확장되고 있다. 여기에는 "당신이 하고 있는 것은 언제나 전세계의 욕구를 위해서 하고 있는 것이다"라는 명령이 작용하고 있다. 유일하지는 않지만 전지구주의를 가장 뚜렷하게 나타내는 것은 환경운동이다. 환경문제는 인간 행동을 전지구적으로 연결시킴으로써 전지구적인 의식에 영향을 끼치고, 사회적 영역에서 새로운 행동, 삶, 인식의 공간과 같은 예측하지 못한 힘의 구조를 인식하게 한다.

1차원적이지도 않고 어떠한 목적을 지향하고 있지도 않은, 이처럼 역동적인 과정은 국민국가를 중심으로 구성되었던 세계 질서의 틀을 뒤흔들어 놓고 있으며, 사회적인 것을 변화시키고 있고 앞으로 어디로 튈지도 알 수 없다. 앨브로는 국민국가가 역사적으로 일정한 시기에 국한된 존재라는 것을 다음과 같이 명백하게 밝히고 있다: "근대성의 국민국가는 인간의 역사에서 유일한 국가 형태도 아니고 가장 거대한 정치적 성공작도 아니다."

전지구화의 진행은 마침내 세계사회를 형성할 것이라는 것이다. 앨브로는 그것을 '모든 사회적 관계들의 총합이 전세계로 확장되고 지구 전체를 연결시키는 것'으로서 이해하고 있다. 시간, 전지구적 시대가 진행되면서 어떠한 사회적인 조직 형태가 출현할 것인지는 알 수 없다. 그렇지만 앨브로가 분명하게 확신하고 있는 것은 변화된 현실은 사회를 전지구적 사회로 이해하도록 하는 새로운 사고를 요구하고 있다는 것이다.

공통질문

1. 당신은 스스로를 사회이론가나 사회비평가 또는 사회설계가로 생각합니까? 아니면 그저 동시대인으로 생각합니까?

저는 사회의 기능 방식을 이해하려는 지적인 관심을 갖고 있는 이론가입니다. 사회가 개개인에게 어떠한 영향을 미치고 정치가가 사회적으로 주어진 일들에 어떻게 반응하고 있는가를 이해하려고 하고 있습니다. 모든 훌륭한 이론들은 비판을 전제하고 있습니다. 여러 이론들은 사회적인 현상 뒤에 숨겨져 있는 현실을 발견하기 위하여 노력한다는 데에 그 의미가 있습니다. 그 이론들은 방향과 경향, 그리고 그 작용들의 일관성을 찾아내려 하고 있습니다. 언제나 우리 앞에는 표상과 현실 사이의 대립이 전개됩니다. 그것을 인식하고 해결하려고 노력하면 비판적이지 않을 수 없습니다. 비판적인 것은 피할 수 없는 일입니다.

2. 우리가 살고 있는 사회는 도대체 어떤 사회입니까?

우리는 인간적인 사회에 살고 있습니다. 아주 특별한 사회입니다. 우리는 현대에 살고 있습니다. 우리가 이 사회를 어떻게 조금 더 가까이 정의하느냐는 우리 스스로가 이 사회를 어떻게 보느냐에 달려 있습니다. 여기서 '우리'는 우리 사회가 어떠한 사회인가에 대한 토론을 위한 분석적 개념은 아닙니다. 제 생각에는 인간적인 사회가 바로 '우리'입니다.

3. 현 사회의 긍정적인 면과 부정적인 면에는 어떤 것이 있습니까?

인간적인 사회와 관련하여 생각할 때 그것은 어려운 질문입니다. 가장 중요한 문제는 인간적인 사회가 인간적으로 남아 있도록 배려하는 일이 될 것입니다. 인간성과 사회 사이에는 언제나 긴장이 있습니다. 우리가 특히 인간적이라고 여기고 있는 가치가 기술적이고 합리적인 발전과 서로 논리적으로 맞아떨어지는 부분이 인간성과 사회 사이의 연결에서 가장 약한 부분입니다.

우리는 다양한 사회에서 강점과 약점을 말하기 위해서 우선 '이' 사회를 개념적으로 인간적인 사회와 특수한 사회로 구분하여야 할 것입니다. 영국 사회, 서구 사회, 그리고 동시대의 포스트모던 사회를 각각 예로 들어봅시다. 이러한 사회형태들은 강한 측면과 약한 측면을 모두 가지고 있습니다. 한편으로는 인간적인 가치를, 다른 한편으로는 생존하기 위한 기본적인 능력을 가지고 있습니다.

저는 '사회'라는 개념은 일반적으로는 이해하기 어려운 개념으로 보고 있습니다. 우리들은 그 개념을 모든 가능한 것들을 다 모아놓은 개념으로 사용하고 있습니다. 오늘날의 사회를 연구할 때 그것은 가장 큰 문제가 될 것입니다. 우리는 '사회'라고 하는 개념의 특수한 의미를 파악할 수 있는 시각을 잃어버렸습니다. 저는 사회를 문화 또는 경제와 동일시하지 않습니다. 사회는 무엇인가 다른 것이고, 사회는 전체 사회 현실을 의미하는 것도 아닙니다.

4. 사회에서 당신의 역할은 무엇입니까?

제가 역할을 수행하고 있다고 느끼는 곳은 제가 속한 사회입니다. 저의 가족이나 직장, 지역에서 그렇습니다. 저는 사람들에게 사회의 본질을 알려주려고 노력하고 있습니다. 바로 이것이 한 사회학자의 지식인으로서의 과제이고, 그래서 어떻게 사회가 움직이고 있는가를 이해하는 것이 중요합니다. 그것을 이해하지 못하고 개인적으로 정치나 경제를 조직하게 된다면 큰 실수를 범할 것입니다. 사회는 하나의 현실체이고 사회학자로서 그 현실체에 가장 큰 주의를 집중해야 합니다. 사회를 가볍게 취급하는 것은 현명하지 못한 일이 될 것입니다.

5. 사회소설 가운데 어떤 것을 좋아합니까?

최근에 출판된 두 권의 소설책이 생각납니다. 첫번째는 영국에서 큰 성공을 거둔 책으로 하니프 쿠레이쉬라는 이름의 젊은 작가의 소설로 제목은 『도시를 떠난 붓다』입니다. 두번째는 캐나다인 더글러스 커플랜드의 판타지 소설인 『제너레이션 X』입니다. 이 두 권의 소설책을 아주 재미있게 읽었습니다. 이 두 권의 소설책은 우리 시대의 사회적 변혁을 다루고 있고, 과거 세대의 생각과 관념들과 비교해가면서, 무엇이 현대의 사고와 다른가를 잘 부각시키고 있습니다. 이 두 권의 책은 제가 자랄 때 영향을 받았던 모든 사고방식을 다시 생각해보도록 해주었습니다. 그것은 매우 흥미로운 일이라고 봅니다.

6. 당신이 즐기는 게임에는 어떤 것이 있습니까?

저는 '샤라덴(Scharaden: 게임 텍스트의 일종으로 게임 딜러의 역할을 풀어가는 일종의 수수께끼 게임—옮긴이)'을 좋아합니다. 샤라덴은 한 사람이 무엇인가를 보여주면 다른 사람들이 그것에 공감하도록 하는 역할을 합니다. 저는 사람들은 스스로 자신이 아니라고 생각하는 것을 받아들이는 경향이 있다고 생각합니다. 그것이 샤라덴에서 표현되고 있습니다. 말하자면 사람들은 사회라는 연극을 하고 있는 것이지요.

또한 현실에서 우리는 샤라덴을 연극하고 있는 셈입니다. 사회적 현실을 연극으로 보는 것은 재미있는 일입니다.

7. 어떤 모임을 좋아합니까?

제가 가장 즐거울 때는 가족이나 친구들과 있거나 일을 하고 있을 때입니다. 저는 사회적 만남을 즐기고 있는데, 그것은 대부분의 시간을 혼자 작은 공간에서, 예컨대 제 연구실에서 보내고 있기 때문일 것입니다. 그러나 가끔은 혼자만의 휴식이 필요하기도 합니다. 제가 만나는 사람들은 행복하고 평온해야 합니다. 제가 그 사회에서 쉴 수 있도록 말입니다. 제 주변사람들이 불행하다면 저는 그들을 도와주려고 노력할 것입니다. 그러나 그런 노력에는 한계가 있기 마련입니다.

8. 당신이 소속되어 있다고 느끼는 사회집단은 어떤 것입니까?

저는 지식인 집단에 소속되어 있습니다. 영국에는 대규모의 집단이 없습니다. 일반적으로 영국 사회에서는 지식인에 대하여 말하지 않고 학자들, 교사들 또는 언론인들이 이야기 거리입니다. 그럼에도 저는 지식인 집단에 속해 있다고 보려 합니다. 왜냐하면 제 스스로 영국인이라기보다는 유럽 사람으로 생각하기 때문이지요. 독일이나 프랑스에는 지식인층이 존재하고 있습니다.

영국 지식인의 삶은 영국의 계급구조와 아주 밀접하게 엮여 있습니다. 최근 영국에서 몇몇 재미있는 변화가 일어나고 있습니다. 1989년과 1990년에 변화를 일으킨 사람들과 지금의 블레어나 대처와 연관된 사람들이 새로운 계층을 대표하고 있습니다. 지난 20여 년 동안 영국 사회 내에서 몇몇 새로운 변화가 일어났는데 그것은 상당 부분

1960년대에 일어난 엄청난 교육 수준의 향상에서 초래된 결과입니다. 노동자 계층 출신의 사람들이 대학을 다녔습니다. 그 결과 1945년부터 지난 50년 동안 상당한 변화가 있었습니다.

9. 당신이 사회적으로 중요하다고 평가하는 사람은 누구입니까?

소위 세계적인 인물들이 있습니다. 권력을 갖고 있거나 존경받는 훌륭한 인사들에게는 큰 의미가 부여되는 법이지요. 저는 미국의 대통령이 이러한 점에서 의미 있는 인물이라고 생각합니다. 그가 실수를 하게 되면 전세계가 고통을 받습니다. 빌 게이츠는 너무나 많은 돈을 가지고 있다는 점에서 중요한 인물입니다. 그의 자산은 대략 미국 재정의 40%에 육박할 정도입니다. 만약 빌 게이츠가 마이크로 소프트의 확장에 투자하는 것이 아니라, 자기 재산의 일부를 미국의 교육환경 개선에 맡긴다면 많은 사람들을 도와주는 것이 될 것입니다. 물론 비슷한 의미를 갖는, 그러나 대외적으로 알려지지 않은 사람들도 많습니다.

10. 당신이 생각하는 이상적 사회는 어떤 사회입니까?

저는 이상적인 사회에 대한 상(像)을 갖고 있지 않습니다. 현재 있는 그대로 세상에 대한 상을 가지고 있을 뿐입니다. 우리는 우리가 경험하고 있는 사회 현실 속에서 살고 있습니다. 제가 가지고 있는 것은 일련의 아이디어들입니다. 그 아이디어들은 저에게 다음과 같은 것을 알려줍니다. 즉 일이 잘 진행되고 있는지 아니면 잘못 진행되고 있는지, 사회학자로서 일을 바로잡기 위해서 뛰어들어야 할 곳은 어디인지, 잘못된 방향으로 가고 있는 것에 경각심을 불러일으키기 위해서 사회학자들이 경험해야 할 곳은 어디인지 등을 알려줍니다. 우리 사회학자들이 이러한 방식으로 접근한다고 해서 그것이 바로 완벽한 사회가 되지는 않습니다. 우리에게 중요한 일은 사회를 극단적인 입장에 빠져들지 않게 하는 일입니다. 잘못을 알아내는 것은 쉽지만, 흔히 긍정적인 관점들은 가볍게 넘겨버리곤 합니다. 우리 사회학자들은 사회적 환경을 약간 개선하는 데에 개입할 수 있을 뿐입니다.

저는 이상적인 사회에 대한 어떠한 모델도 가지고 있지 않습니다. 과거의 이상적인 사회에 대한 모델은 언제나 파국적인 결과들을 초래하였습니다. 한 사회 내에서 사회적 관계들을 총체적으로 파악하는 것은 인간 상상력의 범위를 넘어섭니다. 우리가 할 수 있는 일은 문장과 그림과 책으로 기여를 하는 일일 것입니다. 그것들은 우리의 삶을 더욱더 잘 영위하기 위한 방법에 대한 토론의 재료로서 우리의 삶에 적용할 재료가 될 것입니다.

11. 당신은 사회를 변화시키고 싶습니까?

물론 제가 변화시키고 싶은 것이 몇 가지 있습니다. 저는 언제나 어린이들이 원하는 것들에 좀더 많은 주의를 기울일 수 있기를 바랍니다. 우리 사회의 가장 나쁜 특징 가운데 하나는 —이 말은 우선 현재 사회와 관련이 있고 유럽의 경험이며 특히 영국에 해당하는 말인데— 어린이들을 주변화하고 있다는 것입니다. 어린이들을 경시한다는 것은 미래를 경시하는 것입니다. 한 사회가 지속될 수 있는 유일한 가능성은 어린이를 낳고 잘 양육하는 일입니다. 어른들이 어린이들을 양육하고 보호하는 일은 우리가 할 수 있는 미래에 대한 중요한 투자라고 생각합니다. 여러 가지 이유 중에서 특히 현대 사회가 물질적인 부를 훨씬 더 중요하게 생각하기 때문에 어린이들이 경시되고 있습니다.

12. 미래사회는 어떤 모습이 될 것 같습니까?

참 어려운 질문이군요. 그것은 미래를 어떻게 정의하느냐에 달려 있습니다. 누구나 미래사회는 현재보다 정보기술이 훨씬 더 발전되어 있을 것이라고 생각합니다. 그러나 이를 단정지을 수 없는 것은 앞으로 10여 년이나 또는 20여 년 내에 일어날 경제적·정치적인 변화의 영향 때문일 것입니다. 20여 년 전에 우리는 오늘날과 같은 상황, 여러 영역에서 일어난 진보들을 상상조차 할 수 없었습니다. 최근에 일어난 중요한 변화는 소련체제의 붕괴였고, 그것은 저에게는 상당히 놀라운 일이었습니다. 소련체제가 그러한 형태로 오래 지속될 수 없을 것이라고 예견하였던 몇몇의 사람들이 있었습니다. 그러나 그 말에 귀를 기울인 사람들은 그렇게 많지 않았습니다. 제가 보기에 사회학자들이나 정치학자들은 동구 체제의 붕괴를 예견하지 못했다고 봅니다. 그러한 이유에서 저는 미래를 예측하는 것이 아주 조심스럽습니다.

저는 일상생활에서도 아주 많은 것을 예견하고 있습니다. 제가 확신하고 있는 것은 정보기술의 발달이 우리들에게 아주 많은 새로운 가능성을 제공할 것이라는 것입니다. 우리들은 삶을 더 집중적으로 경험하게 될 것입니다. 지금까지 우리들의 사회적인 배경과 우리들의 출생 환경을 설정하고 있었던 표준화된 삶은 생활습관의 다양화에 의해 점차 사라질 것입니다. 전지구적이고 정치적인 차원에서 서구와 동구 국가들의 관계는 어려운 국면으로 접어들 것입니다. 중국에서 일어나고 있는 일은 근본적인 의미를 갖고 있습니다. 지난 몇 년 동안 일어날 법한 일이라고 예측하고 있었던 전세계적인 경기 하강을 지금 경험하고 있습니다. 앞으로 중국과 극동지역의 정치적 영향력은 매우 큰 변화를 가져올 것입니다.

인터뷰

사회학자 울리히 벡은 '두번째 근대화'에 대하여, 앤소니 기든스는 '근대성의 결과들'에 대하여 논하고 있습니다. 그런데 당신은 그와 다르게 새로운 시대, '전지구적 시대'에 대하여 확신하고 있습니다. 당신의 테제는 앞에 언급한 두 동료 학자들의 그것과 어떻게 구별된다고 보십니까?

우리는 전지구적 시대에 살고 있습니다. 제 생각에 '포스트모던'은 과도기를 나타내는 개념일 뿐입니다. 현재의 상태를 뭐라고 말하기 곤란한 상황에서 어느 시기나 기간을 '포스트'라는 전치사로 나타내는 것이지요. 우리가 어떤 시기의 '후기'에 살고 있다고 말하는 것은 쉬운 일입니다. 우리들의 시대는 포스트모던할 뿐 아니라 고유하고 특별한 특성을 가지고 있고, 그것이 전지구적인 본성입니다. 『전지구적 시대』라는 제 책에서 저는 정확하게 말해서 한 걸음 더 나아가고 있습니다. 저는 근대성의 종말을 논하고 있습니다.

그것은 우리들이 후기 근대의 혼돈 속으로 빠져들고 있다는 의미는 아닙니다. 대다수의 사람들은 혼돈의 상태로 이해하거나 전지구적인 강제가 그들의 일상생활 속으로 파고들고 있다고 이해하고 있습니다. 전지구화는 근대성의 연장이 아닙니다. 그것은 근대성의 논리적인 결과물들과는 다릅니다. 그것은 오히려 바로 현재 상태에 대한 기술입니다. 사람들이 자신이 처한 상황에서 최선을 다하고 있다는 것을 스스로 확신할 수 있는 것은 중요합니다.

당신의 말처럼 기든스는 현재의 사회 메커니즘을 '근대성의 결과들'로 해석하고 벡은 '두번째의 근대성'에 대하여 언급하고 있습니다. 그 개념들은 서로 다른 비중을 가지고 있고 그것에 따라 다양한 이론적인 관점들이 전개될 것입니다. 여기에서 명백히 인식할 필요가 있는 것은, 이론은 언제나 책임이 따르는 만큼 매우 중요하다는 것입니다.

다음 표현은 다니엘 벨이 한 것입니다: "새로운 시대가 형성되는 것을 파괴하려는 모든 노력은 옳지 못한 것이다. 새로운 시대의 윤곽들은 진리의 징표이지만 복잡성의 그늘은 그들의 진단을 거부하고 있다." 우리가 전지구적 시대에 살고 있다는 테제에 어떠한 근거가 있습니까?

추상적으로만 생각하는 이론가라는 것이 문제가 되기는 하지만 그럼에도 모든 사회학 이론은 이들의 사회적 경험이 반영된 것입니다. 제가 살고 있는 '발함'이라는 곳은 런던의 특수한 지역으로 세상에 대한 저의 안목을 변화시켜주는 데에 많은 기여를 하고 있습니다. 사회학자로서 저의 과제는 제 개인의 경험을 다른 세상에 얼마나 전달하는가에 있다고 생각합니다. 그것은 이론적인 방법뿐 아니라 경험적인 방법으로도 가능할 것입니다. 연구는 아직 끝나지 않았습니다. 왜냐하면 경험적인 연구는 고전 사회학의 방법과 근본적으로 달라서 우리가 전지구화된 세상에서 살고 있다는 사실에 대한 증명을 요구합니다. 과거 사회학의 전통은 특정한 환경하의 사회만을 다루어왔고 이 사회를 세상의 다른 부분과 분리해왔습니다. 새로운 학문 방식은 전지구적인 사건들과 연관해서 사회를 연구하는 것입니다.

제 주변에서 한 예를 들어보겠습니다. 저의 이웃은 한 달에 다섯이나 여섯 번 정도 비행기로 대륙을 왕복하고 있습니다. 정유회사의 경영자라는 그의 직업 때문입니다. 우리 집 가사를 돌봐주고 있는 여성은 포르투갈 출신입니다. 그녀는 포르투갈 사람들이 밀집해서 살고 있는 런던의 한 지역에서 살고 있습니다. 그녀의 영어실력은 그다지 좋은 편이 아닙니다. 대부분의 시간을 고국 사람들과 함께 보내며 포르투갈어를 사용하기 때문입니다. 그녀가 살고 있는 맞은 편에 그리스인 가족이 살고 있습니다. 그들은 35년이 넘게 런던에서 살고 있고 정기적으로 그리스의 지퍼른(Zypern)을 방문하고 있지만 스스로 '정착민'이라고 생각하고 있습니다. 그들 옆집에는 영국인과 폴란드인 부부가 살고 있습니다. 그 남편은 1945년 폴란드에서 런던으로 왔고 런던에서 결혼하였습니다. 그 가족은 발함의 언덕길에 있는 폴란드 교회를 다니고 있습니다. 그는 파키스탄 사람이 운영하는 코너에 있는 가게에서 폴란드 신문을 사 보고 있습니다. 제가 살고 있는 길거리의 풍경이 이러합니다. 근본적으로 다른 생활습관을 가지고 있는 이 사람들은 서로를 잘 이해하고 서로 좋은 이웃으로 느끼며 살아가고 있습니다.

제가 이 이야기로 말하고 싶은 것은 우리는 전지구적으로 펼쳐져 있는 사회적 관계망 속에 있다는 것입니다. 우리는 남쪽 런던의 큰 지역인 완즈워스에 대한 연구를 하였고, 6개월 전에 거주자의 1/3이 이주민이라는 사실을 발견하였습니다. 솔직히 저는 그들이 소수라는 사실에 놀랐습니다. 우리들은 그 이주민의 1/3이 일주일에 한 번 이상 해외에 있는 사람들과 전화를 했다는 사실도 알아냈습니다. 그렇게 많은 사람이 그밖에도 세상 어딘가에 살고 있는 가족들과 연락을 하고 있었습니다. 우리가 새롭게 접하고 있는 생활방식은 이미 더 이상 국가적인 수준이 아니라 분명히 전지구적이라는 것입니다.

당신은 전지구적 시대의 시작을 나타내는 사건이나 날짜를 지적하실 수 있으십니까?

날짜를 말할 수는 없을 것이고, 그 대신 중요한 변화를 나타내는 일련의 사건을 말할 수는 있습니다. 근대에서 전지구적 시대로의 첫 번째의 시작은 히로시마와 나가사키에 원자폭탄이 투하되었을 때라고 할 수 있을 것입니다. 이로부터 근대성의 시대는 그 마지막 남은 믿음마저 잃어버리게 되었습니다. 근대성의 실제적인 종말은 베를린 장벽이 무너진 날이라고 할 수 있습니다. 1945년부터 1989년의 시기를 저는 전환기라고 부릅니다. 그 기간에는 근대성과 전지구적 시대가 중첩되는 시기였습니다. 이 시기를 포스트모던의 시대라고 부르거나 혼돈의 시기라고 부를 수 있을 것입니다. 또 하나의 기억할 만한 사건은 미국인의 달 착륙입니다: 지구를 벗어나 지구를 바라보았습니다! 그밖에 1972년 석유파동은 제동장치 없는 경제성장은 자연자원의 빠른 고갈을 초래할 수 있다는 것을 보여주었습니다. 경제와 환경이 이렇게 첨예하게 부딪치고 있었습니다.

새로운 시대에 대해 어떠한 전망을 하고 계십니까?

미래를 예측하기가 어렵다는 데에는 좋은 이론적인 근거가 있습니다. 20세기 중반에 칼 포퍼가 그 근거들을 제시하였습니다. 그는 우리의 지식이 미래에 어떠한 영향을 끼치게 될지 알 수 없기 때문에 미래에 대하여 말할 수 없을 것이라고 했습니다. 우리가 미래에 무엇을 알게 될지를 당장 알 수는 없습니다. 미래에 대한 저의 생각은 어느 정도 울리히 벡의 생각에 동의하고 그의 영향을 받았습니다. 그의 중요한 저서 『위험감수사회〔이 책의 독일어 제목은 *Risikogesellschaft*이다. 우리말로 위험은 한 가지 표현밖에 없지만 영어와 독일어는 각각 두 가지씩의 표현이 있다. 그 하나가 위험감수(danger, gefahr)이고, 다른 하나가 위험(risk, Risiko)이다. 후자의 위험이 선택의 여지없이, 선지식 없이 당하는 위험이라면, 전자의 위험은 위험의 존재를 인식하지만 그 위험이 발생할 가능성이 작다고 생각하여 과감히 위험을 감수하는 경우이다―옮긴이〕』는 우리가 많은 것들을 가볍게 보아넘겨서는 안 될 것이라는 점을 상기시켜주고 있습니다. 그러나 그는 '위험감수사회'를 충분하게 진척시키지는 못하고 있습니다.

근대사회는 우리가 점점 더 많이 알게 될수록 우리의 무지는 점점 줄어들 것이라는 가정에 기초하고 있습니다. 그러나 사실은 그렇지 않습니다. 우리가 많이 알게 되면 될수록 새로운 질문이 더 많이 생기는 법입니다. 우리가 무지의 경계를 밀어내면 무지는 더 넓어집니다. 예를 들어 설명하자면 작은 공간에 사는 사람은 모든 것을 자신의 주변에서 어려움 없이 한 눈에 파악할 수 있습니다. 그러나 이 공간을 넓히게 되면 자신의 지평이 넓어지기는 하지만 동시에 끝없는 지식의 지평에서 헤엄치는 셈입니다. 제가 보기에 벡은 이러한 사실을 보여준 첫번째 사람입니다.

우리가 세계사회에 대하여 이야기한다는 것은 유럽과 북미가 연결되는 것이라는 의미는 아니지 않습니까? 중국이나 인도와 같은 나라들에서는 어떠한 일이 발생하게 될까요?

이 질문은 근본적인 질문입니다. 예를 들어 인도의 작은 마을에 사는 평범한 사람도 거의 예외 없이 전지구적인 전환을 잘 인지하고 있습니다. 제가 그러한 사람들과 이야기한다는 것 -이미 그렇게 하고 있지만- 자체가 전지구적인 전환의 한 부분을 나타내주는 것이라고 봅니다. 그 나라에서 연구하고 있는 사회학자들과 같이 편견 없는 관찰자들의 경험을 파악하는 일이 중요한 것입니다.

비서구 사회학에서 가장 중요한 발전은 서구의 시각으로부터 해방되었다는 것입니다. 특히 라틴아메리카의 사회학자들, 브라질의 대통령이었던 페르난도 카르도소와 같은 사람들과는 아주 유익한 대화를 나누게 됩니다. 그것이 저에게는 이미 전지구적 사회라는 증거입니다. 소위 '제3세계'가 자기 의식적으로 되었다는 의미입니다. "우리의 미래는 우리 스스로 고유하게 개척할 것입니다." 제가 보기에 이것은 전지구화에 대한 반작용입니다. 지구의 다른 부분에 어떠한 방식으로든 영향을 미치지 않는 나라를 찾는 것은 매우 어려운 일입니다.

당신이 기술하고 있는 전지구화가 구체적으로 일상 생활에는 어떠한 영향을 미치고 있습니까?

많은 사람들이 전지구화의 움직임을 '서구화'로 축소시키려 하고 있습니다. 전세계가 단일의 동질적인 문화로 통일된다면 그것은 아주 끔찍한 악몽일 것입니다. 현실적으로 본다면 지금까지 경험해보지 못한 문화의 다양화가 일어나고 있다는 것을 확신할 것입니다. 전세계적으로 서로 접촉하는 과정에서 새롭게 형성된 문화가 발생하는 것은 지속적인 칼레이도스코프(kaleidoscope: 만화경, 변화가 많고 심한 것을 가리킴-옮긴이)적인 전환과 같은 것입니다. 하나의 문화가 다른 문화와 관계를 형성해나간다면 무슨 일이 발생하게 될까에 대하여 한번쯤 상상해보아야 합니다. 매우 다각적인 분화가 일어날 것입니다. 물론 현실이 부조리하게 보이지는 않을 것입니다. 그러나 현실은 완전히 동질화된 전지구적 문화와 다각적인 분화 사이의 어딘가에 있습니다.

후기국가시대가 진행되고 있는데 당신은 전세계 국가와 세계사회에 대하여 무엇을 생각하고 계십니까? 미래에 초국가적인 기업의 역할은 어떻게 되겠습니까? 초국가적 기업이 국민국가의 과제이고, 정치의 과제를 넘겨받게 되리라고 생각하십니까?

의심할 바 없이 국제적 기업들이 전에는 국가의 신성한 영역이라고 생각했던 영역에서 일하고 있습니다. 국가와 상업 세계의 결합을 이끌어주는 조합주의가 나타나고 있습니다. 이러한 공동 작업은 이전에는 국가적 수준에서 일어났지만 이제는 전지구적으로 일어나고 있습니다. 전지구적인 조합주의는 거대 금융회사의 결합, 세계은행과 같은 것에서 볼 수 있습니다. 우리는 현재 금융정부 시스템을 갖고 있는 셈입니다. 제 눈에는 그 시스템은 전지구적 국가의 한 부분입니다. 많은 비판가들은 이러한 시각을 전혀 인정하지 않고 있는데 그것은 그들이 국가를 국민국가로 보는 것에서 벗어나지 못했기 때문입니다.

국민국가는 과거의 현상입니다. 그것은 역사적으로 조건지어진 것이고 주권을 가진 독립적인 국가의 형태는 이제 곧 사라질 것입니다.

이제부터는 상대적으로 작고 지역적인 국가 형태를 가지게 될 것입니다. 도로 건설과 같은 일을 그러한 정부가 책임질 것입니다. 다른 한편에서 전지구적 국가에 소속된 국민국가는 계속 존재할 것입니다. 전지구적 국가에는 각 나라들에서 선출된 국민대표들이 전지구에 대한 여러 고민과 결정을 할 것입니다.

다니엘 벨은 「세계와 2013년의 미국」이라는 1987년에 발표된 그의 에세이에서 "국민국가는 삶의 큰 문제를 다루기에는 너무 작고 삶의 작은 문제를 다루기에는 너무 크다"라고 쓰고 있습니다. 전지구적 국가는 미래에 전지구적 사회를 통치하게 될까요?

세계사회는 지구상의 모든 사회적 관계의 총합입니다. 세계사회는 중심이 아니고 누구에 의해서도 통제되지 않습니다. 우리가 추상적인 형태의 것을 전지구적 사회라고 부른다면 그 의미가 조금 변질됩니다. 그러니까 전지구적 사회는 전지구적 기반에서 조직되고 있습니다. 제 테제는 우리들은 이미 우리가 경험했던, 세계사회로부터 전지구적 사회를 향하여 움직이고 있다는 것입니다. 우리가 이러한 구분을 의식한다면 지금 전개되고 있는 전환에 대한 상상력을 갖게 될 것입니다.

완전히 서로 고립되어 존재하는 시간을 발견할 수 있는가는 얼마나 역사를 거슬러 올라갈 수 있느냐 하는 것에 달려 있습니다. 민족들과 국가들과 대륙 간에는 언제나 교류가 있었습니다. 그 교류는 연결망의 형태를 가지고 있었습니다. 세계사회는 여러 문명들이 전체로서 서로 만날 수 있는 정도까지 조직되었습니다. 전지구적 사회에서 사회적 교류는 변화하였습니다. 기든스의 시간과 공간의 도식에 따르면 개인들은 어느 시기에나 살고 있었고 각자 동시대의 사람들과 대화하고 있었습니다.

이러한 급격한 사회변화에 직면하여 사회는 어떻게 기술되고 설명됩니까?

사회는 사회적 관계의 범주 내에서 인지됩니다. 사회를 문화, 경제, 정치 등의 현실로 인지되는 사회적 삶의 총합으로 파악한다면 전환을 이해하기 위한 분석적인 도구를 가질 수 없습니다.

우리 시대의 전환을 나타내는 징표는 바로 문화, 경제, 기술, 그리고 정치의 분리입니다. 이러한 각 영역은 각각 고유의 논리를 가지고 있습니다. 그러나 그 영역들은 사회적인 것과 아무런 관련이 없습니다. 이러한 점에서 저는 제 스스로를 아주 제한적인 의미에서 전문적인 사회학자로 여기고 있습니다. 제 스스로를 경제학자나 문화 연구 전문가와 구별하고 있습니다. 저는 사회적 관계의 영역에 몰두하고 있는 사회학자입니다.

사회이론을 구성할 때 당신에게 무엇이 가장 중요합니까? 무엇을 구체적으로 고려하십니까?

중요한 것은 사회적 관계의 변화입니다. 그러나 전지구적 시대는 이를 넘어서서 사회적인 것뿐만 아니라 경제, 기술, 문화도 연관됩니다. 오늘날 변화되고 있는 것은 모든 가능한 사회적 관계가 다양해지고 있는 것이고, 이 다양성이 기술과 새롭게 경제적으로 주어진 것과 연결되고 있는 방식들입니다. 사회적 관계에 대한 이해만으로는 특별히 발전될 만한 것이 없습니다. 인간관계에 대한 오늘날의 이해는 16세기 혹은 고대 그리스시대의 그것보다 더 나아진 것이 없습니다. 이 영역에서 우리들은 지난 3000년 동안 특별히 새로운 인식들을 축적하지 못했습니다. 아마도 여기에는 그럴 만한 이유가 있을 것입니다. 우리가 현재 어디에 위치하고 있는지를 이해하기 위해서는 과거 인간 사회의 경험을 이해해야 합니다. 역사적인 분석은 인간성 자체를 있는 그대로 보여준다는 점에서 중요합니다. 근래 들어 가장 큰 비극의 하나는 사회와 인간성은 하나이거나 같은 것이라는 잘못된 가정입니다. 완벽한 사회를 만든다면 완벽한 인간은 그 결과일 것이라는 것은 잘못된 가정인 것입니다.

울리히 벡
위험사회

생애

울리히 벡(Ulrich Beck)은 1944년에 출생하였고, 현재 뮌헨 대학의 사회학교수이자 런던 경제학교의 초빙교수이다. 그는 노동, 기술, 환경에 대한 연구도 하고 있지만, 사회 불평등에 대한 분석과 근대화 과정에 대한 연구를 중점적으로 하고 있다. 그에 더하여 그는 사회학 전문 잡지인 ≪사회세계(*Soziale Welt*)≫의 편집위원장도 맡고 있다. 1999년부터는 특별 연구 영역으로 지정된 반성적 근대화의 책임연구원을 맡고 있다.

헝클어진 금발머리를 한 그의 외모처럼, 그는 언제나 새로운 논의를 찾으려고 하는, 사회학적 탐구자의 모습 그대로이다. 그의 수많은 책들과 에세이들, 그리고 논문들은 ―그 대부분은 슈타른베르그 호수가 바라보이는 곳에서 집필되었다― 은유적이며 통찰력 있고, 이해하기 쉬운 필체라는 칭찬을 들을 만했다. 그의 엄청난 저술 의욕을 비난하는 사람들이 없는 것은 아니지만, "벡은 우리가 읽을 수 있는 것보다 더 많은 것을 쓰고 있다"는 말이 가장 압축적으로 그의 저술의욕을 표현하고 있다. 그의 창조력은 끝이 없으며 선동적인 테제를 내세우기보다는 새로운 시각을 던져준다. 그 때문에 가끔 놀라거나 화를 내는 사람들이 있기도 하다. 그는 여류사회학자 엘리자베스 벡 게른하임과 결혼하였고 공동으로 『사랑은 지독한, 그러나 너무나 정상적인 혼란(*Das ganz normale Chaos der Liebe*)』이라는 책을 집필하여 많은 사람들의 주목을 받았다.

■ **주요 저작들**

- Ulrich Beck. 1986, *Riskogesellschaft: Auf dem Weg in eine andere Modern*, Frankfurt/M: Suhrkamp Verlag. — 『위험감수사회: 새로운 근대성을 향하여』
- _____. 1988, *Gegengifte: Die organisierte Unverantwortlichkeit*, Frankfurt/M: Suhrkamp Verlag. — 『해독제: 조직된 무책임성』
- _____. 1993, *Die Erfindung des Politischen: Zu einer Theorie reflexiver Modernisierung*, Frankfurt/M: Suhrkamp Verlag. — 『정치적인 것의 재발견: 반성적 근대화 이론으로』
- _____. 1997, *Was ist Globalisierung? Irrtümer des Globalismus: Antworten auf Globalisierung*, Frankfurt/M: Suhrkamp Verlag. — 『지구화란 무엇인가? 지구주의의 오류: 지구화에 대한 대답들』
- _____. 1999, 『아름답고 새로운 노동세계』(홍윤기 역), 생각의 나무.
- _____. 2000, 『적이 사라진 민주주의』(정일준 역), 새물결.
- _____. 2000, 『지구화의 길』, 거름.

개념 오늘날의 위험은 그 종류와 규모에서 과거의 그것과 다르며, 위험 잠재력은 현대사회의 가장 두드러진 특징이라 할 수 있다. 그것이 새로운 형태의 사회를 출현시켰다. 울리히 벡은 그 사회를 위험감수사회라는 시각으로 보고 있다.

그는 1986년에 『위험감수사회』라는 생태주의적이고 계몽적인 책을 출판하였다. 벡은 기술화되어가는 세상에 관심을 가지고 있었고, 이와 관련하여 산업화과정에서 발생하는 위험을 중점적으로 관찰해왔다. 이것은 그로 하여금 고전적 산업사회에서 위험감수사회로의 이론적 행보를 가능하게 해주었다. 그의 테제들은 같은 해에 일어난 체르노빌 방사능 유출사고에 의해 확인되었다. 체르노빌은 고도의 기술이 가져다줄 수 있는 위험을 눈으로 보여주었다.

위험감수사회라는 개념은 '문명의 자기파괴 잠재력'이 형성되고 자라나는 것을 이해하게 해주는 암호가 되었다. 그 위험 잠재력은 인간적인 존재를 위협하고 지구상에 존재하는 다양한 생명의 형태들을 종말로 향하게 만들고 있다. 근대화에 의한 계속된 위험의 생산으로 공기는 더러워지고, 물은 정화되지 않으며 토양은 산성화되고 있다.

생태적인 위험상황은 핵 참사에 의해 목격되었다. 그것은 부자나 가난한 사람이나 구별 없이, 그리고 어디에 사는가와도 상관없이 모든 사람들을 희생자로 만들어버렸다. 방사능을 함유하고 있는 구름은 위험의 잠재력이 증가하고 있음을 분명히 보여주었다. 그것은 국경선에서 멈추지 않았고 전세계를 위험공동체로 묶어버렸다. 국적, 계층, 계급, 직업, 성과 연령 등은 그렇게 중요한 변수가 아니다. 예측할 수 없는 핵 사용의 결과, 화학공학과 유전공학의 결과들, 그리고 현대 과학 기술에 의해서 생산되고 있는 자기파괴력의 가능성과 그로 인해 일어나고 있는 경기변동 등과 비교하면 그렇다는 것이다. 전면에 등장하고 있는 문제는 전지구적 위험 상황을 어떻게 의식하느냐이다. 그것이 친구와 적, 행위자와 희생자를 한 자리에 불러모아 위험을 줄일 수 있는 방법과 대안을 모색하게 하고 있다.

"위험감수사회는 반성적이다." 왜냐하면 그 사회는 문제를 인식하고 관습적인 것을 다시 한번 시험하고, 지배적인 사고구조나 행위양식들과 생활형태 등을 다시 물어보게 만들기 때문이다. 무엇보다도 결정적인 것은 공공의 의식이 전지구적인 위협의 상승에 대처하는가이다. 위험을 성공적으로 인식한 사람들은 시민의 주도권을 획득하기 시작하였고, 그것은 새로운 사회운동으로 요약되는 집단을 형성하여 인권과 대량살상무기의 투입과 핵발전소의 건립, 그리고 핵실험에 대한 반대 운동의 견인차로서 그 역할을 다하고 있다. 그러한 예들은 아주 많이 있다. 벡이 강조하고 있듯이, 다양한 집단들의 저항 운동은 공공의 의식을 일깨우거나 형성하고 경제와 정치가 방향전환을 하도록 압력을 가하고 있다.

이러한 위험감수사회에서는 "의식이 존재를 결정한다". 위험을 '공동의 운명'으로 인식하거나, 국제적으로 규제함으로써 공공이 위험을 예리하게 인식할 수 있을 때에만 환경오염이나 자멸의 잠재력, 문명병에 대해 무언가를 할 수 있다. 이제 문제가 되는 것은 자연과 인류의 생존 능력을 유지할 수 있는가이다. 이러한 목적을 달성하기 위해서 벡은 위험감수사회에서는 에너지 소비를 줄여 자원을 절약하고 사회·경제적인 불평등을 없애고, 낡은 거대 기술과 이별을 고해야 하고, 윤리적인 기초에 대한 연구를 진행하여야 하고, 환경위험을 줄이고 삶의 기반에 대한 불가역적인 파괴를 중지해야 한다고 주장하고 있다. 시장의 논리에만 따라 기술적인 진보가 이루어져서는 안 되며, 전지구적인 결과들을 고려할 수 있어야 한다고 주장한다. 잘못된 발전의 결과에 대해서는 아무도 그 대가를 지불하지 않으며, 그것은 수정될 수도 없다는 것이다.

전지구적인 위험은 오직 한 가지의 측면에 불과하다. 벡은 점점 더 두드러지게 진행되는 개인주의화의 경향을 관찰하고 있다. 개인주의화는 산업사회에서 위험감수사회로의 변동과정에서 점점 더 뚜렷해지고 있다는 것이다. 개인들은 전통적으로 묶여 있던 삶의 연관에서 풀려나오면서 예기치 않게 자기 자신의 삶의 자유와 확장 가능성에 스스로 모든 책임을 지지 않을 수 없게 되었다. 자유공간의 확보라는 동전의 뒷면은 위험이라는 것이다. 전통사회에서는 가족의 유대를 통해 개인의 문제를 해결할 수 있었지만, 현대사회에서 개인은 점점 더 외롭게 스스로에 의지하고 있다는 것이다. 누구나 자신이 살 곳, 직업, 직장, 가족, 자유시간 등을 스스로 결정해야 한다. 많은 사람들은 개인주의적인 삶이 요구하고 있는 것들에 익숙하지 않으며 위험감수사회의 간과할 수 없는 경험들에 익숙하지 않다. 벡의 테제들을 요약하면 새로운 불확실성과 위험은 잠재적으로 모든 사람들에게 적용되며 우리들은 다같이 위험감수사회를 향해 땀 흘려 달려가고 있는 중이고, 세상이 어떻게 변화할지는 20세기가 지나야 알 수 있을 것이다.

공통질문

1. 당신은 스스로를 사회이론가나 사회비평가 또는 사회설계가로 생각합니까? 아니면 그저 동시대인으로 생각합니까?

실망시켜서 죄송하지만 저는 사교적이지도 않고 사회설계가도 아닙니다. 그럼에도 사회적이고 정치적인 공간에서 옳다고 믿을 만한 사람들이 새로운 길을 만들 수 있도록 돕고 있고, 기대하지 않았던 좋은 일이 생길 수 있도록 노력하고 있습니다. 그것은 학문적인 기대만이 아니라 시민들의 기대를 충족시키기 위한 것이지요. 사회학은 언제나 불만 투성이지요. 사회학을 매혹적으로 만드는 것은 바로 그 불만족입니다(학문적으로, 공공으로 통찰력과 언어를 통해서).

2. 우리가 살고 있는 사회는 도대체 어떤 사회입니까?

우리는 개념 없는 사회에 살고 있습니다. 그 개념 없는 사회를 이해할 수 있게 하는 개념이 필요합니다. 저는 '세계 위험감수사회'가 현대사회를 넓게 이해하게 해주는 개념이라고 생각하고 있습니다. '개인주의화', '전지구화', '직업의 감소'와 '반성적 근대화'가 그 흔적들입니다. 사회를 안전사회와 위험감수사회로 나눈다면 점차 '위험감수사회'에 가까워지고 있습니다.

3. 현 사회의 긍정적인 면과 부정적인 면에는 어떤 것이 있습니까?

이 사회는 놀라울 정도의 자유를 허용하고 있습니다. 이것은 전지구적인 비교에서도 그렇고 독일의 역사적인 배경을 봐도 그렇습니다. 그렇다고 더 이상의 정치적인 발전이 필요하지 않다는 것은 아닙니다. 독일인으로서 긍지를 느끼는 것들—복지정책, 사회시장경제, 완전고용사회, 연금사회, 그리고 빼놓을 수 없는 시민법—에 대해서 우리는 다시 생각해야 하고 그것을 새로 변화시켜야 합니다. 누가 그러한 것들을 변화시킬 수 있을까요?

4. 사회에서 당신의 역할은 무엇입니까?

저는 사회학자입니다. 대중들이 의식적으로 사회학에 관심을 갖게 하기 위해 공공영역을 활용하고 있습니다. 그 과정에서 저는 전문적인 토론과 대중적인 의제 사이에서 균형을 잡기 위해 노력하고 있지만 언제나 실패의 위험이 도사리고 있습니다.

5. 사회소설 가운데 어떤 것을 좋아합니까?

로버트 무질의 『재산 없는 사람』이라는 소설과 토마스 만의 『파우스투스 박사』, 『말테 라우리드 브리게의 표현』 등입니다. 곳프리드 벤은 사랑을 언어로 깨닫게 했고 그의 운문은 급진적입니다. 사회학자가 가진 것도 언어뿐입니다.

6. 당신이 즐기는 게임에는 어떤 것이 있습니까?

저에게 감추어진 능력 가운데 하나는 마술입니다. 저의 조카들과 마술 게임하는 것을 아주 좋아합니다.

7. 어떤 모임을 좋아합니까?

익명적이고 조용한 집단입니다. 제가 관찰자가 될 수 있기 때문이지요. 저는 제가 잘 모르는 장소에 잘 가는 편이고, 잘 모르는 사람들과 이야기하는 것을 좋아합니다. 유감스럽게도 저는 다른 세계에서는 몇몇 소수만을 알고 지내고 있습니다.

8. 당신이 소속되어 있다고 느끼는 사회집단은 어떤 것입니까?

저는 서서히 자기 스스로에 대해 의식하기 시작하는 독일에 살고 있는 세계시민입니다.

9. 당신이 사회적으로 중요하다고 평가하는 사람은 누구입니까?

위르겐 하버마스를 제 모델로 삼고 있습니다. 그 이유는 그는 지난 몇십 년 동안 집중적으로 새로운 사회문제들을 가지고 씨름해왔기 때문입니다.

10. 당신이 생각하는 이상적 사회는 어떤 사회입니까?

저는 특정한 이상사회 상을 갖고 있지 않습니다. 그러나 몇몇 포기할 수 없는 원칙들이 있습니다. 정당하지 않은 체포나 고문으로부터 보호 –그리고 기본법–, 물질적인 기본 보장, 즉 머리 위에 지붕 하나와 미래에 대한 전망 등입니다.

11. 당신은 사회를 변화시키고 싶습니까?

그렇습니다. 현존하는 제도의 작동을 인정한다면 다른 제도들에 대해서 생각하는 것은 불필요할지 모릅니다. 제가 두번째의 근대성이라고 표현한 단계에 이르게 되면 사회학은 중립성을 포기하지 않고서도 새로운 사회제도를 건립하는 일을 하게 될 것입니다. 그러한 점은 사회가 근본적인 개혁에 대해 고민하기 시작했고 그에 대해 모든 사회영역들에서 갈등이 일어나고 있다는 것에서 알 수 있습니다. 시민운동에서 그 예들을 발견하고 있습니다.

12. 미래사회는 어떤 모습이 될 것 같습니까?

그것을 말할 수 있는 사람은 없을 것입니다. 그러나 우리들은 더 적은 노동으로 더 많은 물질적인 부를 생산하게 될 것입니다. 그것이 의미하는 것은 우리들은 일자리 부족의 상태에서 새로운 사회의 윤곽을 발전시켜야 한다는 것입니다. 지속적이지 않은 취업노동은 자기 일과 정치적 참여와 모든 가족에 의한 가사노동 등 새로운 자유공간을 만들어낼 것입니다. 해결되어야 할 다른 문제들이 있습니다. 환경 위기에 대한 대안을 실행에 옮기는 일이고, 개인주의화에 직면하여 집단적으로 연결된 정치적 결정을 가능하게 하는 일이 될 것입니다. 그러한 일들이 모두 성공할 수 있을지 의문이 들 수 있습니다. 어떠한 경우이든 우리들은 갈림길에 서 있습니다. 몰락하거나 정치적인 개혁입니다. 아마도 우리들은 두 가지를 동시에 체험하고 있는 것 같습니다.

인터뷰

『위험감수사회』에서 당신은 다음과 같이 기술하고 있습니다. "계급사회를 움직이는 힘은 한 마디로 요약하면, '배고프다'이다. 위험감수사회의 출현과 더불어 시작한 움직임을 한 마디로 요약하자면, '무섭다'이며 두려움의 공감대가 부족의 공감대를 대체한 것이다. 위험감수사회의 유형은 이러한 의미에서 사회적 단계를 나타내고 있다. 공포에 의한 연대가 결성되고 있고 그것은 정치적인 영향력을 가지기 시작하였다." 동-서 갈등이 끝나고 핵위협이 끝나자 '위험'이라는 개념이 더 의미를 갖게 된 것이라고 보아도 좋은 것입니까? 그렇다면 사회는 공포라는 관점으로 환원되는 것입니까?

위험감수사회의 관점은 여러 측면이 있습니다. 대부분의 경우에 위험감수사회라는 개념은 소위 거대 위험과 전지구적인 위험을 연결시키고 있습니다. 그에 대한 토론은 다양한 차원에서 국제적으로 일어나고 있습니다. 앵글로색슨 영역까지 포함하여 위험감수사회의 관점으로 접근하려는 학자들이 점점 더 늘어나고 있습니다. 그 과정에서 그 개념의 취약성이 지적되기도 하여 그 부분은 제 책에서 삭제하려 하고 있습니다.

위험감수사회라는 개념은 얼마나 취약합니까?

위험은 오래된 개념입니다. 재미있게도 그 개념은 대륙간 선박무역에서 유래되었고, 보험과 관련되어 그 뜻을 얻었습니다. 위험이라는 말은 이미 오래 전부터 문명적·기술적이고 경제적인 과정에서 야기된 문제들과 연관시켜왔습니다. 그 위험이라는 말에는 통제라는 의미가 들어 있지요. 개인주의화 과정이 가리키고 있는 것처럼 위험과 보험은 서로 연관되어 있다는 것입니다. 좀더 자세히 말하자면 스스로 생산한 위험의 결과에 대해서 현대사회가 제도적인 책임을 져야 한다는 것은 모순적인 관계라는 것입니다.

체르노빌 방사능 유출사고가 우리에게 말해주었던 것은 무엇이라고 보십니까?

체르노빌은 제 테제를 증명해주었습니다. 우리는 그 사고를 전지구적이며 계산할 수 없는 위험으로 보고 있습니다. 국민국가적으로 제도화되어 있는 규제 메커니즘은 그 위험에 아무것도 할 수 없었습니다. 독일 사람들만이 무엇을 어떻게 해야 할지 모르는 것이 아니었습니다. 재난은 다른 나라에서도 일어났습니다만 방사능 구름은 국경 앞에서 멈추지 않았습니다. 독일의 비상사태에 대한 행정 규정에는 체르노빌 사태와 같은 규정은 들어 있지 않습니다. 위험은 핵에너지의 경우에만 해당되는 것이 아니고, 우리를 위협하고 있는 기후변화나 유전공학 같은 것들인데, 아무도 그에 대해서는 보험을 들 수 없습니다. 우리는 세계 위험감수사회에 있고 국민국가적 영역 내에서는 극복될 수 없는 전지구적 결과와 관련을 맺고 살고 있습니다. 최악의 사태가 되면 사람들은 더 이상 합리적으로 생각하지 못하는 법입니다.

전지구적인 재난에 가능한 대응이 있다고 보십니까? 혹시 예를 들어 전지구적인 안전을 보장할 수 있는, 상위 제도를 상상하고 계십니까? 아니면 위험감수사회는 하나의 비관주의적 전망일 뿐입니까?

그동안 저는 비관주의자가 아니라 구제불능의 낙관주의자로 일컬어졌습니다. 위험은 그 위험이 인식되면 거의 강제로 사회를 변화시키기 시작할 것이라는 저의 생각 때문일 것입니다. 시장은 붕괴되기 시작하고 기업들은 스스로 방어하지 않으면 안 될 것이라고 봅니다. 정치가들은 약속과 대답을 제시하기 시작할 것입니다. 확실하게 위험감수사회는 비판적인, 즉 자기비판적인 사회일 것입니다. 그러한 일이 발생하지 않는다면 사회는 양심이 없는 것입니다.

지난 시대와 비교하여 위험은 인류 생존의 종말을 고할 정도로 높아질 것이라는 예상이 맞다고 보십니까?

저는 객관적인 의미에서 (우리가 오늘날) 과거보다 더 위험하게 살고 있다고 보지 않습니다. 우리는 많은 것을 더 잘 통제하고 있습니다. 예를 들어 생활수준이 훨씬 향상되었습니다. 위험은 다른 차원으로 발전하였고 일상생활에서 다른 의미를 갖고 있습니다. 우리들은 지구상의 전 생명체를 사라지게 만들 수 있는, 전지구적인 위험에 노출되어 있기 때문에 더 이상 위험과 무관하다는 듯이 생각하고 행동할 수 없습니다. 위험은 위협하는 가능성이자 우리들의 행동의 결과에 스스로 대면하는 것이고, 그것은 정치적인 압력을 만들어내고 있습니다.

생태주의로 개종한 사람으로서 우리에게 아직 남아 있는 것은 무엇이라고 보십니까? 저널리스트 헤리베르트 프란틀의 책제목을 흉내내보자면, 생태주의적 행동의 필연성을 아직 통찰하지 못하고 있는 상태에서 아직 구제의 가능성이 있다고 볼 수 있을까요?

미래를 낙관하든 비관하든 우리 모두는 안개 속을 헤매면서 답을 찾고 있습니다. 순수 경제주의적 관점에서 서로 다른 입장을 확인할 뿐인 논쟁은 결코 우리를 위기에서 구출해내지 못합니다. 우리가 아직 구제될 수 있는가라는 질문을 제기한 사람은 가능하다면 오늘부터라도 구제를 시작할 정치적인 의도가 있었던 것입니다. 저는 그것이 중요하다고 생각합니다. 그럼에도 더 중요한 질문은 그러한 구제가 어떠한 내용인가 하는 것입니다.

요즘 몰두해 계시는 것은 무엇인가요?

제게 중요한 것은 책임질 수 있는 근대성입니다. 우리는 어떻게 '아무도 지배하지 않는 지배(Niemandsherrschaft)', 조직화된 무책임성(Organisierte Unverantwortlichkeit)을 극복할 수 있을 것인가? 저는 제 책에서 어떻게 이 목표에 도달할 수 있는지를 보여주고 있습니다.

사회에 대한 지속적인 위협이 어떤 결과를 가져온다고 보십니까? 당신의 책에는 위험의 정도가 점점 심해질수록 민주주의로 나아가려는 사람들이 늘어날 것이라고 쓰여 있습니다. 그 내용은 어떻게 이해해야 하는지 예를 들어 설명해주실 수 있겠습니까?

우선 확신할 수 있는 것은 사람들이 위험을 인식하면 할수록 현존하는 사회의 권위는 땅에 떨어질 수밖에 없다는 것입니다. 대기업을 운영하는 것은 생산수단과 생산결과에 대한 계산을 먼저 해보도록 합니다. 대중들이 관심을 갖는 것은 생필품 속에 함유되어 있는 것이 무엇인가 또는 쓰레기는 어떻게 처리되어야 하는가 하는 것입니다. 위험은 고유한 논리를 가지고 있습니다. 위험은 그렇지 않으면 아무 것도 할 수 없는 것처럼, 무엇인가를 하도록 사회를 몰아가는 채찍과 같은 것입니다. 위험은 어떠한 규범이나 전망을 가지고 있지 않습니다. 제 말은 사회를 오직 위험의 관점에서만 보게 되면 아마도 어떤 행동도 가능하지 않을 것입니다. 위험은 부정적인 개념입니다. 그 개념은 하지 말아야 할 행동에 대해서는 말해주지만 해야 하는 행동에 대해서는 말해주지 않습니다.

반성적 근대화의 과정에서 산업사회의 얼굴은 어떻게 바뀌게 됩니까? 네트워크, 친교집단, 갈등집단과 정치적인 연대 등은 어떻게 되나요?

갈등은 점차 피부에 와 닿을 것입니다. 그것은 가족을 분해하고, 국경을 넘어서 진행될 것입니다.

당신이 말하기를 '위험감수사회'에서 독일의 사회구조적인 특수성은 엘리베이터 효과라고 했습니다. 당신의 주장은 생활 수준의 향상으로 생활조건의 사회 계급적 성격은 더 이상 중요한 일이 아니라는 것입니다. 노동시장에서의 수요 부족과 실업자 수의 증가라는 압력에 의해 사회부조의 절감과 복지국가의 변화과정에서 엘리베이터가 다시 한 층 더 아래로 내려가게 되거나 계급사회로 회귀하는 일이 벌어질 것이라고 보아도 좋겠습니까?

'아래로 향하는 엘리베이터 효과'의 테제는 맞다고 봅니다. 1960년대와 1970년대 완전고용을 추구하던 복지국가 단계에서 설립되었던 일련의 사회보장제도들은 현재 많은 부분이 축소되었습니다. 따라서 사회불평등이 앞으로 더욱더 첨예해질 것이고, 지금보다 더 다양한 집단들이 출현할 것입니다. 그럼에도 저는 바로 계급에 대해서 말하지 않습니다. 첫번째 집단은 극도의 이익을 보고 있는 지구화의 승리자들입니다. 그 다음으로 지구화 승리자를 위해 일하고 있는 엘리트 집단이 있습니다. 그들은 취업과 비취업 또는 부분 취업을 바꾸어가며 일했지만 상대적으로 많은 이익을 보았을 것입니다. 그리고 더 이상 필요 없게 되는 집단이 있고, 그 집단은 점점 더 커지고 있습니다. 간과할 수 없는 것은, 상대적으로 단순노동을 위한 일자리는 사라져가고 다른 나라로 수출된다는 것입니다. 사회구조의 엄청난 균열이 일어나고 있습니다. 이러한 현상은 자기 책임과 묶여 있는 개인주의화의 시각에서 관찰할 수 있습니다. 따라서 고전적인 의미의 계급의식은 거의 형성되지 않을 것입니다.

후기산업사회는 –사회학자인 다니엘 벨이 말하는 것처럼– 산업부문에서 이익을 창출하지 못하는 일자리들이 서비스 부문으로 이동하는 것을 의미합니다. 그러나 실업자 수의 증가는 다른 것을 말하고 있습니다. 이것은 어떻게 설명할 수 있습니까?

저도 이 주제에 열심히 몰두하고 있고, 비교 연구를 진행하고 있습니다. 연구를 진행할수록, 저는 산업 영역에서 떨어져나간 일자리가 서비스 영역으로 이동한다는 진단은 맞지 않는 것이라는 결론에 이르고 있습니다. 어디에 일자리가 생겨야 하는가? 조금만 더 자세히 관찰하면 바로 서비스 영역에서 일자리가 급속하게 줄어들고 있다는 것을 확인할 수 있습니다. 예를 들어 서비스 분야의 핵심 영역인 은행에서의 일자리는 자동화의 희생물이 되어가고 있습니다. 서비스 부문이 노동시장의 부담을 덜어주고 있지 않습니다. 거꾸로, 소위 완전 고용이 실현되고 있다는 미국과 영국에서 서비스 분야는 개별적인 서비스 분야로 구성되어 있습니다. 예를 들면 독일에서는 분담으로 해결되고 있는, 가정부와 같은 일입니다. 조금 과장해서 말한다면 소수의 부자들이 많은 집사들을 거느리고 사는, 새로운 봉건제적 집사 사회가 독일의 전망이 될 수 있다고는 생각하지 않습니다.

그렇다면 어떤 전망을 할 수 있을까요?

부인할 수 없는 사실은 국민의 대다수가 직업을 잃고 있다는 것입니다. 특히 이 터보 사회가 요구하는 높은 업적의 압력을 견디지 못하는 사람들이 그 경우에 해당됩니다. 우리들은 현재 새로운 기술이 일자리를 빼앗고 있는 이러한 변화의 시작을 보고 있습니다. 개인당 노동시간으로 이해되는 고용인구 수는 모든 후기산업사회 국가들에서 1970년대 이후 급격히 감소하였습니다. 우리들은 노동 없는 자본주의를 향해서 달려가고 있습니다. 이러한 일은 실업문제를 파트타임 노동으로 대체하고 있는 영국이나 미국의 경우에도 사정은 마찬가지입니다. 그것은 진정한 해결책이 되지 못합니다. 한 노동자가 새 일자리를 구한다고 하더라도, 그것으로 가족을 먹여 살리지 못한다면 그것은 아무런 의미가 없는 것입니다.

그렇다면 희망은 전혀 없는 것입니까? 당신이 바이어른-작센의 미래위원회에서 발표한 '시민노동'은 대량실업에서 벗어날 탈출구를 보여주는 것은 아닙니까?

우리들은 대량실업 사태를 조금 다르게 해석할 필요가 있습니다. 언제나 파국으로만이 아니라 가능한 확장 가능성으로 말입니다. 우리 사회는 취업노동을 배타적으로 해석해서는 안 된다고 봅니다. 그것은 역사적인 관점에서 모든 가치의 전환을 의미합니다. 산업화 이전의 생활은 노동과 무관한 것이었습니다. 우리들에게 필요한 것은 취업노동의 쇠락으로 말미암아 위험에 빠진 민주적인 질서를 보장하기 위한 또 다른 형태의 능동성입니다. 이제 물질적인 안전을 취업노동의 독점으로부터 분리시키고, 대안적인 다양한 행동에 눈을 떠야 할 때입니다. 저는 몇몇 핵심적인 대안만을 거론하겠습니다. 가족노동, 자기 일, 그리고 제가 시민노동이라고 불렀던 그러한 것들입니다.

시민노동의 개념을 좀더 구체적으로 설명해주시겠습니까?

취업노동에 의해서만 생존에 대한 보장이 이루어지는 것이 아니고, 사회계약을 통해서도 가능하다고 봅니다. 그것은 가족노동이나 시민노동의 경우와 같이 기본권 보장과 연결되어 있습니다. 사회의 공익을 위한 활동과 노동의 대가로 시민 급여나 시민 임금을 지불할 수 있습니다. 그것은 비용이 집중적으로 들지 않는 복지국가의 변형입니다. 삶의 단계와 관심에 따라 시민은 행동영역을 다양하게 바꿀 수 있습니다. 기억 속에서 취업노동은 노예노동의 전통을 가지고 있는 강제노동이라는 것을 되뇌게 될지도 모릅니다. 카를 마르크스는 노동은 '인간적인 것'이라고 보지 않고 '가득 채워진 아무것도 아닌 것(ein aufgefuelltes Nichts)'이라고 보았습니다. 취업노동을 강제하지 않는 사회는 자유를 좀더 적극적으로 정의할 수 있을 것입니다. 그 사회에서는 취업노동과 시민노동 사이에 분리가 존재하지 않을 것이며, 그를 위해서 다양한 영역 사이의 교환 가능성이 있어야 할 것입니다. 기본적으로 혁신적인 노동시간 단축이 이루어져야 할 것입니다. 직업이 유일한 삶의 목표는 아닌 것입니다.

그럼에도 생활보장에 대한 열쇠를 쥐고 있는 것은 여전히 노동시장입니다. 이 견고한 시스템에 변화를 줄 수 있다고 믿고 계십니까? 시민노동이 대규모로 현실화될 수 있는 가능성이 얼마나 있다고 생각하십니까?

기업들이 그 첫 걸음을 내디뎌야 할 것입니다. 기업들이 경제적인 역할만을 하는 것이 아니라 사회적·정치적인 행위자로서 책임 있는 역할을 해야 할 것입니다. 즉 기업들은 사람들에게 노동시간에 대한 주권을 회복시키는 계약을 제시해야 할 것입니다. 완전히 다른 것을 할 수 있도록 노동시간은 여러 가지 방식으로 제공되어야 할 것입니다. 그것은 사회보장제도의 수정을 전제로 가능한 일입니다. 예를 들어 연금을 취업노동과 분리할 수 있어야 하고, 시민노동을 하여도 연금과 의료보험을 들 수 있도록 해야 할 것입니다. 그러한 일들을 저는 유토피아적이라고 생각하지 않습니다. 오히려 저에게는 완전고용이라는 것 자체가 정치적 허구에 불과합니다.

시민노동을 노동창출을 위한 조치로 이해해도 될까요?

일자리는 취업노동과 연관되어 있습니다. 시민노동은 고유한 매력을 가지고 있는 것이 틀림없습니다. 그 개념은 취업노동으로부터 깨뜨리고 나오려는 목적을 가지고 있습니다. 상황에 따라서 지나치게 일을 많이 한 사람들은 자기 의사에 따라 취업노동에서 벗어나 1-2년 동안 시민노동을 할 수도 있지요. 이 개념에 포함시켜야 할 다른 집단들은 많은 지식과 경험을 가진 조기 정년퇴직자들입니다.

『정치적인 것의 재발견』이라는 책과 「정치적인 것의 르네상스」라는 논문에서 당신은 "정치적인 것은 새로운 것으로 나아가고 있다"고 했습니다. 이것은 낙관주의적 발언 아닌가요? '새로운 정치'라는 것에 대해 어떻게 생각하고 계십니까?

결정적인 것은 신자유주의의 승리로, 모든 제약으로부터 세계시장이 자유로워짐으로써 동반되는 문제들이 있고, 그것은 정치적인 것을 새롭게 자극하고 있다는 것입니다. 예를 하나 들어보겠습니다. 아시아의 금융위기와 광우병이 서로 어떠한 연관이 있는가 하는 질문을 던진다면 저는 이렇게 답변하겠습니다. 두 현상은 시장들이 특히 탈규제화된 시장의 경우, 정치적이고 법적인 틀이 필요하다는 것을 보여주는 사례들입니다. 이러한 틀이 마련되지 않으면 앞으로는 신자유주의 정책이 실현되는 과정에서 엄청난 물의가 생길 것입니다. 그 결과는 아마도 신자유주의 정책의 전망을 180도 바꾸어놓을 것입니다. 국가는 최소화될 것이고 거의 사라질지도 모릅니다. 그럼에도 그것은 잘못된 길입니다. 지금 필요한 것은 강력한 국가입니다. 그것이 제가 '새로운 정치'라는 말로 표현하고자 했던 것입니다. 그러나 그 국가는 국민국가가 아니라, 국경을 뛰어넘어 행동하는 그러한 국가가 될 것입니다.

국민국가의 무능력은 변화를 쫓아가지 못하는 데에서 나온다고 했습니다. 국민국가적인 사고는 그러한 행동의 능력을 부여하게 된다고 말입니다.

그렇습니다. 세계 여러 다양한 부문 시장 사이의 협의가 필요합니다. 탈규제는 규제를 강제합니다. 전지구적인 규제조약과 초국가적인 통제조약과 규범조약 등이 필요하게 되었습니다.

그러한 조약들이 만들어질 수 있을까요? 또 누가 그것을 만들어야 할까요?

제가 보기에 세 가지의 시나리오가 있습니다. 첫번째는 미국화가 그 하나의 시나리오입니다. 그러나 저는 미국에서 성공을 거둔 것이 유럽으로 넘어오리라고 생각하지 않습니다. 두번째는 마치 WTO와 같은, 강력한 초국가적 조직이 만들어지는 것입니다. 그러나 그러한 조직체에 너무 많은 힘을 넘겨주게 되면 정당성서 문제가 될 수 있습니다. 세번째는 민주주의의 전지구적인 확산이 그것입니다. 국민국가에 제한된 민주주의가 아니라 초국가적인 민주주의를 말합니다. 저는 세번째의 가능성을 변호하려 합니다.

저는 국제적인 문제들을 다룰 전지구적인 정당을 지지하고 있습니다. 이 정당들은 여러 국가들에서 활동하고 있는, 초국가적인 기업들과 같은 구조를 갖게 될 것입니다.

그것은 국민국가적 의회의 종말을 의미하는 것입니까?

만들어져야 하는 것은 세계 의회가 아닙니다. 국민국가의 의회는 역사의 쓰레기통에 버려지는 것이 아니라 여전히 남아 있을 것입니다. 그러나 전지구적으로 다시 형성될 것입니다. 국민국가는 더 이상 존재하지 않습니다. 그것은 더 이상 국가로 정의되지 않고 세계사회의 한 지역으로 분류될 것입니다. 사람은 누구나 지구라는 하나의 조국을 가질 것입니다. 우리들은 이제 더 이상 국민국가적으로 생각하는 것을 그만두어야 할 것이며, 국민국가의 의미도 바뀌어야 할 것입니다. 국민국가적인 유럽은 더 이상 존재하지 않습니다. 유럽 국가들의 대립으로부터 국민국가가 생성되는 일은 없을 것입니다. 대안은 '시민'입니다. 다양한 나라들의 특성을 정치적으로 하나로 묶어주는 유럽 시민의 권리가 그것입니다. '시민'은 구별과 차이, 대립들을 넘어서 존재합니다. 자기 나라를 포기하지 않고서도 전지구적으로 생각할 수 있다면, 세계사회가 가능하고 유럽이라는 세계 지역 내에서 동질성을 갖게 될 것입니다. 한번 더 강조하자면, 저는 세계시민에 대해서 말하고 있는 것입니다. 모든 사람들이 동등한 보편적인 기본권을 가지고 있고, 그럼에도 문화적이고 지역적인 다양성을 유지하고 있는 그러한 세계시민 말입니다. 제 개념은 세계 시민선언입니다.

세계시민의 권리와 의무는 무엇입니까?

권리의 배타성은 지금까지 국민국가의 속성이었습니다. 그러나 그

구조는 깨져야 할 것입니다. 우리에게 필요한 것은 지금까지와는 다른 종류의 기준입니다. 세계시민의 기준이 더 큰 비중을 차지하는 그러한 기준 말입니다. 그것이 진행되는 과정에서 많은 갈등이 발발하게 될 것이기 때문에 그것은 매우 중요한 일입니다. 세계사회는 우리가 기대하는 것과는 정반대로 진행될 가능성이 있습니다. 그 경계가 무너지게 되면 외국인 혐오, 피 흘리는 분배투쟁 등이 일어날 수 있습니다. 이러한 갈등을 해결할 수 있는 유일한 가능성은 모두가 동등한 권리를 부여받은, 세계사회로서 인류를 정의하는 일입니다. 그 정의에 이르기까지 시간이 얼마나 걸리는가는 결코 중요한 일이 아닙니다. 우리는 국가적, 인종적 차이에 대하여 토론하는 일을 멈추어야 합니다. 사람들에게 동등한 시민권과 정치적인 자유는 동시에 주어져야 합니다. 그렇지 않으면 우리는 혼란에 빠지게 될 것입니다. 제 시각에서는 점차 가속되고 있는 분배를 둘러싼 투쟁을 멈추는 일 외에, 다른 가능성은 존재하지 않습니다. 따라서 좀더 일찍 세계사회의 전망을 이야기하고 정의하는 일은 그만큼 중요하고, 그것은 정치로 하여금 이러한 방향으로 접어들 수 있도록 하는 일입니다.

다니엘 벨

후기산업사회

생애

"시간은 돈이다."

다니엘 벨(Daniel Bell)은 1919년에 출생하였다. 그는 뉴욕의 컬럼비아 대학과 메사추세츠 주 케임브리지 하버드 대학의 사회학과 교수였고 출판 업무에서 중책을 맡아왔다. 미국 학술원에서 세운 '2000년 위원회'의 위원장이었고 1992년부터 '토크빌 연구회' 회장이었다.

"사회학자는 언제나 예언자의 역할을 맡거나, 예언자가 아니면 관찰자의 역할을 맡아야 할 것 같이 느끼고 있다"고 다니엘 벨은 경고하고 있다. 그의 동료인 랄프 다렌도르프는 그를 1970년대의 가장 감각 있고 뛰어난 사회분석가로 평하고 있다. 비록 그 스스로 자신의 사회분석이 '사회적 허구'일 수 있다고 자기 비판을 하고 있기는 하지만, 그의 학문적인 능력은 서구 사회의 미래에 대한 거시사회학적 진단을 해낼 수 있도록 해주었다. 그는 자신의 테제로 사회의 경제, 정치와 문화 구조에 대한 열띤 토론을 주도해왔기 때문에, 그는 자신이 추구하였던 '사회적 현실의 객관적 구성'을 스스로 실천할 수 있었다.

"누가 쓰고 누가 읽느냐는 텍스트 스스로가 하는 것이다"고 그는 말한다. 그 때문에 그는 종종 혼자이다. 그의 에세이집 제목이기도 한 '사회학적 여행'이 그를 여름 몇 달 동안 해변가에 위치한 그의 집 '마르타 바인야드 섬'으로 끌어당기고 있는 것이다. 하버드 대학에서 강의를 하고 있을 동안에도 그는 케임브리지에 있는 자신의 거처에서 학문적인 작업을 계속 진행하기는 한다. 그의 연구실은 그와 아내가 세계적인 예술품 시장에서 구입한 초상화들로 가득 차 있다.

■ 주요 저작들

- Daniel Bell. 1973, *The Coming of Post-Industrial Society: A Venture in Social Forecasting*, New York: Basic Books Inc. — 『후기산업사회의 도래: 사회적 예견의 모험』(영어 원본)
- _____. 1975, *Die nachindustrielle Gesellschaft*, Frankfurt/M.: Campus Verlag. — 『후기산업사회』(독어판)
- _____. 1976, *The Cultural Contradictions of Capitalism*, New York: Basic Books Inc. — 『자본주의의 문화적 모순』(영어 원본)
- _____. 1979, *Die Zukunft der westlichen Welt: Kultur und Technologie im Widerstreit*, Frankfurt/M: S. Fischer Verlag. — 『서구 사회의 미래: 격론 중인 문화와 기술』(독어판)
- _____. 1984, 『이데올로기의 종언』(이상두 역), 범우사.
- _____. 2002, 『정보화사회의 사회적 구조』(이동만 역), 한울.

Daniel Bell

개념 경험적·이론적으로 탄탄한 기반을 가진 그의 저서 『후기산업사회의 도래: 사회적 예견의 모험』(독일어 번역 『후기산업사회』, 1973)에서 다니엘 벨은 사회발전을 진단하려는 과감한 시도를 하였다.

그의 주장에 따르면 앞으로의 사회는 후기산업사회로 변화하게 되는데, 그 후기산업사회는 더 이상 산업적인 상품 생산이 아니라 오히려 지식과 서비스가 중심이 되는 그러한 사회가 된다고 한다.

산업사회 이전의 사회는 육체노동과 천연자원을 획득하는 것이 가장 큰 의미를 지닌 사회였고, 산업사회는 상품 생산에 투여된 기계가 더 큰 의미를 갖는 사회였다면, 후기산업사회는, 이론적인 지식이 더 중요하고 서비스가 생산보다 더 중요한 경제적인 의미를 갖는, 변화된 노동방식을 갖게 된다는 것이다.

벨은 후기산업사회로 접어들면서 상품에서 서비스로 산업의 중심이 전환되고, 그것은 직업구조의 전환도 야기하고 있다는 것이다. 그 증거는 산업분야의 업종 수는 줄어들지만 서비스 업종의 수는 증가하고 있는 것이다. 앞으로는 점점 더 대학과 연구단체, 각종 학문기관들에서 형성되는 이론적 지식이 중요한 의미를 가질 것이며, 그 지식들이 기술적인 성장을 목적에 맞게 계획하고 조정될 것이다. 그밖에도 새로운 기술을 응용하고 연구하는 능력이 확대될 것이다.

이러한 발전의 원동력은 이동통신 분야에서 일어나고 있는 기술혁신이다. 그로 인해 이 분야에서 인간관계의 활성화가 일어나기 시작했다는 것이다. 이론적인 지식은 하나의 축이며, 그 축 위에 새로운 기술과 경제성장, 사회 계층화가 발생할 것이다. 따라서 대학은 가장 중요한 기관이며, 지식인들이 후기산업사회의 원형이 될 것이다.

벨에 따르면 지식기반의 후기산업사회에서는 세 계급이 형성된다. 첫번째는 기술 엘리트 계급인데, 그 계급은 창조적인 과학자들과 학문적으로 훈련된 최고 관료들로 구성된다. 그들은 사회에 지도적인 역할을 담당한다. 두번째 계급은 공학과 교수들 계급이고, 세번째 계급은 기술자와 그들의 보조원들이다. 사회에서 승진하기 위해서는 포괄적인 학교교육과 전문교육은 필수적이다. 교육은 사회이동을 위한 기본 조건이며 실질적으로 중요한 힘이다. 권력 망 속에 위치하기 위한 조건은 교육이고, 전문적인 능력에 대한 증명은 좀더 좋은 직장을 얻기 위한 결정적인 조건이 된다.

후기산업사회는 엄청난 비용을 사용한다(정보비용, 조정비용, 시간비용 등). 정보비용은 매우 복잡하고 많은 양의 정보를 전달하고 작업하는 데 드는 비용이다. 조정비용은 인간관계의 증가에 따라 증가한다. 이러한 변화는 포괄적인 계획과 조직을 요구한다. 또한 시간도 하나의 비용이 된다. 과잉생산에 익숙해진 경제는 빠른 속도를 지닌다는 특징을 가진다. 시간은 다른 경제적인 자원과 달리 축적되지 않기 때문에 시간은 희소한 상품으로 그 가격을 갖게 된다. 이것은 서비스 부분에서 일어나고 있다. 벨에 따르면 그것은 산업에 보조적인 역할을 하는 운송, 구빈업무로 나뉘어지고, 다시 복지기관, 무역, 금융, 보험기관 등으로 나뉘어진다. 또한 데이터 정리와 같은 전문적이고 상업적인 서비스 부분, 사회구성원들의 자유시간 활용에 대한 부분(여행, 취미, 스포츠와 휴양)도 있고, 또한 공동체와 연관된 서비스 부문으로는 건강, 교육, 행정 등이 있다. 상품과 서비스의 수적 증가와 그에 따른 행정비용의 증가라는 특징을 지닌 후기산업사회는 정보비용과 시간 소모의 증가가 일어나며, 그 두 부분은 이해 갈등의 조정을 필요로 하게 될 것이라고 벨은 전망하고 있다.

정치의 역할을 사회구조 조정으로 생각하고 있는 벨에게는 이해갈등의 조정이 정치의 중요한 과제이다. 정치는 하나의 변동을 조절하는 기제가 되었다. 창조성과 혁신성은 과학에서 출발하며, 과학적이고 지식적인 작업을 실행에 옮기며 새로운 발명에 이르는 길을 제시해준다. 또한 분석의 새로운 방법을 발전시키며 특정한 과정에 대한 비용과 결과를 계산한다. 바로 이러한 것들이 후기산업사회의 징후군인 것이다.

공통질문

1. 당신은 스스로를 사회이론가나 사회비평가 또는 사회설계가로 생각합니까? 아니면 그저 동시대인으로 생각합니까?

우선 저는 이론가이자 비판가입니다. 그러나 젊고 모험적이었으며 다양한 직책을 맡고 있던 과거에 저는 스스로를 사회설계가로 생각했습니다. 물론 저는 사회를 좋아합니다. 이론가로서 저는 사회구조와 사회변동을 카를 마르크스와 막스 베버, 그리고 몇몇 거대 이론가의 이론에 따라 이해하고 있습니다. 비판가로서 저는 특정한 가치 지향을 가지고 있습니다. 사회정책에 대한 제 비판과 판단은 그 가치 지향에 따른 것입니다. 저는 분명히 이론가이자 동시에 비판가입니다. 저는 제 인생의 대부분을 학생들을 가르치는 데 사용하였습니다. 물론 사회비평가로서 신문이나 잡지에 기고도 하였지만 말입니다.

2. 우리가 살고 있는 사회는 도대체 어떤 사회입니까?

저는 미국 사회에 살고 있습니다. 다른 사람들은 다른 나라에 살고 있고 어떤 사람들은 부족사회에 살고 있지요. 사회에 대해서 말하기 위해서는 표현을 구분해야 할 필요가 있습니다. 서구 사회는 가장 큰 자본주의 사회와 관련되어 있습니다. 따라서 모든 행동의 주된 부분은 자본가 계급에 의해서 정해지고 자본주의적 목적에 따라 행해집니다. 그러한 일은 공산주의 사회에는 일어나지 않습니다. 마르크스주의의 오류 가운데 하나는 자본주의가 모든 사회에 침투할 것이라는 가정입니다. 카를 마르크스의 결론에 따르면 민주주의는 자본가 계급의 부산물일 뿐입니다.

우리가 오늘날 알고 있는 사실은 민주주의는 진솔하고 자율적이라는 것이고 인간의 열망과 소망이 관련되어 있다는 사실입니다. 우리들은 많든 적든 민주주의적이고 자본주의적인 사회에 살고 있습니다. 경제적인 의미에서 우리들은 제조업의 경제에서, 제가 이름 붙인 방식에 따르면 후기산업사회적 경제로 넘어가고 있는 중입니다. '사회'라는 단어는 다양한 맥락을 가지고 있는 말입니다. 그 말은 다양하게 분류하여 사용해야 할 것입니다.

3. 현 사회의 긍정적인 면과 부정적인 면에는 어떤 것이 있습니까?

미국 사회의 긍정적인 면은 기술혁신을 만들어낼 수 있는 상황이라는 것과 이러한 혁신에 도달하는 데 필요한 자본을 가지고 있으며, 또한 위험을 감수할 수 있는 준비가 되어 있다는 것입니다. 미국 사회는 시장에 혁명적으로 새로운 상품을 공급할 수 있는 유일한 사회입니다. 사람들은 생명공학이나 전자통신, 컴퓨터 영역에서 발전을 이야기합니다. 일본과 같은 다른 사회는 다른 나라에서 개발된 상품을 더 나은 상품으로 만듦으로써 이익을 보고 있습니다. 그러나 일본은 점차 유리한 위치에서 벗어나고 있습니다. 독일은 특히 산업표준 상품을 생산함으로써 이익을 보고 있습니다. 그러나 미국은 강한 혁신력을 가지고 있습니다.

반면 부정적인 면은 인종차별과 교육환경이 좋지 않다는 점 등을 들 수 있습니다.

4. 사회에서 당신의 역할은 무엇입니까?

제 역할은 선생님이자 사회이론가이며 비판가입니다. 중요한 역할의 하나는 대학교수라는 것입니다. 우수한 인재들만을 받아들이는 하버드는 매우 큰 영향력을 가지고 있습니다. 그 학생들이 나중에 정부와 금융, 산업에서 지도적인 역할을 맡을 것이기 때문입니다. 그밖에도 여러 정부위원회에 참여하고 있습니다. 저는 제 스스로를 공적 지식인의 한 사람으로 생각하고 있기는 합니다만, 79살인 제 나이가 좀 부담스러운 건 사실입니다.

5. 사회소설 가운데 어떤 것을 좋아합니까?

언제 읽은 소설을 말하는 건가요? 저는 몇몇 특별한 예를 들겠습니다. 13살 때 업톤 싱클레어의 『늪』이라는 책을 읽었는데, 이 책은 당시 사회주의에 빠졌던 저에게 대단한 영향을 끼쳤습니다. 이 책은 제2차세계대전 전 시카고의 도살장을 배경으로 한 소설입니다. 그 소설을 특이하게 만들고 있는 것은 작가의 생각이었습니다. 싱클레어는 노동자 착취에 저항하는 사회당의 당수였던 유진 빅토르 뎁스의 말로 소설의 대미를 장식하였습니다.

성장기에 저는 많은 책을 읽었고, 그 책들은 제게 세상 읽는 눈을 길러주었습니다. 그 가운데에는 독일 작가들의 책들도 있습니다. 잠깐이었지만 베를린에 머무는 동안 저는 야곱 바서만의 『크리스티안 반 샤프』와 『마우리치우스의 경우』라는 소설을 감명 깊게 읽었습니다. 그밖의 재미있었던 책으로는 러시아 혁명을 다루고 있는 유대 작가 샬렘 아슈의 『세 도시』라는 책이 있습니다. 더 젊었을 때에는 『빵과 포도주』, 이탈리아 작가 이그나치오 실로네가 쓴 『폰타마라』, 아서 코에스틀러의 『일식(日蝕)』 등이 있습니다.

6. 당신이 즐기는 게임에는 어떤 것이 있습니까?

이러한 질문을 받으니 헤르만 헤세의 유명한 소설『유리알 유희』가 생각나는군요. 게임을 하는 것과 같이 주제를 풀어나가는 소설이거든요. 또 제 아들과 함께 즐겨 하는 '보티첼리를 위한 B'라는 게임이 있습니다. 이 게임은 한 사람이 사회, 문화, 정치 영역에서 특정인의 첫 글자인 철자 하나를 먼저 제시하는 방식으로 진행됩니다. 다른 사람은 이 사람을 알아맞추기 위해 노력하고, 질문을 던진 사람은 "맞다," "틀리다"로만 대답할 수 있는 것이 게임의 규칙입니다. 이것은 오랜 자동차 여행시에 지루한 시간을 재미있게 보낼 수 있는 유익한 게임입니다.

7. 어떤 모임을 좋아합니까?

보통 지식인들이 모여 있는 사회에 있는 것을 좋아합니다. 있는 그대로 이해해도 좋은 사람들이 그들이기 때문입니다. 유대 지식인들은 종종 '재미있는 이야기'하기를 즐깁니다. 재미있는 이야기를 시작하는 방식에는 세 가지가 있습니다. 그 하나는 상대방이 그 재미있는 이야기를 이해할 때까지 설명하는 것입니다. 유대인에게 재미있는 이야기를 설명하게 되면 그들은 대부분의 경우에 웃지 않습니다. 그가 이미 그 재미있는 이야기를 알고 있거나 아니면 그 이야기를 더 잘 설명할 수 있기 때문입니다.

8. 당신이 소속되어 있다고 느끼는 사회집단은 어떤 것입니까?

지식인 집단입니다. 저는 스스로를 학자로 생각하고 있지 않습니다. 학자들이란 한 분야에 전문화되어 있고 좁은 지평을 가지고 있습니다. 대부분의 학자들은 지식인이 아닙니다. 왜냐하면 그들은 포괄적인 지식을 만들어내지 못하기 때문입니다.

1998년 초기에 영화관에서 상영하였던 <세상을 화나게 하기>란 다큐멘터리 영화가 있습니다. 그 영화에는 네 명의 지식인이 등장합니다. 그들은 모두 뉴욕의 빈곤층 출신으로 1930년대에 뉴욕 시립대학을 다녔는데, 그 대학은 유대 이주민들을 위한 것이었습니다. 그들은 끊임없는 사회 변화를 겪게 됩니다. 매카시 시대의 공산주의자 추방, 또는 학생운동이나 베트남전쟁, 냉전시대, 베를린 장벽의 붕괴 같은 사건들을 경험하면서 다양한 입장을 취하고 있습니다. 그 네 사람은 나탄 글레이저, 어빙 하우, 어빙 크리스톨과 저입니다. 우리들은 세상의 변화에 대해서 말하고 있었던 것입니다. 우리들은 1930년대에 마르크시스트 조직에 속해 있었지만 점차 다른 삶을 살아가고 있었습니다.

9. 당신이 사회적으로 중요하다고 평가하는 사람은 누구입니까?

정치적 기능에서나 공공의 기능에서나 각각의 개인이 중요하지는 않습니다. 오히려 저는 제 친구들을 생각합니다. 그 중에 한 명은 인류학자 클리포드 기어츠입니다. 그는 미국 최고의 학자이며 프린스턴 대학의 교수입니다. 두번째는 뉴욕의 상원의원인 다니엘 패트릭 모이니한이라고 봅니다. 세번째로 아주 훌륭한 정치이론가라고 볼 수 있는 마티클 월처를 꼽고 싶습니다. 그 역시 프린스턴 대학의 사회과학부 교수입니다. 저는 인격을 중요하게 봅니다. 기회주의적이지 않고 다른 사람에 대해서 평가하려 하지 않으며, 자신의 본성을 드러내지 않을 수 있는 그러한 인격을 가진 사람이 중요하다고 생각합니다.

10. 당신이 생각하는 이상적 사회는 어떤 사회입니까?

다양한 관점이 있을 수 있습니다. 이상적인 사회라는 것은 누구나 자신감을 갖고 사회에 참여할 수 있는 사회적 기반을 제공해주는 사회라고 봅니다. 또한 누구나 혼자 있을 수 있는 권리가 주어져야 한다고 생각합니다.

수년 전에 이런 말을 했던 기억이 납니다. 그 말은 오늘날에도 여전히 유효합니다. 저는 경제적으로는 사회주의자이고 정치적으로는 자유주의자이며, 문화와 연관해서는 보수주의자입니다. 경제적으로 사회주의자라는 말은 누구에게나 사회에서 효율적으로 행동할 수 있도록 동등한 기회를 주어야 한다는 의무가 경제에 있다는 뜻입니다. 정치적 자유주의자인 이유는 개인적 능력과 업적주의를 신뢰하기 때문입니다. 저는 문화적으로는 보수적인 편입니다. 그 이유는 고전적인 가치나 고급문화를 신뢰하기 때문입니다. 저는 앤디 워홀의 작품과 같은 '팝아트'를 별로 좋아하지 않습니다.

11. 당신은 사회를 변화시키고 싶습니까?

분명히 그렇습니다. 공정하지 못하고 평등하지 못하다면 변화되어야 한다고 봅니다. 그러나 사회에 대한 질문은 너무 추상적이기 때문에 대답하기 위해서는 충분한 시간이 필요합니다. 우리들은 이상적인 유토피아 사회를 건설하려는 시도들이 언제나 절망적으로 끝을 맺는 고통스러운 경험을 하였습니다. 유토피아 사회를 건설하려는 사람들은 국민들에게 너무 많은 권력을 행사하였고, 그 권력은 거의 한계가 없었습니다. 이상적인 사회를 건설하는 것이 아니라 모든 반대파를 제거하였습니다. 그럼에도 유토피아는 무엇이 옳고 무엇이 그른가를 판가름할 수 있는 기준으로서 필요하다고 봅니다. 저는 이상적인 사회를 믿고 있습니다. 그러나 그 실현이 어렵다는 것도 알고 있습니다.

12. 미래사회는 어떤 모습이 될 것 같습니까?

사회는 하나의 재료로 형성된 덩어리가 아니고 구조적으로 얽혀 있는 전체도 아닙니다. 따라서 사회의 미래 같은 것은 없다고 봅니다. 미래는 어떤 구체적인 것의 미래이기 때문입니다. 특정한 규칙이 반복된다면, 그리고 중심적인 연구대상을 시간과 공간이라는 변수로 제한할 수 있다는 가정하에서만 우리는 어떠한 것에 대한 확실한 지식을 갖고 있는 것이고, 그럴 때에만 예언이 가능합니다. 사회는 그 연관에 대한 정확한 파악을 할 수 없습니다. 우리들은 미래사회를 예측할 수 있는 불과 몇 가지의 근거만을 가지고 있을 뿐입니다.

인터뷰

1973년 『후기산업사회』란 책에서 당신은 산업사회의 변화를 예견하고 있습니다. 당신이 예견했던 일이 실제로 일어났다고 보십니까?

우선 분명히 밝히고 싶은 것은, 저는 예견을 하려고 하거나 진단을 내리려고 한 것이 아니라는 것입니다. 과거를 해석하려는 것이고, 그 다음 단계로 미래를 파악하려 한 것입니다. 예견했던 시점에 도달하게 되면 사람들은 저를 예언자와 구별되는 학자로 여기게 될 것입니다. 사회적 경험이 기능하는 방식은 그러한 것입니다.

저는 문화적인 영역이 아니라 기술적이고 경제적인 영역에 대해 말하고 있습니다. 후기산업사회는 세 단계로 현실화되고 있습니다. 20세기 초반에는 인류의 50%가 농촌에서 일하고 있었습니다. 20세기 말에는 5%이거나 그보다 적은 수의 사람들이 농촌에서 일을 하고 있습니다. 20세기 중반에는 노동자의 40%가 생산 공장에서 일했었지만 오늘날에는 15%만이 일하고 있습니다. 마지막 단계는 산업생산에서 서비스로 옮겨가고 있습니다. 제가 가능할 것이라고 예견한 일이 일어나고 있습니다. 현재는 노동인구의 약 40%가 서비스 영역에서 일하고 있습니다. 무엇보다도 건강, 교육, 휴양과 학문, 연구발전 분야 등이 그것입니다.

기술분야와 관련해서 저는 기계기술에서 지식기술로의 변동을 관찰하고 있습니다. 기계기술은 생산공정과 관련되어 있는 기계들을 말합니다. 지식기술은 사고 조직의 과정을 기술하고 있습니다. 생산물의 디자인이라든가 서비스 등에 대한 것이 그것들입니다. 수학, 언어 프로그래밍 등이 지식기술의 수단들입니다. 이러한 의미에서 우리가 정보사회에 대해서 말하고 있는 것은 과거보다 더 많은 정보를 가지고 있기 때문이 아닙니다. 정보가 중심적인 역할을 맡기 시작했고 보편적으로 접근할 수 있기 때문입니다. 행동을 조직하는 것은 경제적인 기술을 의미합니다.

세번째로 지적인 기술과 관련하여 가장 중요한 것은 이론적 지식의 코드화입니다. 모든 사회는 지식의 기반 위에 존재합니다. 그 기원은 약 5만 년 전이나 7만 5,000년 전으로 거슬러 올라갑니다. 인간 두뇌와 종족의 발전은 부족들을 하나의 언어체계의 조직으로 묶어주었습니다. 의미를 추구하는 것은 인간의 본질적인 활동입니다. 그럼에도 이론적 지식의 코드화는 20세기에 들어와서야 일어나기 시작했습니다. 과거의 거대한 발견과 오늘날 일어나는 혁신의 방식 사이에는 결정적인 차이가 있습니다. 거대한 발명은 오늘날에도 사용하고 있으며 금속, 전기, 팩스, 전화, 자동차와 비행기는 19세기의 발명품이었습니다. 모든 것은 그 발명자들의 번득이는 아이디어 덕분입니다. 그 과학적인 배경이나 발명의 기초가 되는 법칙들에는 완전히 무지한 상태입니다. 토마스 에디슨 같은 사람은 엄청난 기술혁명을 이룩하고 전기를 사용할 수 있게 해주었지만 추상화 능력은 부족한 사람이었습니다. 20세기 말인 오늘날에도 19세기 이론적 지식 위에 기술의 지속적인 발전을 추진하고 있는 중입니다.

이론적 코드화의 기반 위에 발전한 새로운 기술이 사회적 삶에 어떠한 영향을 미치고 있습니까? "서비스 분야에 고용된 사람이 늘어나고 있다"는 당신의 언급과 연관해서 드리는 질문입니다.

뭔가 오해가 있는 것 같군요. 저는 분야와 활동을 구분하고 있습니다. 활동이라는 것은 주로 기술적인 표현이고, 분야는 서비스라는 내용을 포함합니다. 사회적 삶에 영향을 미치고 있는 변화는 엄청납니다. 그 중심에 서 있는 것이 컴퓨터, 텔레비전, 전화 등입니다.

사회적 삶에 미치는 영향에 대하여 말하기 전에 말하고 싶은 다른 것이 있습니다. 양자역학이론은 물질에 대한 우리의 개념을 변화시켰습니다. 우리들은 고전적인 의미에서 더 이상 물질에 의존적이지 않습니다. 제2차세계대전 전에 주석이나 동 카르텔과 같은 카르텔들이 있었지만 오늘날에는 더 이상 존재하지 않습니다. 오늘날 우리가 가지고 있는 카르텔은 오직 하나입니다. 그것은 1973년에 나온 로마클럽의 보고서 「성장의 한계」에 따른 것입니다. 석유위기라는 주제로 자원문제에 주목하게 만들었던 책입니다. 동이 부족했던 것은 사실입니다. 혹시 세상에서 가장 동을 많이 사용하고 있는 곳이 어디인지 아십니까? 뉴욕입니다. 그러나 동은 오늘날 광섬유에 의해 대체되고 있습니다. 광섬유의 사용은 동(銅) 비용의 십분의 일에 불과하고 광섬유는 동보다 더 많은 에너지를 전달하고 있습니다. 또는 다른 예가 있습니다. 생명공학입니다. 생명공학은 농업에 어마어마한 영향을 미치고 있습니다. 요즘 유럽에서는 유전자가 조작된 동물과 식물 생산품의 판매와 생산에 대한 논쟁이 치열하게 전개되고 있습니다. 이러한 일은 참 어리석은 일입니다. 사람들은 유전자조작 동·식물이 자연 상태에서 성장한 생산물에 미칠 영향을 걱정하고 있습니다. 완전 자연식품이라는 것은 이미 존재하지 않음에도 말입니다. 우유도 가공되고 있지만 그에 대해서 누구도 흥분하지 않습니다. 저는 유전 의학적 지식에 의해서만 가능한 각막이식수술을 하였습니다.

그러니까 이론적인 지식의 코드화는 점차 정교해지고 있습니다. 그것은 사회적 삶에서 인간들을 도와줄 것입니다. 그것은 식량문제를 해결해주고, 일거리를 만들어줄 것입니다. 또 사람들의 행동을 결정하게 될 것이고 의사소통의 가능성을 높여줄 것입니다.

산업분야에서 점차 줄어가는 일자리는 서비스 분야에 의해 대체되어갈 것이라고 사람들은 기대해왔습니다. 그러나 대량실업 사태는 이러한 일이 발생하지 않음을 증명해주고 있습니다. 우리가 실업에 대비하여 할 수 있는 일이 있다면 그것은 무엇이라고 생각하십니까?

우선 취업률은 기술변동에 달려 있지 않습니다. 그것은 수요 변동에 달려 있고 취업정책에 달려 있지요. 미국의 실업률은 4.5%에 달하고 있습니다. 그러나 어떤 신문에서든지 사람들은 구인광고를 보고 있습니다. 그러니까 일이 없는 것은 아니라는 것입니다. 일의 종류가 문제가 되겠지요. 정년퇴임한 나이 드신 분들이 과거와 같은 일자리를 구하는 것은 어려울 수 있습니다. 그 분들은 호텔에서 한나절 짐꾼으로 일해야 할지 모릅니다. 문제는 작업 과정의 자동화에서 발생합니다. 접시닦기라는 고전적인 일자리는 이제 사라졌습니다. 그 일은 이제 기계가 대신하고 있습니다.

다른 측면에서 새로운 기술은 새로운 직업을 만들어내고 있습니다. 20년 전만 해도 프로그래머라는 직업은 없었습니다. 오늘날 약 7만 명의 프로그래머가 있습니다. 미국 경제는 4명에서 500명까지 고용하고 있는 작은 기업으로 이루어진 경제입니다. 그 작은 기업들에 미국 노동력의 50%가 고용되어 있습니다. 무엇보다도 기술은 스스로 일자리를 만들어내고 있다는 것입니다. 기술은 구별이 있고 일을 재조직하고 있습니다. 젊은이들은 그 발전을 잘 따라가고 있는 중입니다.

이 자리를 빌어 말하고 싶은 것이 있습니다. 지금껏 제 글이나 강연에서 여성들은 배제되어왔습니다. 제가 『후기산업사회』를 쓰고 있을 때 여성에 대해 한 부분을 쓰고 싶었습니다. 그때 떠오른 생각은 산업사회에 대한 제 생각이 주로 남성 위주라는 것을 깨달았습니다. 여성들은 문화변동의 영역에서만 어떠한 역할을 맡아왔습니다. 후기산업사회에서 여성들은 남자들과 마찬가지의 일을 하고 있습니다. 특히 서비스 분야에서 그렇습니다. 후기산업사회에서는 여성들의 역할이 점차 중요해지고 있는 것입니다.

미국에는 직장이 있어도 생계유지조차 어려운 사람들이 있습니다. 이러한 상황을 개선하기 위해서 변화되어야 할 일은 무엇이라고 보십니까?

지난 20년 동안 이 나라의 가장 큰 사회문제 가운데 하나는 사회적 구호를 조직하는 문제였습니다. 사회적 구호의 가장 큰 문제 가운데 하나는 과거 가족구조의 해체 문제였습니다. 특히 흑인 가족의 해체, 원칙적으로 이것은 하나의 문화적 문제입니다. 그러나 사회적 안전망의 부재가 사태를 더욱 악화시키고 있습니다. 그 원인은 남편이 실직으로 집에 있는 동안에 아이를 가진 부인은 사회적 도움을 받을 수 없게 되어 있는 제도의 문제 등입니다. 그러니까 남편은 아내가 사회적 도움을 받게 하기 위해 집을 떠나 있어야 하는 셈입니다. 미국에서 사람들은 사회적 도움을 받으려 하지 않습니다. 그 대신에 희생이 뒤따르더라도 직장을 얻으려 합니다. 많은 주에서 직장을 얻을 수 있는 일을 배우는 훈련 프로그램을 실시하고 있습니다. 그러나 많은 사람들은 그 일을 배울 만한 능력을 가지고 있지 않습니다. 따라서 어린이들이나 청소년들이 마약거래에 손을 대는 일이 발생하고 있습니다. 그 일은 아주 위험하고 심지어 목숨까지 내걸어야 하는 일임에도 불구하고 많은 사람들이 빨리 돈을 벌려는 마음에서 하고 있습니다. 평균 임금은 시간당 12달러이고 최저 임금은 6달러 정도입니다. 빠르고 손쉽게 돈을 벌 수 있는 방법은 도둑질이나 마약취급입니다. 이것이 사회적인 문제입니다. 그러한 일들이야말로 과거의 인종차별주의와 연관됩니다.

미국은 언제나 우리 부모 세대에서와 마찬가지로 이민국입니다. 대부분은 아주 잘 적응하고 있습니다. 예를 들어 한국인은 아주 강한 가족공동체 사회입니다. 멕시코 사람들은 한 마디로 말하기 어렵고, 그들의 문화는 양면적입니다. 일반적으로 말해서 미국 문화는 참으로 다양하고, 그래서 어떤 일반적인 대답은 하기 어렵습니다. 시장은 기능하고 있고 사람들은 그에 잘 맞추어서 살아야 합니다.

『2013년 세계와 미국』이라는 책에서 당신은 "국민국가는 삶의 큰 문제를 다루기에는 너무 작고 삶의 작은 문제들을 다루기에는 너무 크다"고 하였습니다. 국민국가의 미래를 어떻게 보십니까?

그 책을 쓴 것은 1987년입니다. 2000년의 13년 전이라서 그렇게 제목을 붙였습니다. 오늘날 미국의 여러 주들은 그것과 비슷한 문제들을 다루는 방법을 배우고 있습니다. 통합된 유럽은 공동화폐로 거래를 간편하게 만들었고 이동을 용이하게 했습니다. 국민국가는 지역적인 단위라는 의미만을 갖게 되었습니다. 북미대륙의 북미자유무역협정(NAFTA)과 비슷한 일이지요. 국가들은 지역적이든 지구적이든, 경제 활동에 따라 행동하고 있습니다. 국민국가는 지난 세기의 현상이며 특정한 정치적인 행동들이었습니다. 오늘날 우리들은 지역적인 수준에서도 움직이고 있습니다. 공동의 시장에서는 보조라는 상위의 원칙이 있습니다. 지역적인 수준에서 일어나야 할 일은 여전히 일어나야 합니다. 연방 정부가 해야 할 과제들은 여전히 남아 있습니다. 국민국가는 너무 크고 동질적이어서 지역의 다양한 욕구들을 해결하기 쉽지 않습니다. 올바른 기준을 마련하기가 어렵기 때문입니다. 특정한 관심은 균형을 유지하기 위해서 그에 따른 발전을 진행시키고 계속해서 변화하고 있습니다.

25년 전 목적 정확성에 대해 말씀하신 적이 있습니다. 대부분 그렇게 실행되고 있습니다.

저는 사회를 전체로 보지 않고 기능을 단위로 한 분리, '분화'라고 봅니다. 미래에 대한 예측을 하기 전에 알아야 할 것은 어떠한 차원에 대해 말하고 있는가입니다. 경제적인 차원을 선택해 말한다면 순환하는 자본의 차원에서 전지구화에 대해 말하게 될 것입니다. 그러나 오늘날 누군가가 전지구화에 대해서 말할지라도, 아무도 해외노동자에게 동등한 일자리를 보장해야 한다고 말하지 않을 것입니다. 앞으로 몇십 년 동안 우리들은 이러한 문제로 고민하게 될 것입니다. 또 점점 더 많은 사람들이 그들이 원하는 곳에서 일할 수 있게 해 달라고 요구할 것입니다. 자본의 자유로운 이동을 원한다면 노동력의 이동도 감수해야 할 것입니다. 그러나 바로 그것을 막고 있는 것은 국민국가들입니다. 독일은 제2차세계대전 이후 터키 노동자들을 불러들였고 그들은 지저분하고 힘든 일을 도맡아 했습니다. 지금은 2세, 3세의 터키인들이 독일에서 자라고 있습니다. 독일 사람들 가운데에는 그들을 터키로 돌려보내고 싶어하는 사람들이 있지만 그들은 그것을 원하지 않고 있습니다. 그렇다면 과연 무슨 일이 벌어지게 될까요? 잘 생각해야 할 것이라는 생각입니다.

전지구화된 경제적인 차원에서 많은 연합들이 생겨나고 있습니다. 자유시장원칙과 다른 정책들이 세워지고 있습니다. 보호장벽을 설치하는 것이 국민국가의 역할이 될 것입니다. 국민국가는 많은 영역에서 재정정책을 실행하고 있습니다. 유럽의 미래는 재정정책이 거대은행의 손에 놓이게 될 것인지 아니면 국가에 머물게 될 것인지에 달려 있습니다. 영국은 통일된 유럽의 구성원이 되기를 원치 않고 있습니다. 왜냐하면 재정에 대한 통제권을 빼앗기고 싶지 않기 때문이지요. 재정정책은 조세정책과 밀접한 관련이 있습니다. 금융통화정책은 재정수단에 대한 처분권을 전제로 하고 있습니다. 국민국가들은 지금까지 시장을 방어하기 위해 재정정책에 대한 통제권을 가지고 있었습니다.

유럽공동시장과 같은 새로운 정치적 처방에 의해 그러한 문제를 극복하려고 시도하게 될 것입니다. 그러나 여전히 답이 없는 질문은 동유럽과 러시아가 이 공동시장에 통합될 것인가입니다. 미래사회에 대해 생각할 때 이러한 것들이 중요한 문제로 떠오릅니다. 후기산업사회는 우선 하나의 조각이거나 부분이고, 많은 것의 복합체라고 볼 수 있습니다.

문화와 국가의 범주를 넘어서 사람들을 정의할 수 있다고 보십니까?

사실 약 30년 전에 유럽의 지식인들 사이에 하나의 운동이 있었습니다. 한 나라가 아니라 여러 나라에 속하고 있다고 느끼는 지식인들의 운동이었습니다. 그들은 다음과 같이 말했습니다. "나는 지식인이고, 우리나라 사람들보다 다른 나라의 지식인들과 더 많은 공통점을 느끼고 있다." 자신의 정체성을 해체하는 이러한 일은 그렇게 흔한 일은 아니고 국제적인 현상도 아닙니다. 오늘날 지식인들은 전문적이며 학술적으로 변했습니다.

저는 서방세계는 국가를 뛰어넘어 생각할 수 있는 아주 큰 잠재력이 있다고 봅니다. 아시아 국가들의 경우에 사람들은 국가에 대한 매우 큰 자부심을 가지고 있고 그것이 국가를 동원하는 근거가 되고 있습니다. 말레이시아, 싱가포르, 중국은 서구적인 것을 좋아하지 않고 그들은 자신의 고유한 문화적 정체성을 중요시하고 있습니다. 그에 비하면 유럽은 정체성이 그렇게 강하지 않은 아주 오래된 사회입니다.

문화적인 범주에서 생각한다면 국가정체성은 확실히 그 폭이 좁다고 볼 수 있습니다. 이것은 급진적인 근본주의의 부상이나 이름하여 동남아시아 국가들의 새로운 국민국가 선언 같은 것에서 찾아볼 수 있습니다. 지난 25년 동안 가장 큰 운동은 이슬람의 근본주의운동이었습니다. 동남아시아에서는 자신의 소속 국가에 대한 자부심이 높아지고 있습니다. 인도 사회는 여전히 반쯤 발전하고 반쯤 후진적입니다. 아프리카 사회를 구성하고 있는 것은 다양한 여러 부족들입니다. 문화와 국가라는 커다란 개념에는 수많은 범주들이 있다는 것을 지적하고 싶습니다.

국민국가라는 새로운 개념을 갖게 될 것이라고 보십니까?

국적이라는 것은 하나의 법적 지위와 관련된 것이고 보호를 위한 법입니다. 그러나 국적은 사람들과 관련이 없습니다. 예를 들어 일본 사람은 아주 강한 자부심을 갖고 있고 그것은 일본의 문화적 전통에 기초해 있습니다. 대부분의 사람들은 국가 정체성에 의거해 살고 있습니다. 정체성이라는 것은 중요하지만 동일시의 형식은 많이 달라졌습니다. 사람들은 "그 사람은 누구인가"라고 물으면 '누구의 아들'로 대답하곤 했습니다. 그러나 근대사회에서 그들은 "나는 나고 모든 것은 나 스스로 이룩한 것이다"라고 말할 것입니다. 그것은 하나의 기회입니다. 아마도 유럽 사람들은 서로 다른 언어로 말할지라도 유럽 시민으로 느끼고 있을 것입니다.

랄프 다렌도르프

시민사회

생애

랄프 다렌도르프(R. G. Dahrendorf)는 1929년에 태어났고 함부르크, 튀빙겐과 콘스탄트 대학의 교수였으며, 독일 사회학회 회장, 런던 경제대학 학장, 옥스퍼드에 있는 성 안토니 대학의 학장을 지냈다. 그는 학문적인 업적 이외에도 많은 정치관료직을 지냈다. 또한 그는 독일연방의회 '자유민주당'의 의원을 지냈고 본에 있는 각료회의의 외회소속 국가비서를 지냈으며, 브뤼셀에 있는 유럽연합의 위원으로도 활동하고 있다. 1993년에는 귀족으로 추대되어 영국 '귀족의 집(House of Lords)' 회원이 되었다. 그밖에도 그는 런던에 있는 '베를린 은행 사교모임(Bank Gesellschaft Berlin)'의 비상임 이사이기도 하다.

다렌도르프는 학문과 정치, 이론과 실천의 경계를 넘나드는 자유인이었다. 그는 '사회변동의 지진계'로서 사회운동을 운동가의 언어로 번역하기 위해서, 그리고 사회운동으로 결정되어진 것을 공공에 알리기 위해 노력하고 있다. 그러면서 그는 거리를 유지하는 것을 언제나 염두에 두고 있다. 다렌도르프는 경계를 넘나드는 사람이다. 그는 독일 출신 영국인으로서 제도적 자유를 보호하고 사회운동을 하는 데 있어 지칠 줄 모르는 사람이다. 그는 공공의 영역이 존재한다면 그것은 시민사회가 실현된 것이라고 본다. 그 싸움터에서 정말 다양한 의견이 제기되고 토론될 수 있기 때문이다.

■ 주요 저작들

- Ralf Dahrendorf. 1957, *Soziale Klassen und Klassenkonflikt in der industriellen Gesellschaft,* Stuttgart: Ferdinand Enke Verlag. — 『산업사회에서 사회계급과 계급투쟁』
- _____. 1979, *Lebenschancen: Anläufe zur sozialen und politischen Theorie,* 1986, 『삶의 기회』, 이화여자대학교출판부.
- _____. 1986, 『분단독일의 정치사회학』(이종수 역), 한길사.
- _____. 1990, *Betrachtungen über die Revolution in Europa*, Stuttgart: Deutsche Verlags-Anstalt. — 『유럽혁명에 대한 고찰』
- _____. 1992, *Der modern soziale Konflikt: Essays zur Politik der Freiheit,* Stuttgart: Deutsche Verlags-Anstalt. — 『근대적 사회갈등: 자유정치를 위한 에세이』

개념 "자유는 세 축에 근거한다." 랄프 다렌도르프는 1992년 자신의 저서『근대적 사회갈등: 자유정치를 위한 에세이(*Der Modern Soziale Konflikt: Essays zur Politik der Freiheit*)』에서 그렇게 쓰고 있다. 자유를 보증하기 위한 기반은 정치적 민주주의, 자유시장경제이다. 그러나 그는 시민사회가 세번째 축으로 추가되어야 자유라는 건물에 필요한 안정성을 가져다줄 수 있다고 주장한다.

다렌도르프에 따르면, 시민사회는 서로를 묶어주는 힘으로 다음의 세 가지 요소들 위에 기초하고 있다. 첫째, 다양한 비정부 조직과 기관들에 기초하고, 둘째, 자발성과 자유의지에 따라, 그리고 관료제적 국가기구와 구별되는 시민들에 기초하며, 셋째, 권력으로부터 자유롭고 관용적이며 결속이 요구되는 사회조직에 능동적으로 참여할 준비에 기초한다. 다렌도르프가 시민의 의미라고 생각하는 것들이 그것이다.

그는 생동감 있는 시민사회가 하룻밤 사이에 생길 수는 없다고 말한다. 그를 위한 탄탄대로가 따로 있는 것은 아니다. 민주헌법처럼 기획될 수 있는 것도 아니고, 시장경제의 규칙처럼 만들 수 있는 것도 아니다. 오히려 시민사회는 개인들이 원하는 것에 의해서 만들어지는 것이고, 스스로 결정과정에 참여하고 사회 형성에 공동으로 참여함으로써 만들어지는 것이다. 자기 의식적이고 스스로 주도권을 가지려 하는 시민을 통제하고 억누르는 국가에 의해 위협받고 있는 시민사회는, 국가가 모든 사회분야를 통제하려는 국가 주도적으로 형성된 사회에 대항하는 기획과 의도로 이해할 수 있을 것이다.

사회적 갈등은 시민사회 내로 옮겨진다. 그 중심에 불이익을 당하는 집단과 기득권을 갖고 있는 집단 사이의 갈등이 있다. 수요와 공급을 둘러싼 싸움의 과정에서 삶의 기회의 유지와 수익이 문제가 된다. 다렌도르프는 수요를 물질적이거나 비물질적인 상품에 대한 접근 가능성으로 이해하고 있다. 공급은 수많은 상품으로 구성되고 그 상품에 접근할 수 있는 사람들을 선별하는 과정으로 이해된다. 공급

없는 수요는 의미 없는 것이고, 수요가 없으면 공급으로 다가가지 못한다. 시민사회의 목적은 '공동의 수요를 높이고 공급을 다양하게 넓힘으로써' 삶의 기회를 높이는 데 있다는 것이다..

다렌도르프에 따르면 자유와 복지는 법치국가, 시장경제, 시민사회의 결합에 의해서 도달될 수 있는 것이다. 법치국가는 표현되지 않는 인간의 권리와 시민의 권리를 보장하는 것이며, 시장경제는 공급을 충분하게 하는 조건이다. 시민사회는 사람들에게 자유롭게 움직일 수 있는 가능성을 넓혀주고, 관심이 같은 사람들을 연결한다.

또한 시민사회는 국민국가의 한계를 넘어서고자 함으로써 유지될 수 있다. 다렌도르프는 국민국가의 한계가 시민사회가 가장 믿을 만한 공간임에도 불구하고 언젠가는 극복되어져야 할 부분이라고 생각하고 있다. 왜냐하면 국민국가가 언제나 다른 국가에 대한 배제를 전제로 하고 있고, 시민에게 언제나 동등한 권리와 동등한 참여기회의 자유가 있다면 국민국가의 한계는 이미 극복된 것이기 때문이다. 인종적·문화적·종교적 차이는 새로운 공간을 만들어내고 있다. 점점 더 분화되고 있는 관심은 소수의 관심과 권리가 위협받지 말아야 한다는 것이다. 정치적인 장은 서로 다른, 대립하는 집단들을 위해 존재한다. 시민사회는 국가적인 총체성에 대해서 알지 못한다. 서구의 특징 가운데 하나는 권위주의적이고 전체주의적인 지배에 대한 저항이다.

다렌도르프에 의해 '자유의 가장 믿음직한 닻'으로 표현되는 시민사회는, 모든 사람이 동등한 시민권을 가지고 있을 때 비로소 완성될 수 있는 것이다. 시민의 권리는 자유롭고 개방된 사회를 구성하는 가장 중요한 부분이다. 전세계적으로 자유롭게 움직이는 조건이 만들어졌고 사람들로 하여금 자신들의 고향을 떠나도록 강제하지 못하게 하는 조건이 만들어졌다. 지금은 모든 사람들에게 적용되는 권리와 자유의 제도들이 도처에서 만들어져야 할지 모른다. 역사적인 목적은 세계 시민사회를 형성하는 일이다. 사람들이 살 만한 그러한 세상을 만드는 일이다.

공통질문

1. 당신은 스스로를 사회이론가나 사회비평가 또는 사회설계가로 생각합니까? 아니면 그저 동시대인으로 생각합니까?

저는 말 그대로 제 자신을 사회과학자로 생각하고 있습니다.

2. 우리가 살고 있는 사회는 도대체 어떤 사회입니까?

우리들은 여전히 근대사회에 살고 있습니다. 그것의 핵심은 각 개인은 자신이 의식적으로 형성한 관계에 의해 살지, 출신이나 부모로부터 물려받은 지위에 의해서 살지 않는다는 것입니다.

3. 현 사회의 긍정적인 면과 부정적인 면에는 어떤 것이 있습니까?

저는 근대사회의 옹호자이고 그래서 꼭 포스트모던이나 포스트-포스트모던을 주장하는 사람들과 대화를 나눌 시간이 부족한 편입니다. 근대사회의 기반은 자유입니다. 요즈음 들어서 특별하다고 생각하는, 주된 문제는 다음과 같은 질문으로 표현될 수 있습니다. 현대사회를 유지하게 하는 것은 무엇인가? 말하자면 무엇에 근거하여 제도가 설립되었으며 근대사회에서 사회적 의존성은 무엇에 근거하고 있는가? 이러한 질문은 오늘 제기된 것이 아니라 오래 된 질문이기는 합니다. 그 근본은 르네상스 이후 지속되어온 질문이지만, 그러나 오늘날 더욱 첨예해지고 있습니다.

4. 사회에서 당신의 역할은 무엇입니까?

이중적인 역할을 하고 있습니다. 하나는 레이몽 아롱의 개념을 빌리자면 '참여하고 있는 관찰자'입니다. 그러니까 관찰하는 것을 좋아하는 사람이지요. 다른 한편에서 저는 자신의 주변에서 벌어지고 있는 일에 참여하는 그런 사람입니다. 저는 둘의 역할을 바꾸어가면서 하거나 ―정치적인 공공성의 기간에 따라서 또는 학문적인 기간에 따라서― 혹은 동시에 수행하고 있습니다.

5. 사회소설 가운데 어떤 것을 좋아합니까?

사회 자체가 커다란 소설입니다. 모든 소설은 사회적 소설입니다. 따라서 저는 사회소설이라는 말 자체가 필요없다고 생각합니다. 20세기의 가장 위대한 소설은 의심할 바 없이 토마스 만의 『마의 산』이거나 『부덴부르크가의 사람들』입니다. 저 또한 『마의 산』을 가장 감명 깊게 읽었습니다.

6. 당신이 즐기는 게임에는 어떤 것이 있습니까?

제 아버지는 같이 하는 게임을 아주 즐기는 사람이었습니다. 그래서 저는 소년 시절과 청소년 시절에 카드 게임과 주사위 게임을 즐기는 편이었습니다. 가장 좋아하는 게임은 스캇이라는 게임이었지요. 그러나 최근에 저는 거의 친목 게임을 하지 않습니다. 왜냐하면 미국에서는 주로 경제학자들과 어울리고 있는데, 그들은 주로 포커 게임을 즐기고 있습니다. 포커도 친목 게임이라고 할 수 있는지는 잘 모르겠습니다. 그것은 개별적인 게임 아닌가요? 그래서 경제학자들이 그 게임을 좋아하는 것이라고 봅니다.

7. 어떤 모임을 좋아합니까?

저는 런던에 있는 클럽을 아주 좋아합니다. 저는 클럽이라고 볼 수도 있는 '귀족들의 집' 외에도 '개릭 클럽'을 좋아합니다. 그 클럽에서는 연극배우와 법률가들을 만날 수 있습니다. 최근에는 저널리스트와 다른 이들이 멋있는 복장을 하고 모이고 있습니다. 아주 재미있는 곳이라고 생각합니다.

8. 당신이 소속되어 있다고 느끼는 사회집단은 어떤 것입니까?

지난 10년, 15년, 20년 동안 새로운 계급이 점차 증가하였는데, 그 계급은 경계를 넘어서 서로 연락할 수 있는 아주 넓은 공간에서 살고 있습니다. 이 질문이 고전적인 사회구조적 질문이라면 저는 전통적인 지식인 집단에 속합니다.

9. 당신이 사회적으로 중요하다고 평가하는 사람은 누구입니까?

저는 넬슨 만델라를 특별히 존경합니다. 그와는 가끔 연락하지만 사회라는 단어로서가 아니라 개인적이며 도덕적인 미덕 때문입니다. 저의 영웅 전시관에는 그러한 사람들이 많이 있습니다만 그 사람들은 사회와는 무관합니다.

10. 당신이 생각하는 이상적 사회는 어떤 사회입니까?

이상적인 사회는 없습니다. 이상적인 사회는 무엇인가 새로운 것을 발견할 수 있고, 그래서 실수를 하지 않는 그러한 사회입니다. 결국 이상적인 사회는 변화에 열려 있는 이상적이지 않은 사회일 것입니다.

11. 당신은 사회를 변화시키고 싶습니까?

그렇습니다. 그러나 그렇게 대답할 수 없는 것입니다. 그것은 추상적인 주제가 아니기 때문입니다. 그 질문은 특별한 상황에서 제기될 것입니다. 저는 순환의 불가능성에 대해 말해왔습니다. 곧 경쟁력과 사회적 복지와 정치적인 자유가 필요하다는 것이 그것입니다. 그것이 순환의 불가능성이지만 그 세 목표를 동시에 만족할 만큼 달성하는 것은 힘든 일입니다. 영국의 가장 큰 과제는 예를 들자면 강력한 경쟁력에 사회적 복지를 덧붙이는 일입니다.

12. 미래사회는 어떤 모습이 될 것 같습니까?

저는 오늘의 사회와 크게 다를 바 없다고 생각합니다. 날씨처럼 말입니다. 가장 정확한 일기예보는 내일 날씨는 오늘과 같을 것이라는 것입니다. 그러면 대체로 80%는 맞출 것이고 그것은 예보로는 훌륭한 것이지요. 사회는 가까운 시일에 세 가지의 목적에 도달하기 위해 노력할 것이고, 서로 다른 방법으로 그 목적에 도달하리라 봅니다. 권위주의적 해결을 하려는 경향에 위험은 도사리고 있습니다. 1989년 이후 최소한 하나의 가능성이 생겨났습니다. 세계의 많은 나라들이 더 이상 이러한 위험을 겪지 않아도 되고 열린 사회를 위한 제도들을 만들어나갈 수 있게 되었다고 봅니다.

인터뷰

현대사회는 시민사회입니까?

시민사회(Buergergesellschaft)는 영어의 시민사회(civil society)를 제가 번역한 것입니다. 저는 그 단어가 잘 사용되고 있는 것이 기쁩니다. 제가 보기에 시민사회(Zivilgesellschaft)는 잘못된 개념이라고 생각하는데 시민(Zivil)은 군대(Militaer)와 대립되는 개념이기 때문입니다. 저에게 시민사회는 국가사회에 대립적인 개념입니다. 이러한 점에서 유럽 사회는 다른 사회와는 근본적으로 다릅니다. 시민들이 그들의 공간을 열심히 국가에게 넘겨줘야 하는 그러한 시기가 있습니다. 왜냐하면 국가가 존재했기 때문이지요. 독일과 프랑스의 경우가 그러했습니다. 반면 영국과 이탈리아처럼 그 과정이 거꾸로 진행된 경우도 있습니다. 국가가 나중에 생겼고 시민사회가 먼저였습니다. 이 두 나라는 시민의 주도권과 결사체, 기업과 조직과 클럽 등의 연결이 공동생활과 사회적이고 경제적인 삶의 기반이었습니다. 이러한 나라에서는 국가는 스스로를 주장하기가 힘든 법입니다.

미국은 확실히 더 극단적입니다. 미국의 헌법학자들과 '연방주의 서류'의 작성자들은 연방정부의 필요성을 설득하기 위해 상당한 시간을 사용해야 했고 그것은 그들에게는 매우 어려운 일이었습니다. 저에게 시민사회는 국가사회와는 대립적인 개념으로 받아들여집니다. 시민사회는 사람들의 결사체가 국가 기구보다 더 중요한 사회입니다. 따라서 시민사회에서 국가 기구는 상대적으로 적은 몸집을 가지고 있습니다. 오늘날 진행되고 있는 일이 그러한 일이지요. 제2차 세계대전 이후 국가는 (예를 들면) 경제·사회정책분야에서 새로운 권리를 누리고 있습니다. 다행히도 시민과 시민단체가 더 많은 발언권을 획득하고 있는, 새로운 시대가 시작되고 있습니다.

가속화되고 있는 개인주의화와 전지구화 과정이 시민사회에 이롭게 작용할까요, 아니면 그것을 방해하고 있는 것인가요?

우선 그것은 아무런 도움이 되지 않습니다. 그것은 중요한 결정으로부터 시민들을 멀리 떨어지게 하고 있으니까요. 시민들이 참여하지 않은 상태에서 생성된 제도들이 있다면 그것은 중앙 지향적이고 세계무역기구(WTO)나 다른 국제조직과 같은 공식 조직들일 것입니다. 조금 더 정확하게 본다면 전지구화에는 그에 저항하는 세력이 탄생하고 있다는 사실을 깨닫게 될 것입니다. 한정된 경계 안에서 자발적으로 참가할 수 있는 공간에 대한 요구가 높아가고 있는 것이 그것입니다. 이것이 새로운 지역주의이고 공동체적 움직임을 활발하게 하고 있는 것입니다. 그러한 일은 국가의 영역이 아니라 시민사회의 영역에 속하는 것들입니다. 시민들이 자발적으로 움직이기 시작한 결사체에 의한 저항운동이 일어나고 있다는 것을 의식할 수 있습니다. 우리는 현재 이중의 운동과정에 들어 있습니다. 시민사회로 향하게 하는 힘과 시민사회로부터 멀어지게 하는, 두 힘의 작용을 받고 있습니다. 어려운 상황입니다.

시민사회는 '삶의 기회'를 향상시키는 데 기여하고 있는 것인가요?

저는 삶의 기회라는 말을 선택과 연결의 결합으로 이해하고 있습니다. 선택은 부분적으로는 수요에, 부분적으로는 공급에 그 기반을 두고 있습니다. 1989년 이후로 수요와 공급의 차원은 엄청나게 상승하였습니다. 그리고 과거 공산주의국가 사회 구성원들의 삶의 기회는 향상되었습니다. 연결은 선택의 세계에서 자신의 길을 찾지 않으면 안 되도록 하는 뿌리깊은 문화적인 연결을 의미합니다. 인간적인 연결이 문제가 될 수 있기는 하지만 시민사회적 구조는 가장 영향력 있는 소속감과 의미 추구의 욕구를 충족시킬 수 있는 형태가 될 것입니다. 저는 시민사회적 구조가 점차 형성되고 있는 것을 보고 있습니다. 예를 들어 과거 공산주의 사회에서 재단과 자율적인 교육 기관이 만들어지고 모임과 결사체가 지원되기 시작하고 있습니다.

그러나 구 동독지역에서는 공공장소가 잘 사용되고 있는 것 같지 않던데요?

동구의 국가사회 모델은 무너졌습니다. 그 모델은 잘 작동하지 못했습니다. 특히 동독은 폴란드, 헝가리 또는 체코의 시민사회와 비교하면 사막과 같습니다. 불행한 발전의 결과입니다. 누구도 잘못을 범하고 싶어 하지 않지만, 그러나 보통 그렇게 되지 않습니다. 자발적으로 발전해야 하는 사람은 그렇게 할 수 없는 사람보다 훨씬 강합니다. 그렇게 할 수 없는 사람이 바로 동독 사람들입니다.

『근대적 사회갈등』이라는 책에서 당신이 말한 것처럼 시민권과 경제적 복지, 수요와 공급을 높은 삶의 기회로 발전시킬 수 있었으며 전후 30년 동안 영광스러운 시간을 보냈던 동유럽 국가들에게 어떠한 기회가 주어질 것이라고 보십니까?

몇몇 국가들은 다른 나라들보다 더 좋은 조건들을 가지고 있습니다. 폴란드는 좋은 조건을 가지고 있습니다. 이탈리아와 비슷하다고 볼 수 있습니다. '노동조합'인 솔리다노스크(Solidarnosc)의 역사는 시민사회적 구조의 역할을 보여주고 있습니다. 교황 요한 바오로 2세와의 대담에서 제가 폴란드의 가톨릭 교회는 시민사회의 일부분이라고 했더니, 교황이 대답하기를 그것은 시민사회가 아니라 성스러운 사회라고 했습니다. 폴란드의 교회 사회는 물론 시민사회의 한 부분입니다. 그러나 그것은 국가는 아니고 종종 국가와는 긴장관계에 서 있습니다. 폴란드의 경우가 그렇습니다. 루마니아의 차우체스코가 정 반대의 경우인데, 마치 그는 전체 마을의 땅을 고르게 하려는 듯이 거의 모든 사회구조를 변화시켰습니다. 시작하는 것 자체가 매우 어려운 일입니다. 시민사회는 거의 보이지 않습니다. 체코는 국가가 중요한 일을 해왔던 전통이 있었다는 것이 문제입니다. 나라마다 큰 차이가 있습니다만 전체적으로 보면 1989년 이래로 상당한 발전이 있었던 것이 사실입니다.

시민사회와 국민국가 사이의 긴장관계가 의미 있는 것일까요?

그렇습니다. 저는 시민사회는 국가사회와 대비되는 것으로 보고 있습니다. 그렇다고 시민사회가 국가의 적은 아닙니다. 결정적인 것은 시민사회는 공간으로 이해되는데, 그 공간에서 사람들은 국가와는 부딪치지 않으면서, 그들 인생의 99%의 시간을 서로 부대끼며 살고 있지요. 유럽에서는 점차 국가를 느끼기가 어려워지고 있습니다. 독일에서 기업을 하고 싶은 사람은 노래를 불러가며 할 수 있습니다. 시민사회는 국가와 대결하기 위해서 있는 것이 아니고 사람들의 삶의 터전을 제공하기 위해서 존재하고 있습니다. 가장 좋은 것은 시민사회와 국가가 서로 도움을 주는 병존관계를 유지하는 것입니다.

국가의 개입수준은 어느 정도여야 한다고 보십니까?

폴란드의 성공사례에서 보듯이 국가는 그와 같은 경제적인 조건을 만들어야 합니다. 체코에서는 마치 교과서와 같은 구조를 현존하고 있는 오래된 구조에 적용하여 성공하지 못했습니다. 물론 국가는 확실한 권위를 가지고 있어야 합니다. 예를 들어 세금인상 같은 것인데요. 물론 그 일은 전혀 간단하지 않습니다. 독일에서는 더욱더 그렇습니다. 국가는 시민들이 가지고 있는, 기업가적 행동이나 사립대학 건립과 같은 주도권을 방해해서는 안 될 것입니다.

국민국가의 경계를 넘어서 존재하는 시민사회가 가능할까요? 유럽연합이라는 새로운 틀에서 시민사회에게는 어떠한 기회가 있다고 보십니까?

유럽연합은 공동의 시장으로 시작합니다. 유럽연합의 탄생은 이러한 목적을 넘어서지 않습니다. 유럽연합은 시민권을 보장해야 하고, 아직 채워지지 않은 공급의 다양성을 유지해야 하는 과제가 있습니다. 경제통합과 화폐통합에 몰두하고 있는 유럽연합은 원칙적으로 제가 지구화라고 부르는 것과 같은 것입니다. 유럽연합은 시민과 상관없이 움직이고 있습니다. 그럼에도 행복한 시민사회가 형성되지 않은 이러한 진공 상태의 유럽 사회는 비정부기구에 의해 채워지고 있습니다. 도시간의 자매결연, 스포츠클럽, 학회, 경제집단과 그밖의 여러 단체들이 바로 그것입니다.

복지국가의 기능이 점차 줄고 있습니다. 시민사회가 국민국가는 더 이상 맡을 수 없고 유럽연합이 아직 수행하지 못하고 있는 기능을 넘겨받을 수 있을까요?

복지정책은 국민국가적입니다. 유럽에서 복지정책은 있을 수 없고 앞으로도 없을 것입니다. 복지정책이 의미하는 것은 큰 의미에서 세금을 나누는 것이지요. 그리고 사람들은 독일의 기준을 따른다고 할 때 비용이 얼마나 들 것인지 등 많은 문제들을 파악하고 있지 못하다는 것을 보여줄 수 있어야 합니다. 복지국가제도와 시민사회제도의 결합에 의해서만 사회는 어려움에 처한 사람들도 수용할 만한 삶의 조건을 만들어낼 수 있습니다. 문제가 되는 것은 복지정책의 철폐가 아니라 복지국가와 시민사회의 결합방식입니다. 우리에게 필요한 것은 복지국가의 개혁이고 새로운 출구를 찾아내는 것입니다. 예를 들어 독일의 간호보험은 한 걸음 더 앞서간 것으로 볼 수 있지만 병자와 노인의 증가를 충족시킬 수 있는 조세정책은 존재하지 않습니다. 오로지 공동체와 가족만이 이러한 일을 맡을 수 있을 것입니다.

무엇보다 확실한 수입이 전제가 될 것입니다. 그래서 우리는 "앞으로 노동시장은 어떻게 발전하게 될 것인가?"라는 질문을 던지게 됩니다. 이에 대한 당신의 전망은 어떻습니까?

앞으로는 대략 근로자의 반 정도만, 반을 넘지도 않고 그보다 적지도 않을 것 같은데, 소위 '정상적인 취업' 상태를 유지할 것이라고 봅니다. 50%는 아주 많은 것입니다. 잔은 반쯤 차 있고 반쯤 비어 있습니다. 다른 50%의 사람들은 스스로 채워야 하는 새로운 요구들에 직면할 것입니다. 그 일들은 돈을 받지 못하는 일일 수도 있습니다. 그에 따라 자발적이며 다양한 많은 행동들이 발생할 것입니다. 영국에는 이미 놀라운 계약관계가 발생하고 있습니다. 예를 들어 전화회사에 수리부서가 없는 것입니다. 그 일을 독립적인 사람들이 처리하고 있는데, 그 사람들은 그에 맞는 계약을 맺고 있습니다.

그러한 노사관계는 전지구화의 승자의 하인으로 전락할 위험이 있는 것은 아닌가요?

"그래서 어떻단 말입니까." 그것이 바로 독일의 편견입니다. 그래서 독일에서 산다는 것은 그리 만족할 만한 것이 못됩니다. 단순한 일을 하면 그 일이 반드시 처리되어야 할 일임에도 불구하고 사람들이 자신을 낮추어본다고 생각합니다. 사람들이 주말에 자동차를 닦거나 개인적으로 필요한 일을 하려 하지 않습니다. 우리는 모든 것이 서로 공통된 부분이 있고 서로를 위해 무엇인가를 하는 세상이 아니라 '스스로 하는 사회(Do-it-yourself-Gesellschaft)'에 살고 있습니다.

시민노동 프로젝트와 시민화폐 프로젝트의 실현이 가능하리라고 보십니까?

시민노동과 시민화폐에 동감하고 있지만 그 둘이 실현되는 것은 매우 어려울 것으로 보고 있습니다. 시민노동이라고 부르는 것에서 저는 다른 범위들을 발견하고 있습니다. 영국에서 제3섹터 또는 자유의지의 분야에 대해 언급하고 있습니다. 사람들이 국가 영역이나 경제 영역이 아니고, 그러니까 국가에 의해서 권장되지 않았고 돈을 벌 수 있는 영역이 아니지만, 어느 정도 돈을 벌 수 있는 영역이 그 분야입니다. 사람들이 돈을 버는 다른 삶의 영역이 있다는 것은, 발전된 현대 국가의 특징이라고 생각합니다. 이러한 영역에서는 인간 행위가 의미를 획득할 수 있을 것입니다. 그것은 국가영역과 경제영역의 긴장관계를 형성할 것입니다.

블레어 정부는 '일하는 복지'라는 프로그램을 실행에 옮기고 있습니다. 무엇보다도 문제가 되는 것은 사회적 도움에 의존하고 있는 젊은 사람들에게 지속적인 일거리를 제공할 수 있는가 하는 것입니다. 정부는 젊은 인력의 1/3에게는 재교육 프로그램을 만들어주고, 또 다른 1/3에게는 직장을 제공하고, 나머지 1/3에게는 자유로운 결사체에서 지낼 수 있도록 한다는 것입니다. 첫번째와 세번째 1/3의 경우는 성공하고 있지만 두번째 직장 제공 측면에서는 충분한 일자리를 만들어내지 못하고 있습니다. 자유로운 제3섹터에는 아직 수요가 있지만, 젊은이들에게 경제적 일자리를 중개하는 것이 날이 갈수록 점점 더 어려워지고 있습니다.

독일에서 자유로운 분야는 부분적으로 국가에 의해서 조직되고 있습니다. 국방에 대한 대안으로 공익근무는 하나의 인상적인 시민 노동입니다. 영국과 그밖의 다른 나라들에서는 자유로운 기반 위에서 그러한 부분이 발생하고 있고, 그 영역이 확장되고 있습니다.

독일 사회에 추천하고 싶은 일이 있으십니까?

국가는 많은 영역에서 일어나는 일을 받아들여야 합니다. 사람들은 지역적인 수준에서 조직되어야 합니다. 적십자와 같은 조직들은 국가의 연장된 기관이 되어야 합니다. 공무원과 같이 조직되어야 하고 유니폼을 입어야 합니다.

국가가 소위 시민화폐라는 것을 발행하는 일이 실현되리라고 보십니까?

시민화폐는 다른 질문, 더 어려운 질문을 제기합니다. 저는 세금을 두 방향으로 사용해야 한다는 분명한 생각을 가지고 있습니다. 현행 세금체제에서 수입이 충분하지 않은 사람들에게 이로운, 소위 부정적인 직접세의 도입, 저는 지난 몇 년 동안 세금-신용체제가 옳을 것이라는 생각을 해왔습니다. 그것은 미국의 노동부장관이었던 로버트 라이히가 실험했던 것입니다. 영국은 그러한 체제를 도입하였지만 그러나 그것은 가족-세금-신용-체제였습니다. 무언가 다른 세금원에서 나와야 하는 보조금이 아니라 세금체제와 연결되어 기본 임금을 보장하는 형태는, 시민화폐의 방향과 일치합니다. 저는 이러한 형태가 가장 현실성 있고 가능하다고 봅니다. 그리고 그러한 일은 실제로 일어나고 있습니다. 사람들이 시민화폐를 최저 임금과 연결시킨다면 그것은 아주 훌륭한 방향입니다.

이미 200년 전에 임마누엘 칸트가 '영원한 평화로 가는 길'이라는 글에서 언급했던, 국민국가적 시민사회로부터 세계 시민사회로 가는 길은 얼마나 됩니까?

저는 세계시민사회라는 테마를 하나의 예측이라고 생각하고 있습니다. 결코 잘못된 예측은 아닙니다. 적십자나 카리타스(Caritas: 기독교에서 운영하는 구호재단—옮긴이), 각종 재단, 직업단체와 결사체 등과 같은 수많은 국가적, 국제적 비정부조직의 중요해진 역할들을 세계적 수준에서 생각해봅시다. 그들의 역할은 정말 의미 있는 것입니다. 그것은 이미 많은 것이 달팽이집에서 밖으로 나와 있다는 것을 보여주고 있는 세계 시민사회 역할과 다를 바 없습니다. 국민국가적 목적이 문제가 되는 것이 아니라 그들의 행위에서 의미(Sinn)를 발견하는 일이 문제입니다. 지금까지 그것은 하나의 예외였습니다. 지구화와 세계 무역을 의미와 연결시키기가 쉽지 않습니다. 저는 자본주의 비판가가 아닙니다만 지구적 경제의 과정과 우리가 지구화라고 부르는 것의 직접적인 영향은 소속감이나 의미를 지니고 있는 것은 아닙니다. 그러나 다른 것에 소속감이나 의미가 있을 수 있습니다. 그것은 지역적인 조직화일 수 있고 또한 국제적인 조직일 수도 있습니다.

문화적인 고유성이나 국가적 자기규정에 대한 강조, 국가의 중요성을 어떻게 설명하시겠습니까? 시민사회의 이러한 노력은 긍정적인 결과를 가져오지 않을까요?

맞습니다. 공동의 시민권리는 문화적인 차이와 모순적이지 않고 오히려 문화적인 차이는 새로운 경기규칙을 만들어나갈 것이라는 점을 강조하고 싶습니다. 우리들은 부족 형태의 삶으로 되돌아갈 수 없습니다. 만약 그렇게 된다면 그것은 탈시민화의 과정이 될 것입니다. 우리가 문명의 과정을 확장시키려 한다면 우리들은 시민사회 쪽으로 나아가지 않으면 안 될 것입니다.

피터 그로스

다중선택사회

생애 피터 그로스(Peter Gross)는 1941년에 출생하였고, 경제학, 사회학과 법학 전문대학(HSG)인 상트(st) 갈렌 대학(스위스)의 사회학과 교수이다. 근대화, 경영, 개체화이론과 경향 같은 핵심어가 그의 주요 연구주제이다. 그는 공적 기관 또는 개인기관의 발전을 위한 노력과 자문활동을 포함해 폭넓은 활동을 하고 있다.

그로스는 운명에 대해서가 아니라 가능성들에 대해 어떤 의무감을 갖고 있다. 그는 사회적 구속에서 벗어나 근대의 근본 원칙을 표현한 규정인 '스스로 계획한 가능성의 추구', 그리고 '자기서술을 위한 노력'을 따르려 한다. 사회학 분야의 한계를 벗어나 다양한 생각의 나래를 펼치면서 다중선택사회가 제공하는 활동 공간을 충분히 활용한다. 그는 소도시인 상트 갈렌의 교회 종소리를 듣거나 눈 덮인 생티스 산을 바라보면서 연구에 대한 영감을 얻는다.

'역동적 사회 안에서 확신이 선택으로 바뀌는' 근대를 서술하면서, 사회학자인 그로스는 사회학과 철학 사이에서 중심축을 변경한다. 그는 항상 흥미롭고 창의적인 부록물들을 첨부하여 독자들로 하여금 즐겁게 글을 읽을 수 있도록 배려해준다. 그의 책들은 '다양한 생활세계들'을 보여준다. 이런 신조에 따라, 그는 가능성에 관한 엄청난 목록 중에서 하나의 뜻깊은 생활양식을 찾기 위해 항상 연습하듯이 생활하고 있다.

■ 주요 저작들

- Peter Gross. 1983, *Die Verheißungen der Dienstleistungsgesellschaft*, Opladen: Westdeutsch Verlag. — 『서비스 사회의 약속』
- _____. 1994, *Die Multioptionsgesellschaft,* Frankfurt/M.: Suhrkamp Verlag. — 『다중선택사회』
- _____. 1999, *Ich-Jagd*, Frankfurt/M.: Suhrkamp Verlag. — 『자아-사냥』

개념 피터 그로스는 1994년에 출판된 『다중선택사회』에서 우리 사회의 현재를 알려주는 하나의 포괄적인 선택에 대해 제시하고 있다. 이 책의 근본 주제는 생활을 계속해서 제한하고 가차없이 내모는 무제동의 성장과 발전역학이 사회를 지배한다는 것이다. '더욱 빠르게, 더욱 지속적으로, 더욱 많이'가 그 표어이다. 즉 실질적인 조건들과 가능성 간의 차이를 줄임으로써 사회가 추진된다는 것이다.

그로스에 따르면 기술과 경제의 지속적인 발전은 전통질서를 약화시키고 뜻밖의 많은 가능성을 선사한다. 그래서 다중의무사회로부터 다중선택사회로의 길이 마련된다. 전통, 의무와 확신의 상실, 그리고 가능성의 증가는 인간을 변화시켰다. 진보의 확고한 신념은 '세계의 탈주술화'를 촉진시키고, 항상 새로운 생활영역과 실존차원에 실험공간을 열어놓게 된다. 그로스의 주장처럼, 이것에 따라 '가능성과 현실성 간의 거리'를 가능한 서둘러 극복하려는 기대로 들뜨고, 진보에 세뇌된 인간은 계속해 동요하게 된다. 개인은 분명하게 압축된 시간 안에서 과도한 가능성을 성취해야 하는 중압감에 빠진다. 진보를 나타내는 엄청난 유동성은 한편으로는 '에너지의 분출'로 이끌지만, 다른 한편으로는 가능성을 완전히 소화해내지 못하거나, 무엇인가를 놓쳤거나, 혹은 보조를 맞출 수 없다고 하는 불안감, 의구심, 그리고 지나친 중압감에 빠져들게 한다. '이곳에서 저 너머로'의 꿈을 실현하기 위해, 선택이 부담이 아니라 실현성과 시간이 부담으로 남는다. 가능한 것은 가능하게 되어야 한다. 다중선택사회의 윤리적 명령은, "가능성들이 계속해서 생겨나도록 항상 그렇게 행동하라"고 외친다.

그로스는 '근대의 세 가지 프로그램'을 '활동 가능성의 증가, 활동 가능성에 참여의 증가, 그리고 개방된 활동 가능성에 최소한의 참여 보장'이라 서술한다. 여기서 추론해보자면, 자율적이거나 자유로운 생활은 단지 부당한 요구 없는 선택과 함께 가능하다고 생각된다. 그로스의 생각처럼, 세계의 이데올로기적 양극화가 종식된 후에 인간은 '전지구적 진군명령'에 따르고 있다. 다중선택사회는 세계의 후미진 곳에서도 약속될는지 모른다. '열린 사회'는 오늘날 전지구적으로 뻗어나가는 문화적 역동성 안에 그 미래가 있다.

그로스는 자신의 주장을 사례와 참조물을 펼쳐보이며 증명한다. 그는 소비재의 넓은 진열대, 생필품의 풍부한 품목, 그리고 서적, 요리, 부동산 광고, 결혼정보, 케이블 TV, 여행상품, 교제모임과 동호회, 그리고 종교적 세계관과 이념적 입장에 관한 광범위한 선택을 언급한다. 이 사례들은 얼마든지 더 열거될 수 있다.

생활의 모든 좌표는 생애, 생활방식, 그리고 생활여건에 영향을 미치는 성장명령에 복종한다. 그래서 '삶과 죽음 사이의 삽화적 사건'으로 한 생애를 제한하게 되면, 그것은 개인이 살면서 생활 템포를 조급하게 만드는 원인이 될지도 모른다. 그런 까닭에 다중선택사회는 역시 본래적으로 잠재되어 있는 것이다. 그런 사회가 비록 사실적이지는 않지만 가상적으로 도처에서 동등하게 마주 대하리라고 생각한다. 이에 상응해 생활방식도 인간의 자기성취, 창의성과 상상력만큼이나 다양하다. 짜깁기 삶, 마음대로 변화하고 형성할 수 있는 자서전이 그 결과인 것이다. 어제는 불가능했던 많은 것들이 오늘에서 내일로 향하면서 가능하게 될지도 모른다.

다중선택사회는 자연이나 문화적 가치를 위반하는 무분별함 때문에 위기에 빠진다. 그로스에 따르면 현실성과 가능성, 실존과 본질간의 간격을 계속해서 좁히는 것은, 생활근거를 점차적으로 파괴하게 되는 결과에 책임이 있다. 선택의 과잉산출은 역시 사회 스스로를 파괴하는 가능성을 안게 된다. 인간, 문화, 그리고 자연이 겪게 될 훼손의 규모에서, 다양한 가능성들이 결코 만족할 만한 결과를 가져오지는 않는다는 사실을 볼 것이다.

그로스는 성장의 나선구조를 깨뜨리는 가능한 출구를 '차이인정(Differenzakzeptanz)'에서 찾는다. 이와 더불어 그는 인간사회의 존속을 보장하기 위해 문화적 역동성의 제어를 불가결한 조건으로 생각한다. "모든 것이 새롭게, 다르게, 더 낫게 산출되고 완성되어야 한다"는 생각을 사람들이 거부하도록 해야 한다. 왜냐하면 가능성의 사회 안에서는 거부 역시, 강제적으로 요구된 선택이기 때문이다.

공통질문

1. 당신은 스스로를 사회이론가나 사회비평가 또는 사회설계가로 생각합니까? 아니면 그저 동시대인으로 생각합니까?

성과면에서는 다소 개인차가 있을 수 있겠지만 저는 대부분의 동시대인들과 마찬가지로 언급하신 모든 역할을 맡아야 합니다. 우리는 더 이상 현실성과 가능성이라는 두 세계의 시민이 아니며 다원적 세계의 시민입니다. 다양한 현실성, 즉 실질적 혹은 가상적 현실성에서 주관자이면서 참여자인 것입니다. 크리스토퍼 슐링엔지프가 말했듯이, 우리는 영토는 없지만 여러 시민들로 구성된 국가를 머리 속에 갖고 있습니다.

2. 우리가 살고 있는 사회는 도대체 어떤 사회입니까?

'실제적인' 사회의 모습, 또는 암암리에 형성되고 있는 사회의 모습에 관한 물음에 답하기는 어렵습니다. 저는 사회에 관한 설명에 '다중선택사회'라는 제목을 달았고, 그것이 근대의 핵심에 적중했다고 믿습니다. 생활의 모든 분야에서 가능성들을, 즉 여행 목적지로부터 TV 프로그램을 넘어서 교제에 이르기까지의 엄청난 가능성들을 산출하는 사회입니다. 물론 다중선택사회는 도처에서 똑같이 실현되어 있지는 않습니다. 그런 사회는 잠재적이고, 가상적이고 또는 정신적이면서도 전지구적입니다. 모든 사람은 이런 다중선택사회에서 살고 있습니다. 이러한 사회는, 현실을 무엇인가 달리 생각할 수 있을 때에, 성장하게 됩니다. 쇠렌 키에르케고르의 말처럼, 우리는 더 이상 필연을 위해서가 아니라 백화점의 상품목록처럼 우리 앞에 펼쳐지는 가능성을 위해 노력해야 합니다. 이것이 근대의 시작인 것입니다.

3. 현 사회의 긍정적인 면과 부정적인 면에는 어떤 것이 있습니까?

저는 우리 사회의 긍정적 측면을 해방과 선택을 통해 생겨난 자유에서 봅니다. 우리는 전수되어진 유산과 확신들을 대규모의 과제들로 변형시켰습니다. 그러나 모든 사회는 이중장부를 만들어야 합니다. 그 부정적 측면들은 방향상실감, 불안정감, 그리고 불확실성입니다. 즉 결정에 대한 불안과 그릇된 행동, 단지 고해소 안에서는 갚을 수 없는 죄과, 특히 더 이상 선택할 수 없거나 운명적으로 자신이 선택받지 못한 상황에 빠지는 위험이 바로 그것입니다.

4. 사회에서 당신의 역할은 무엇입니까?

동료들이 나보다 그것을 더 잘 압니다. 저는 상이한 역할들을(결국에는 근대적인 자기구상에 속하는), 즉 학술단체의 회원으로서, 대학의 교수로서, 배우자로서, 아버지로서, 구매자로서, 수집가로서, 그리고 '전사'로서의 역할들을 받아들일 수밖에 없습니다. 즐겁게 어떤 역할을 해야 할 것인가 하는 물음 자체가 제게는 흥미롭습니다.

5. 사회소설 가운데 어떤 것을 좋아합니까?

학창시절에 가장 좋아한 소설 속 인물은 '울리히'인데, 로버트 무질의 세기적 소설인 『개성 없는 인간』에서 나오는 가공인물입니다. 그밖에 로버트 발저와 토마스 베른하트의 산문, 옐리넥의 희곡도 마찬가지로 나를 항상 매혹시키며, 덧붙여 말하자면 사로잡고 흡입해 버리지요. 그후 에밀 치오란, 훼르난도 페소아, 타수시 이노우에, 역시 베티나 갈박니 또는 말린 스티루비츠와 같은 강력한 자아-사냥꾼들이 다가왔습니다. 최근에는 실내악과 소리사냥꾼인 로베르토 코트로네오와 크리스토퍼 슐링엔지프의 예술작품 전집이 저를 사로잡고 있습니다.

6. 당신이 즐기는 게임에는 어떤 것이 있습니까?

생활이 일종의 사교활동으로 이해될 수 있다면, 그런 생활은 견딜 만할 것입니다. 신이 죽은 후로, 우리는 자신의 역사를 스스로 쓰고 연출해야만 했지요. 이러한 놀이는 반드시 필요한 것입니다. 저는 승자도 패자도 없는 놀이를 가장 즐깁니다. 거기서 우리 모두는 사회의 압도적인 '전진행군'에서 '벗어나' 어떤 식으로든 스스로 참여하는 축제가 됩니다. 간단하게 행해지는 놀이 속에서 인간은 더 이상 존재의 탈주자, 대항자가 아니지만 기꺼이 그러고 싶어합니다. 비강제적으로 말입니다.

7. 어떤 모임을 좋아합니까?

우선 최고로 강력하게 개인들을 관리하는 곳이 어떤 사회와 단체인지부터 물어야 할 것입니다. 저는 그런 곳에서 머무는 것이 오히려 불편합니다. 압제, 부당한 요구와 불안함 없이 자유롭게 체류할 수 있고 나를 간섭하지 않는 공동체에서는 아주 즐거이 머무를 수 있을 것입니다. 또한 관광객, 유목민, 탐험가처럼 여행중인 이방인들과 더불어 있어도 마찬가지입니다. 이방인들 사이에는 특유의 연대성이 이루어지는데, 그런 연대의 공통점은 낯설음입니다. 그러나 아마도 오늘날의 낯설음은 전통적 낯설음과 상반되는 것 같습니다. 유랑하지 않고 원래 있는 곳에 항상 머무르는 이들은 과거에는 토착민이었지만 오늘날에는 이방인이 아닌가요? 문자 그대로의 세계적인 이방인이지요?

8. 당신이 소속되어 있다고 느끼는 사회집단은 어떤 것입니까?

저는 차장이나 스위스식의 향도자가 가깝게 느껴집니다. 제 스스로 그들을 닮았다고 느끼기 때문입니다. 그들을 존경하며 그들이 얼마나 친절하고 능력 있게 우리의 차표를 끊어주고 정거장을 안내하는가를 압니다. 오늘날 열차는 매우 빠르게 운행되기 때문에 승객들은 정거장 표시를 거의 읽을 수 없을 정도입니다. 많은 경우에 사람들은 낯선 느낌을 갖는데, 거기에는 역시 멈춤이 없습니다. 또한 사회학자로서 우리는 현재 이 사회가 취하는 방향을 일반인들에게 안내하도록 노력해야 합니다. 문화적 역동성이 엄청난 속도로 전개되고 있는데, 즉 탈전통화, 선택화, 개성화가 바로 그것입니다. 사람들은 미래로 해체해 갈 거라고 믿고 있습니다. 그렇지만 근대화의 징표들은 1950년대 이래로 별로 변한 것이 없습니다. 그 결과도 마찬가지일 것입니다.

9. 당신이 사회적으로 중요하다고 평가하는 사람은 누구입니까?

저는 어린 시절부터 안전장비도, 확실한 목표도 없이 무엇을 찾으려 애쓰는 사람들에게 매료되어 있었습니다. 그런데 거기에다 명예나 존경조차 생각하지 않는 사람들이라면 더욱 매료됐습니다. 바스코 다 가마 같은 발견가, 헨리 스탠리와 같은 모험가, 로버트 팰컨 스코트와 로알드 아문젠과 같은 탐구자, 로버트 발저 또는 페르난도 페소아와 같은 시인이 바로 그들입니다. 발저는 상트 갈렌 근처 헤리사우에 있는 정신병원에서 생을 마쳤는데, 20년 간 그는 그곳에서 침묵의 생활을 했습니다. 그리고 눈 속에 파묻힌 채 자신의 생을 마감했습니다. 페소아는 손수레에 관한 2만 4,000장의 유고를 썼는데, 거의 불면증 때문이었다고 합니다. 저는 우리 사회에 이러한 인물들이 예전보다 더 많이 있다고 믿고 있습니다.

10. 당신이 생각하는 이상적 사회는 어떤 사회입니까?

이상사회란 존재하지 않는 것을 찾는 것과 마찬가지라고 말하고 싶습니다. 미래 어딘가 있을 법한 그런 번쩍이는 땅, 유토피아, 구운 비둘기가 입안으로 날아들고 놀고 먹는 세상, 천국, 양털과 같은 구름이 있는 광경은 아닙니다. 이상사회 또는 이상향은 인간다움을 인정할 때에 비로소 이뤄집니다. 초인간적인 것이 아니라, 바로 인간적인 것입니다. 이곳과 저곳 사이를 오가면서, 인간은 계속해서 변화하는 본성을 지닌 존재인 것입니다. 현실과 환상 사이에서 긴장하면서, 또 번갈아 괴로워하고 즐거워합니다.

11. 당신은 사회를 변화시키고 싶습니까?

사회가 원래 그랬듯이, 그렇게 있어야 한다고 말하는 것이 고루하게 들릴지 모릅니다. 인간이 스스로를 성취해간다는 것이 문제되지 않듯이 사회도 우리가 이룩해간다는 사실은 문제되지 않습니다. 사람은 무엇보다 스스로 다 성취할 수 없고, 스스로 하지 못하는 다른 인간들을 서로 도와주어야 한다는 사실을 배워야 합니다. 어떤 경우에도 자기인식과 자기변화는 시의 적절하게 사회와 세계를 변화시키는 수단이 됩니다. 악은 매우 빈번하게 사회에 부담을 지웁니다. 이에 따라 세계에 관한 주제, 척도, 성과와 무기력은 대부분의 사회과학적 탐구에 전면적으로 등장하게 됩니다. 물론 사회의 변화를 원칙적으로 실현할 방법은 없습니다. 모든 경우에 우리는 관점방식, 패러다임, 그리고 편견상태를 수정할 수 있습니다. 모두가 배의 한 편으로 자리잡으면 배가 전복되듯이 사회변화 역시 자기운동, 자기변화인 것입니다. 사람들이 자신에 대해 생각하고, 자신을 주목하고, 인정하고, 진정시키며 수정해야 비로소 사회도 변화하는 것입니다.

12. 미래사회는 어떤 모습이 될 것 같습니까?

니클라스 루만의 해석에 따르면, 미래의 불확실성만큼 확고한 어떤 것도 없습니다. 자율적인 행위자들이 과거보다 더욱 많아지기 때문에, 내일의 사회를 예측하기란 더욱 어려운 것입니다. 사회가 더 개별화되고, 개인들이 스스로를 결정하면 할수록, 사회는 더 불확실해집니다. 놀랍게도 저 자신조차 저를 평가할 수 없을 정도입니다. 그래서 일에 착수해 몰두하게 되면, 저는 낮과 저녁에 무엇을 먹을지조차 알지 못합니다. 공개적이고 자유로운 사회는 자율의 실험공간이며, 그래서 더욱 불확실해지는 것입니다. 이 사실만은 적어도 확실합니다. 또한 저에게 문제가 되는 것은 내일의 사회가 어떤 모습인가가 아니라, 사람들이 어떤 방식으로 스스로 불확실한 미래에 대비할 수 있는가 입니다.

인터뷰

다중선택사회가 모든 범위와 한계를 넘어 지속적으로 확장되어야 하는 것입니까? 아니면 성장명령이 취소되어야 하는 것입니까?

저는 대부분의 동료들이 별개로 다루었던 근대화과정들을 내 책의 주제로 삼아 역동적으로 결합하려 했습니다. 모든 부당한 요구로부터의 해방, 전통적 신념의 약화된 통제와 나란히 실험공간들의 개방과 선택의 증가로 도처에서 체험 가능해진 우연성의 증대가 진행됩니다. 이 두 과정은 어느 정도는 샴쌍둥이처럼 보입니다. 확실성들은 근대라는 산성욕탕 안에, 즉 계몽과 반성에 내몰리며 해체되고, 필연성과 기득권은 가능성과 과제들이 되어버립니다. 개체화 자체는 앞서 언급된 두 과정들의 결과물입니다. 개인은 떨어져나와 밖으로 뛰쳐나가서 이제 독립의 시대를 즐깁니다. 이 세 과정들이 근대를 구성하는데, 두번째, 세번째 또는 네번째 근대를 역시 우리는 기다리고 있습니다. 자의식적이고 자율적인 개인으로 구성된 열린 사회에 관한 표상은 계속해서 중요한 비중을 지닙니다. 전지구화에 직면해서조차 저는 혁신적 근대를 언급하려 합니다. 모든 것이 첨예해지고 전세계는 휴면상태에 진입합니다. 반면에 대단하게도 대학교수 계층의 소수는 화제의 간행물 안에 암시된 분야에서 반성적으로 살아갑니다.

최근에 작고한 니클라스 루만이 『근대성에 관한 고찰들』에서 확언하듯이, "우리가 기억하는 과거 중에 어떤 것이 과거에서처럼 미래에도 그렇게 있을지에 대해 확실하지 않다는 것만은 확신할 수 있습니다". 이 불확실성 역시 다중선택사회의 결과라 할 수 있습니까?

다중선택사회란, 더욱더 많은 인간들이 더 많은 분야에서 어떤 종류의 부당한 요구를 고려하지 않고도, 즉 자율적으로 결정하고 행동하도록 허락받고 신뢰받는다는 사실에서 비롯됩니다. 흔히 사회의 '덧없음(일시성, Volatilitaet)'이라고도 말하는 우연성은 사람들이 해방되는 만큼 증가합니다. 이것은 한편으로 우리가 원하는 것을 언제나 만들 수 있지만, 다른 한편으로 미래는 더욱더 불확실해진다는 근대의 핵심적이고 고유한 모순으로 이해될 수 있습니다. 확실히, 미래의 불확실성은 인간의 개체화, 즉 한편으로 전통을 선택하는 부담의 감소와 다른 한편으로 우연성의 증가 혹은 선택의 증대에서 비롯되는 것입니다.

당신은 지구적 네트워크의 확대와 더불어 선택이 증가한다고 말하고 있는데, 이는 누구를 위한 것입니까?

항상 반복해 제기되어야 할 좋은 질문입니다. 우선은 라디오, TV, 인터넷과 같은 근대적 단말기나 지면에 익숙한 다수를 위해서뿐만 아니라, 모든 이를 위해 선택은 증가합니다. 우리는 선택의 범람 속을 헤쳐갑니다. 이론상으로 가능성을 보게 된 자는 역시 다른 것들도 가능해진다는 것을 신속하게 파악합니다. 이것이 근대의 시작이라 할 수 있는데 시선의 변경이 가장 결정적입니다. '제3세계' 국가들에서 이러한 의식전환을 적법하게 강요하는 일은 드물지 않습니다. '나이지리아에서 자유로운 의복선택의 권리' 또는 '파키스탄 법정은 부친의 의사에 반하는 결혼을 허용한다'는 기사를 읽는다면 불현듯 이른바 세계화란 무엇보다도 문화적 프로젝트와 같다는 점을 분명히 인식할 수 있을 것입니다. 이제 전통 두건과 의상의 산업이 나이지리아에서 확고히 자리를 잡게 됩니다. 이런 의미의 다중선택사회가 잠재적, 또는 정신적인 것으로 파악될 경우에 모든 이들은 예외 없이 그런 사회 안에서 잘 살아갈 것입니다. 그럼으로 인해 빈번하게 비판받는 내 주장도 이해될 수 있습니다. 즉 모든 사람을 위한 선택 가운데는 보장된 기본

수입과 같은 것이 있을 것이라는 주장이 그것입니다. 현실화의 기회는 물론 동등하지 않게 분포되어 있습니다.

가능성은 단지 소수에게서만 파악될 수 있다는데 정말로 그렇다고 보십니까?

막스 베버의 『직업으로서의 학문(*Wissenschaft als Beruf*)』에는 의미심장한 글귀가 있습니다. 세계의 확대된 합리화는 삶의 조건들에 대한 확장된 인식이 아니라, 사람들이 원할 때에는 언제나 할 수 있다는 사실에 관한 믿음 또는 앎을 의미합니다. 다중선택사회가 바로 그런 상태에 있는 것입니다. 선택이 원칙적으로 주어져 있어서, 사람들이 그렇게 할 수 있을 것이라는 의식은 중요합니다. 풍요로운 다중선택사회의 거주자로서 우리는 각 개인간에 다소의 차이는 있지 하지만 하루가 24시간이고, 모두가 소화력에서 별 차이가 없는 위장을 갖고 살아가고 있습니다. 우리는 매우 빈번하게 선택 안에서 뒹굴지만 곧 질리고 맙니다.

직업세계가 조망하기 어려울 정도로 변화하고 있습니다. 리처드 세네트는 『유연한 인간(*Der flexible Mensch*)』이라는 책에서 노동조건의 유연화와 탈통제화가 이런 변화의 핵심개념이라고 기술하고 있습니다. 기업의 구조조정 과정에서 노동의 새로운 정의가 어떤 의미를 지니고 있습니까?

직업세계는 사회의 흐름을 반영한다고 할 수 있습니다. 탈통제화란 1인 1역의 직업관, 즉 평생을 위해 한 직업을 가지고 한 기업에서 전업자리를 얻는다는 평생직장의 관념과 결별하는 것입니다. 기업들은 조사된 사업분야에서 현명한 분업적 직무로 불확실한 미래에 대처하지만, 직업과 천직에 대해 보완될 새로운 정의는 갖고 있지 못합니다. 1인 1역 직업의 전통적 관념은 끈질기게 유지되고 있습니다. 기업과 조직차원에서의 근본적인 변화에도 불구하고, 이에 맞추어진 직업의 재정의는(근로자에게 불리하게도) 아직도 이뤄지지 않았습니다. 그것은 노동법적인 안전보호의 결여에서 그 원인을 찾을 수 있는데 한시적 노동관계들, 즉 요구에 따른 노동, 보조나 임시노동, 시간과 장소에 구애받지 않은 노동, 마치 새로운 자립적 혹은 유사 자립적 직업형태들은 기회라기보다는 오히려 위기로서 평가됩니다.

이에 반해 제 생각은 미래의 성공기회는 노동에 관한 과거의 표상을 던져버리고, 새로운 길을 모색하는 고용주만이 얻게 될 것입니다. 그 과정에서 그는 잘 정리된 구직활동 서류를 모아야 하며, 역시 여러 변화하는 기구들과 제도들에 대해서 자유로운 동업자나 부분적인 참여자로서 활동해야 합니다. 미래에는 구직 가능성을 고용주로서의 활동적인 '서류분류자(Portfolio-Worker)'가 통제하게 되는데, 그는 노동시장의 여러 영역에서 다양한 방식으로 다중능력자들을 불러모을 수 있게 됩니다.

'서류분류업'과 유통업이 의미 있는 노동과 직업적인 정체성을 가질 수 있다고 보십니까?

오늘의 노동세계에서 살아남으려면, 세네트가 (직업과 노동의 고유한 의미발견에서 진부한 것을 고집하기 때문에) 비난하는 그런 유연성과 활용성이 실제로 요구됩니다. 생활과 노동은 새로운 방식으로 맞물려 있는데 생활은 결코 더 이상 노동과 직업 안에만 의미를 찾지 않습니다. 우리가 살아가는 모든 세계 안에서 의미발견을 산출하고 조합하는 일이 필요합니다. 우리는 다양한 세계의 시민인데, 그 중 노동세계가 어려움에 처했기 때문에 오늘날 매우 소란스런 모습을 드러내는 것입니다.

이런 유연성을 기르지 못한 이들에게는 어떤 일이 일어나게 됩니까?

노동력도 없고 그밖의 다른 재능도 없어 다중선택사회에서 선택되지 못한 자들 또는 계약무능자, 그리고 확실치 않지만 계약불만자들도 피보험되고 보호되어져야 합니다. 노력은 했지만 선택되지 못한 자도 지원받을 권리를 갖습니다. 그리고 아마도 시대에 부적합한 낙오자와 거부자조차도 말입니다. 여기서 어떤 시민적 혹은 국가적 기구들이 이런 일을 감당할 수 있을지는 의문입니다. 전통적인 가족적 보호장치와 순종장치가 역시 해체되어서, 이것을 보충하는 새로운 재정적 기초보험, 그리고 역시 혁신적이고 개인적인 구제체계가 그 해결책이라 봅니다. 이런 도전에 맞서서, 정치와 경제의 새로운 뉴딜 정책은 우리에게 매우 유익할지도 모릅니다.

'뉴딜(New-Deal, 새로운 거래)' 또는 사회계약은 어떻게 진행될 것 같습니까?

미래의 불확실성처럼 확실한 어떤 것도 없는 ―성장의 모순― 사회는 바로 노동을 새롭게 창출하고 평가해야 합니다. 뿐만 아니라 시민적 장치들도 필요한데, 왜냐하면 이미 언급했듯이 선택능력이 있는 자도, 선택받지 못할 경우에나 사회나 공동체의 주변부로 내몰리는 경우에 대해 고려해야 하기 때문입니다. 또한 정치가도 필요한데 노동관계의 토대 확립과 좌표계 고안과 관련해서 그렇습니다. 상호법인적 정체라는 좌표계로서는, 안전한 일자리들을 함께 보증할 수 있는 기업연합제가 있습니다. 성곽에 모르타르가 필요하듯이, 상호법인적 정체에 필요한 사회적 결합을, 중계 경영적 업무분배 방식으로 형성하는 유연한 고용주들도 함께 해야 합니다. 또한 정치와 경제 간의 새로운 거래가 있는데, 다양한 관점의 인정과 지급유예와 함께, 의견불일치 안에 포함되어 있는 합의들을 말합니다. 그리고 재정적이고 상호 인간적인 생계보장이라는 토대로서는 우리가 주도하고 있는 근본적인 변화를 동반하는 사회적이고 문화적인 혁신이 있습니다. 시민들 속에서 일종의 잠재적인 가능성으로 개인적인 조직망과 새로운 친족체제가 있습니다.

당신은 울리히 벡이 제안한 시민노동이 어떤 기회를 갖고 있다고 보십니까?

울리히 벡의 새로운 생각은 이른바 거의 일세기 동안의 관련저술들을 참고한 것이라 할 수 있습니다. 제1차세계대전 후에 이미 자율적이고 의무적인 사회봉사와 근로봉사에 관한 논의가 이뤄졌는데, 그것들은 오늘날 유쾌한 시민노동이라 불리어집니다. 1970·1980년대에 이에 관한 문헌들이 끝없이 쏟아져나왔으며, 요셉 후버와 같은 선동가들은 대학사회 속에서 자취를 감췄습니다. 단축시간제 노동자이거나 무직자들이 그러한 조직 속에 편성될 수 있다는 것에 저는 매우 회의적이며, 특히 전자의 집단 같은 경우에는 더욱더 그러합니다. 모든 경험을 한 후에 새로운 여가시간을 통해 새로운 구직활동 또는 이를 위한 준비활동을 쌓으려는 시도가 이뤄집니다. 새로운 여가시간이 자선적이거나 생태적인 과제들을 위해 쓰이리라고 바라는 것은 매우 소박해 보이며, 자유계약직의 남성들이 부인과 아이들과 함께 새로운 종류의 협동놀이에 잘 어울리며 또한 교회조직 내에서 경력을 위해 활동할 것이라고 믿는 것은 매우 어리석다고 생각합니다. 관찰이란 진정으로 항상 자기관찰이어야 합니다. 이러한 한에서, 이 보상적인 의미론에 계속해서 관심을 갖는 자 중에, 누가 스스로 거기에 적합하게 참여할는지를 경험적으로 탐구하는 것은 유용할지도 모릅니다. 하부정치는 더 급진적이어야 하며, 실제로 −여기서 저는 울리히 벡을 따르는데− 정치와 마찬가지로 새롭게 고안되어야 합니다. 새로운 고안에서는 복지국가적 성과체계들이 전문가조차 측정하기 어려운 그런 의무, 승계와 보험의 정글로 되어 있다는 것을 고려해야 합니다. 시민노동에서 예견할 수 있듯이 사사로움과 공공성 사이에 새로운 연결체계를 끌어들이는 개인적 기구들을 고안하고 설치하는 것이 필요합니다.

뿐만 아니라 그런 기구들 안에서 정신적, 심정적 연대들은 ―그 예로서 이 책에서는 조직체를 산출하는 모든 것을 말한다― 그들 서로에게 일생동안 신뢰와 도움을 약속하는 가상적인 조직망을 형성합니다. 전지구적 경제 안에 지구적 '종족(Tribes)' 현상이 자리하는 것입니다. 개인이 승리함으로써 해체되고 분산되는 사회를 위안하는 것처럼, 요즘은 경제뿐만 아니라 도처에서 퓨전이 문제시됩니다. 그동안 정당, 교회, 조합들이 융합된 후에는 융합 내지 통합프로그램이 작은 단위의 생활세계들에 영향을 끼치기에 충분하게 매력을 갖고 있다는 점을 간과할 수 있습니다. 가족이 아닌 별도의 한 사람을 얻으려고 하는 한, 완전한 책임, 즉 일종의 배우자관계를 떠맡게 만드는 그 누군가에 대해 심사숙고해야 합니다. 오늘날 전통적으로 믿어온 기구들이 해체되고 있는 것은 자명합니다. 출생률의 감소는 방계적 협소함을 야기하고 친족관계를(삼촌, 고모, 조카, 사촌) 현저히 축소시킵니다. 이것의 본질에 대해 우리의 아이들은 더 이상 알지 못합니다. 출생관계에 제한된 전통적인 가족을 보상할 수 있는 그런 친화성을 구축하고 관리하며, 친근한 아저씨와 아줌마를 찾는 것 또한 필요합니다. 거기에다 재정적 기초보험도 마련되어야 하는데, 인간 상호적인 따뜻함만으로는 현대사회에서 결코 생존을 보장받을 수 없기 때문입니다.

우리가 현재 살고 있는 사회에 대해 어떤 대안사회가 있을까요?

사회가 폐쇄화와 캡슐화로 향하고 있지만, 어떤 근본적인 패러다임의 변화가 있다고 보지는 않습니다. 좌파는 직업영역을, 우파는 가정을 목표로 하고, 제3의 길은 원의 구적법을, 즉 시장, 민주제와 생활세계 간의 공생적인 균형을 시도하는 것입니다. 여기에 교정이 필요한데, 균형을 권고하는 것이 합당합니다. 시대진단, 상황판단, 그리고 자기검증도 요구됩니다. 사회 전체적으로 잘못된 것처럼 보이는 것도 개인적으로는 다르게 드러날 수도 있습니다. 조합들에게 교정이 필요해 보이는 것이, 피사의 사탑처럼 다른 쪽의 전망에서는 다르게 드러나 보입니다. 은유적으로 표현하자면, 아마도 우리는 요즈음 냉동기와 공기조절장치 대신에 인간적인 온정이 필요할지도 모르겠습니다.

당신은 우리에게 어떤 사회적 발전이 다가온다고 보십니까?

브라질에서 인도네시아, 마다가스카르 섬에서 히말라야 산정에 이르기까지 많은 사회들이 산재해 있습니다. 실험공간은 확대되지만 전통의 힘은 축소되며, 게다가 개인화가 대중을 장악하고 있습니다. 근대의 기획이란, 기든스가 예증하려 도입한 '자간나트의 마차(Dschagganath-Wagen: 근대 가속화 과정의 상징-옮긴이)'에 의해 많은 것들이 분쇄되었다 하더라도, 현재에는 반대자가 없는 프로젝트입니다. 레스터 서로(Lester Thurow)의 표현을 빌어 말한다면, 카를 마르크스는 러시아 곰들과 함께 숲으로 사라졌습니다. 열린 사회의 승리는 총체적인 것입니다. 자율성과 같은 보폭으로 미래의 불확실성도 증가하는 것입니다. 그렇다면 자연스럽게 거짓 신들, 안정화나 재근본주의의 시도도 결코 멀리 있는 것은 아닙니다. 불확실성을 수용하는 것보다 어려운 것은 없습니다. 확실성의 사회는 그들의 미래에 대해 확신하지만, 자율적 개인들로 구성된 다중선택적 사회는 위험과 불안만을 생산해냅니다. 앞서 언급했듯이 현대사회의 위험들은 점증하는 선택가능성 안에서 지속될 수 있습니다. 선택되지 않은 것이 최고의 선택이었을지도 모른다니요! 그래서 사람들은 스스로 선택하지 않는 채 머물려고 할 수도 있습니다. 언제나 그렇듯이 우리는, 우연성이 점차로 증가하고, 전통의 선택 압력은 계속해서 감소하며, 개인화는 예상 밖으로 최고도에 달하며, 동시에 그런 까닭에 기다려야 할 미래의 불확실성이 증가하게 된다는 확신에 근거를 두어야 할지도 모릅니다.

결국 국적선택의 제약이 없다는 것인가요?

다중국적은 오늘날 이미 가능한 일입니다. 조만간 유전공학과 재생공학의 발전과 더불어 차세대의 부모도, 내지는 출산이 이뤄지는 영토적 한계도 정확하게 확정하는 것이 불가능해질 것입니다. 더 나아가 국가는 더욱더 개인 중심으로 축소됩니다. 국가는 가상적인 것이 되며, 자신의 영토를 상실하게 되는 것입니다. 크리스토퍼 슐링엔지프는(『기회 2000』에서) 국적을 주파수에 일치시키는 가상적 국가 안에서 지붕도 영토도 없는 세계시민으로 살아간다는 프로젝트로 세인의 주목을 끌었습니다. 그것도 다가올 현상 중의 하나입니다. 그런 미래가 성취될지 여부는 우리 자신에게 달려 있습니다.

『자아-사냥』이란 새 저서에서 당신은 자신에 의지해 자아실현을 추구하는 그런 개인의 관점을 끌어냈습니다. 자신의 미래로 달려가고, 과거를 추적하도록 개인을 부추기는 것은 무엇입니까?

자신의 생각에 잠기는 자는 길들여지지 않은 곳으로 가려는 것입니다. 주관화된 사회학은 근대에서 자유로워진 개인을 개체적인 것들 안에 가두는데, 그 안에서 개인은 흥분하고 -울리히 벡이 말하려고 했듯이- 분주히 움직입니다. 그렇지만 자아는(인류학적인 최소단위) 실재와 가능성 사이에서 영원히 머물러 있습니다. 인간은 언제나 유동적 존재이며, 항상 현실성과 가능성 사이에서 진동합니다. 그것은 어쩔 수 없는 유일한 진리이이며 이러한 차이들이 문화를 다르게 만드는 것입니다. 우리 문화(독일)는 자아의 파편들을 재통합하면서 출발했던 정체성 표상들에 백 년 넘게 의존해왔습니다. 그런데 인간은 신(출 3:14)과 같이 "당신은 누구인가"라는 물음에 "나는 스스로 있는 자다"라고 결코 말하지 못합니다. 인간은 추락한 천사이거나 형이상학적 동물이며 만족되지 못한 존재입니다. 그는 자기 자신을 넘어서려 하며 인류학적 최소치로부터 최대치를 이끌어내려 합니다. 자아-분열의 근대적 논의, 정체성 희구는 사람이 더 이상 다른 사람을 구하지 못하지만 자기 자신은 구할지도 모른다는 독특한 희망과 함께 자아실현과 자기 자극의 열중으로, 끝없이 이끌며 유혹합니다. 자기 자신과의 '신비적 일치(unio mystica)'인 것입니다. 즉 "내 심장은 내 안에서 멈출 때까지 요동치는구나! 죽음이 나와 나를 가를 때까지!" 그래서 그런 자아를 위한 해결이란 차이의 인정을 의미합니다. 그것은 무엇보다도 다중선택사회에서처럼 내 밖이 아니라 내 안에서 이루어지는 것입니다.

다중선택사회는 어디로 향합니까?

우선 지구화의 표시인 이 사회는, 전세계에 걸친 프로그램일 뿐만 아니라 사실로서 자리를 잡으려 합니다. 같은 위도 상에서 이 사회는 우주로, 인간의 내면으로 펼쳐갑니다. 화성의 녹지화와 가상적인 기쁨의 집, 장기부품과 이식수술은 이에 어울리는 중요 개념일 것입니다. 한계란 자연적이고, 생태적이며 또는 생물학적인 것일지도 모릅니다. 이를 통해서 근대에서의 기독교적인 미래주의에 근거한 문화적인 역동성은 단지 한정되어 있는 듯한 인상을 줍니다. 격렬하게도 이 사회는 현세적으로도 최고의 실존, 즉 우주 안에 살아 있는 몸체이고자 합니다. 이 행복 존재는 그렇게 끝없이 지연되는데 인간이 자신을 완결할 수 없기 때문입니다. 인간은 자신을 부끄러워하고 가능성을 사냥하는 대신에, 있는 그대로 자신과 친화하고 자신의 차이, 균열을 자신 안으로 받아들일 경우에 비로소 행복에 이를 것입니다. 다중선택사회는 인간이 자신의 고유한 제약을 인정할 때에 (비로소) 한계에 부딪히게 됩니다. 그 전에는 아닙니다.

빌헬름 하이트마이어

해체사회

생애

빌헬름 하이트마이어(Wilhelm Heitmeyer)는 1945년에 출생하였고, 빌레펠트 대학의 사회학과 교수이자 학내에 위치한 '분쟁과 폭력의 학제간 연구를 위한 기관'의 소장이다. 그의 연구활동은 극우주의, 인종적-문화적 분쟁, 외국인 적대성과 폭력의 주제를 포괄한다. 더 나아가 ≪청소년 연구≫와 ≪문화와 갈등≫ 같은 연속간행물들을 운영하는 편집인이다.

험악한 사회분위기하에서 사회연구가인 하이트마이어 역시 –분쟁과 폭력을 연구함으로써– 갈등을 일으켰고, 위험한 상황에 빠져들었다. 그의 동료교수들인 귄터 알브레히트, 오토 백커스, 그리고 라이너 돌라제와 함께 그는 1996년에 '분쟁과 폭력의 학제간 연구를 위한 기관'을 창설했다. 이 기관은 한 사회에서 언제나 다시금 등장하는 분열의 가능성을 설명하고, 사회 내의 새로운 문제들을 지적하며, 실질적인 해결을 위해 그 문제들을 경험적으로 탐구하고 이론적으로 기술하는 곳이다. 하이트마이어는 연구 프로젝트를 관리하고 있는데, 그로 인해 언제나 주목을 끌기도 하지만, 불편한 비판가라는 평판을 얻기도 한다. 그는 사회적인 약자들과 낙오자들을 지지하는 일이라면 증가하는 불평등과 사회적 모순들을 지적하며 노골적인 언급을 마다하지 않는다. 그는 연구에서 발견한 것들을, 그것이 편치 않은 진리일지라도, 주장한다.

■ 주요 저작들

- Wilhelm Heitmeyer(Hsrg.). 1994, *Das Gewalt-Dilemma: Gesellschaftliche Reaktionen auf fremdenfeindliche Gewalt, Rechtsextremismus und ethnisch-kulturelle Konflikte,* Frankfurt/M.: Suhrkamp Verlag. — 『폭력-딜레마: 인종적 문화적 폭력, 극단적 극우주의와 외국인 적대적 폭력에 대한 사회적 반응』
- ______. 1997, *Bundesrepublik Deutschland: von der Konsens-zur Konfliktgesellschaft*. Band 1: *Was treibt die Gesellschaft auseinander?*; Band 2: *Was hält die Gesellschaft zusammen?*, Frankfurt/M.: Suhrkamp Verlag. — 『독일 연방공화국: 합의사회로부터 갈등사회로. 1권: 무엇이 사회를 분열시키는가?; 2권: 무엇이 사회를 결합시키는가?』
- Wilhelm Heitmeyer u. a. 1997, *Verlockender Fundamentalismus: Türkische Jugendliche in Deutschland,* Frankfurt/M.: Suhrkamp Verlag. — 『미혹하는 근본주의: 독일의 터키 청소년』

W. Heitmeyer

개념

독일 연방공화국은 합의사회에서 갈등사회로 넘어가고 있다. 이러한 개요를 이끌어낸 하이트마이어는 1997년에 사회적 상황에 대한 연구의 결과물로서 이론구상과 분석서인 두 권의 편찬서, 즉 『무엇이 사회를 분열시키는가?』와 『무엇이 사회를 결합시키는가?』를 출간하였다. 이 분석은 일반적으로 극복되었다고 믿는 사회적 무질서에 관한 진단을 그 출발점으로 삼는다. 이 무질서는 엄격한 자본주의, 모호한 개성화와 인종적·문화적 차별을 통한 경제구조적인 배척들이 함께 작용해, 높은 범죄율과 잠재폭력성으로 나타난다. 따라서 하이트마이어는 세기 전환기의 사회를 이해하는 실마리를 분열에서 보고 있다.

하이트마이어는 사회 안에서 발생하는 갈등들은 한편으로는 사회·경제적인 변동과 인종적·문화적 긴장에서 왔지만, 다른 한편으로 그것들이 문화적, 종교적, 그리고 가족적 정체성 확립에 놓인 불확실성에 의해 생겨난 것으로 파악하고 있다. 그러나 제도적이고 집단적인 통합 가능성들의 후퇴와 함께, 노동시장에 대한 미래 전망의 결여도 공공연한 또는 은밀한 갈등들을 증폭시키는 데 책임이 있다.

하이트마이어에 따르면 경제적, 문화적, 사회적인 영역에서 변동들은 구조, 규칙, 그리고 결속력 갈등으로 이끌어 공적인 폭력을 낳을 수도 있다. 적은 노동력으로도 경제성장이 이뤄질 수 있기 때문에, 실업자는 물론 취업자들에게조차 사회적 몰락과 도태에 관련한 두려움을 불러일으키는 구조위기가 발생한다는 것이다. 가치의 다원화는 자유의 성취에 기여할 뿐만 아니라, 방향상실과 관점결여를 더욱 강화시키는 규제력의 위기에도 기여한다. 하이트마이어가 말했듯이, 조망할 수 없는 정도의 가치적 다양성에 직면해, 행위자는 자신의 활동적 성과들을 시야에서 더욱더 멀어지게 한다. 결속위기는 마침내 증가된 개체화와 고립화를 통해 역시 나타날 수 있다. 사회적 접촉 없이 상호인정은 없다. 사람들은 소속집단 없이는 '폭력 수위의 저하'와 '폭력 잠재력의 조정'을 촉진하는 세계와 자신에 관한 믿음을 상실한다.

하이트마이어의 말처럼 이러한 전개를 마주하며 사회는 인장력 시험 앞에 선다. 역사적으로 비교 불가능한 빠른 속도로, 개체화와 지구화의 과정은 사회의 변화에 압력을 가할 것이다. 그러나 새로운 가능성의 공간들과 동시에, 역시 새로운 위험중심지들도 발생한다. 한쪽을 위한 생활형성의 다양한 가능성들은 다른 한쪽을 위한 활동공간의 제약으로 작용할지도 모른다. 생활 패러다임도 모호하다. 한쪽에서의 사회문화적 선택의 증가와 다른 쪽에서의 사회경제적인 실현기회의 감소에서 갈등이 발생된다. 이 갈등들은, 만약에 사회 내에서 물질적 필수품, 문화적 확신 또는 정치적 참여가 경제력이 있는 집단들을 위해 처분되어진다면 더욱더 증대할 것이다. 만약 사회적 불평등이 더 이상 조정되지 않고, 그것이 사회국가적 중재의 결여로 현저하게 심화될 경우에, 위험한 사태가 초래된다. 국가기관들이 규제의 도구로 더 이상 개입하지 않는 한, 하이트마이어의 주장대로 이러한 문제들의 해결 역시 인종적 문화적 집단들간의 분쟁 안에서 찾아야 하는 위험이 증가한다는 것이다. 인종적 관점에 따르면, 부족한 자원들을 둘러싸고 다른 집단과 경쟁하는 집단들이 형성된다. 하이트마이어는 비록 기구들을 넘어서 갈등을 조정할 것을 옹호하지만, 완화된 결속력 위에서 이뤄진 통합이 그런 과제들을 더 이상 감당하지 못한다고 강조한다. 그래서 광분하는 자본주의의 압력 아래서 갈등의 조화가 언제쯤 이루어질지에 대해서는 아직 아무런 답변이 없다.

공통질문

1. 당신은 스스로를 사회이론가나 사회비평가 또는 사회설계가로 생각합니까? 아니면 그저 동시대인으로 생각합니까?

저는 이러한 호칭들과는 거리가 멀다고 생각합니다. 내 자신은 분명히 사회설계가는 아니지만 사회 안에 몇 가지 것들을 연관지으며, 어떤 식으로든 사회적인 개입을 시도합니다. 저는 주목할 만한 것들을 언급하고 정치적 논쟁에 참여하려는 한에서, 단지 사회비판가일 뿐입니다. 순간적으로 제가 얼마나 많은 분쟁들에 연루됐는지를 생각해본다면, 이 호칭이 적절할 것입니다. 내게는 일상의 경험과 전망(vision)을 연결시키는 능력, 즉 사회설계가로서의 특기가 결여되어 있습니다. 그런데 사회설계가들은 사회 안에서 우리의 혼탁한 일상과 무관한 다수의 불투명한 시나리오들과 씨름하고 있습니다.

2. 우리가 살고 있는 사회는 도대체 어떤 사회입니까?

이 질문 역시 대답하기 어려운데, 그것은 사회에 관한 어떤 개념을 가져야만 가능하기 때문입니다. 사회과학은 단지 사회적 단면들을 철저하게 제시합니다. 저는 사회개념이 아니라 사회적 통합과 해체의 역동성에 관심이 있습니다. 이 점에 자극을 받아, 저는 우선적으로 폭력의 상이한 형태들에 관한 논쟁을 하였습니다. 우리가 점점 심하게 분열되는 사회 속에 살며, 여기서 대부분의 폭력이 나온다는 것이 내 관심주제입니다. 현대사회에서 통합문제의 심각성은 어떤 문화적 갈등도 존재하지 않기 때문이 아니라, 우선 갈등을 멀리하려 한 데서 기인합니다. 이것은 큰 문제인데 우리가 너무나 많은 갈등을 안고 있지만 공공연하게 다뤄지지 않고, 오히려 증가하는 집단들의 부담으로 자주 침묵되기 때문입니다.

3. 현 사회의 긍정적인 면과 부정적인 면에는 어떤 것이 있습니까?

근대적인 현 사회는 비교적 명백한 다원성을 강점으로 합니다. 오히려 위험은 유연성의 강제에서 비롯되는데, 이 강제가 이데올로기 이상으로 더 강하게 퍼져 있습니다. 일례로 사람들이 여가의 이데올로기에 속아서 믿게 된다면 그들은 여가를 누리기 위해 많은 시간들을 더 필요로 할 것입니다. 더불어 사회적인 분담시간은 더욱 모자라게 되고, 그로 인해 사회적으로 정착되기 위한 광범위한 결과들이 발생된다는 점은 간과되기 쉽습니다. 경제적 탈규제화는 명백하게 사회적 제도들의 시간 리듬과 일치될 수 없는 시간 리듬으로 이끕니다. 이 어려운 시간적 분절화가 어디로 이끌지는, 폴크스바겐 사가 주도하는 볼프스부룩과 같은 도시에서의 혼란스런 동거생활에서뿐만 아니라 다수의 가정에서도 엿볼 수 있습니다. 실제로 공동적인 시간분배의 이런 파괴적 특징이 끼치는 영향들이 매우 과소평가되고 있습니다.

4. 사회에서 당신의 역할은 무엇입니까?

어려운 질문입니다. 역할이란 다른 사람들 통해 정의되기에, 내 스스로 그것을 철저히 판단하기란 쉽지 않습니다. 다양한 갈등들 속에서 내 역할이 종종 분명하게 의식되기도 합니다. 터키 청소년의 이슬람 근본주의적 정체성 정립에 관한 탐구에서는 그렇게 의식되었지만, 그 밖에서는 내 사회적 역할은 희미해지며, 저는 제 역할에 관한 어떤 상도 만들 수 없습니다. 공적인 반향을 통해 저는 사람들이 때에 따라 귀를 기울인다는 것을 알게 되지만, 그것이 어떤 결과를 가져올지에 대해 판단할 수 없습니다.

5. 사회소설 가운데 어떤 것을 좋아합니까?

학창시절의 제게 조지 오웰의 『동물농장』은 아주 감명적이었는데, 출세를 통한 타락이라는 모티브가 나를 사로잡았기 때문입니다. 동물들의 대변자들이 갑자기 도살자들로 보였던 것입니다.

6. 당신이 즐기는 게임에는 어떤 것이 있습니까?

저는 축구를 즐기며, 현재 빌레펠트 대학의 교수 축구팀에 속해 있습니다. 이것은 매우 유익한 사교놀이인데, 승패가 달려 있는 축구경기보다 이 직업집단의 사회적 행동을 더 잘 연구할 수 있는 것은 없기 때문입니다.

7. 어떤 모임을 좋아합니까?

저는 제가 귀기울여 들을 수 있는 그런 모임을 좋아하며 또 즐겨 참석하는 편입니다. 강의나, 연구소, 대학 내에서는 주로 제가 말을 하는 입장이기 때문에 더욱더 그런 모임을 좋아하는 것 같습니다. 만약 학구적인 분위기가 아닌 어떤 단체에서 단지 들을 수 있는 입장에 있을 수 있다면 저는 그것으로 만족합니다.

8. 당신이 소속되어 있다고 느끼는 사회집단은 어떤 것입니까?

한 가지를 꼬집어 말하기는 어렵겠습니다. 제가 일생을 대학을 목표 삼아 달리지는 않았기 때문에 말입니다. 저는 상이한 지위에 속하는 일련의 직업분야를 경험해보았습니다. 우선 인쇄소에서 기술을 배워 전문기술자가 되었으며, 그래서 1968년 '혁명'에 참가기회를 갖지 못했습니다. 한참 뒤에야 저는 연구소와 대학으로 진로를 바꾸기로 결심했습니다. 그래서 제가 어떤 사회집단에 속한다고 해야 할지 잘 모르겠습니다. 요즘에도 어떤 표지를 찾는다는 것은 제게는 너무 어려운 일입니다.

9. 당신이 사회적으로 중요하다고 평가하는 사람은 누구입니까?

많은 사회적 명망가들이 있습니다. 그들의 공약과 사적인 행동들 간에 어떤 모순이 있는가를 찾아낸다면, 내 생각으로는 사람들이 그들이 실제로 명망을 가졌는지를 인식할 수 있습니다. 이런 관점에서 최소한의 사회적 명망가를 '실제로 알기(kenne)' 때문에, 저는 감히 그 이름들을 열거하지는 않겠습니다. 왜냐하면 그 결과가 얼마나 파괴적일지 모르기 때문입니다.

10. 당신이 생각하는 이상적 사회는 어떤 사회입니까?

일반적으로 이상적 사회가 존재하는지 저는 알지 못합니다. 폭력이 적은 사회가 존재한다면, 그것으로 저는 충분하다고 생각합니다. 폭력으로부터 자유로운 사회가 유토피아인 것입니다. 폭력이 적은 사회에 대해서는 물론 특정한 것들이 전제되어야 합니다. 이미 암시했듯이, 저는 이처럼 현저히 많은 상호인정의 문제들이 발생치 않도록 하려고, 그것들 중에서 일차적으로 통합의 불가피성을 생각하고 있습니다.

11. 당신은 사회를 변화시키고 싶습니까?

저는 특히 대학시절에 사회를 변혁시켜야 할 소명을 받았다고 느꼈습니다. 사회 안에서 폭력이 현저하게 줄어든다면 제가 확실히 긍정적 기여를 한 것입니다. 그렇지만 다른 한편으로 학자로서의 내 성과는 비교적 미약합니다. 어쨌든 사람들은 자신의 성취능력을 결코 적절하게 검증할 수는 없습니다. 아마도 그것은 확실히 그럴 것이며, 그렇지 않다면 사람들은 가능한 어떻든 의심하게 될지도 모릅니다. 만약에 인간통합의 확실성을 향해 사회변화를 꾀하려 할 경우, 새로운 자본주의 비판이 종전보다 소홀히 될 수는 없습니다.

12. 미래사회는 어떤 모습이 될 것 같습니까?

그것은 예측하기 어려운 문제이며, 지금까지 대부분의 사회과학적 예측이 잘못되었다는 것은 어쩌면 다행스럽습니다. 그러나 추측컨대, 사람들이 대체로 '사회다윈이즘'으로 알고 있는 것을 우리가 성취해 가고 있다는 것입니다. 강자들은 지배하려 할 것이며 반면 약자들은 그들이 머물 곳을 찾아야만 합니다. 저는 해방된 자본주의가 제한되리라는 것을 믿지 않습니다. 그런 정도로 저는 특별히 낙관적이지는 않습니다. 이런 압력하에서 새로운 연대잠재성이 어떻게 확장될 것인가에 대해 현재로서는 더 이상 알 수 없습니다.

인터뷰

당신의 세세한 파악은 오히려 사회의 현 상황에 관한 우울한 그림을 그리고 있습니다. 당신은 우리가 '합의사회'에서 멀어지고 '갈등사회'에 다가간다고 말했습니다. 그로 인해 어떤 변화가 일어날 것이라고 생각하십니까?

통합과 해체의 첨예한 역학관계, 여기에서 통합은 긍정적으로만 배치되지는 않는데 왜냐하면 통합 역시 조절, 강제, 감시 등과 빈번하게 관련될 수 있기 때문입니다. 마찬가지로 해체는 상황에 따라 철저히 일탈의 한 부분일 수 있으며, 이것을 모든 사회는 사회적 변동을 추진하기 위해서 사용합니다. 단지 해체는 대개의 경우에 자유로운 일탈이 아니라, 개인이나 집단에 대해 강제적으로 선포된 배제인 것입니다. 내 견해로는 이러한 통합과 해체의 역학관계가 가속화되면서, 현대사회 안에서 급진적인 문제가 되어가고 있습니다. 그래서 통합이 의미하는 바가 정확하게 언급되어야 하는 것입니다.

우리는 세 가지 차원에서 출발합니다. 저는 첫번째 차원을 개별 기능적 체계통합으로 명명합니다. 이것으로 노동, 교육, 권리, 정치 등과 같은 기능체계들에 대한 접근들이 파악될 수 있습니다. 두번째 차원은 풍부한 문화적 차원인데 소속, 무엇보다도 상호인정에 관한 물음이 문제시됩니다. 세번째로 공적인 토론에 참여하는 가능성을 지시하는 의사소통적-상호작용적 차원이 있습니다. 이러한 세 차원의 토대 위에서 통합의 물음이 점차 새롭게 제기되는 것입니다.

주도적인 일부계층도 대부분의 소수자계층처럼 똑같이 통합의 문제를 겪습니다. 그것은 갈등상황을 더욱 첨예화시킵니다. 그러나 합의사회에서 갈등사회로의 길은 아직도 끝나지 않았습니다.

당신은 현 상황을 어떻게 규정하십니까?

사회적인 일상의 수준에서 갈등사회로 가고 있음에도, 그것이 독일에서는 이제껏 공식적으로 문제시되지는 않았습니다. 그 점은 충분한 근거들을 가지고 있는데, 그 중 하나가 이러한 사회에서는 갈등에 대한 공포가 존속한다는 것입니다. 서독 사회는 1968년의 경험을 도움삼아 갈등을 다루는 것을 배웠으나, 과거의 동독 사회는 갈등을 조정하는 기회를 결코 갖지 못했고, 그 사회는 결국 붕괴되고 말았습니다. 두 독일 사회를 주목해본다면, 저는 서독인이 새로운 갈등들을 해결하려 불안해하고 있지만, 반면에 동독 사회는 아직도 갈등에 맞서지 못한다는 인상을 받습니다. 이것은 일상의 문제들이 그렇게 빈번히 폭력에 의해 해소된다는 사실을 반증해주는 것입니다. 폭력은, 갈등을 문제로 삼아 전면에 내놓으려 함으로써 제어될 수 있습니다. 독일은 아직도 일상의 도시 안에서, 그리고 집단들간에 표출되거나 잠재되거나 하는, 특히 인종적-문화적으로 채색된 갈등을 적극적으로 깨닫고 처리하는 상황에 있지 못합니다.

사회적인 제도들에 더욱 많은 사람들이 접근하지 못하는 것도 문제입니다.

그런 접근경로들을 열기 위해서, 완전히 새로운 통합정치는 바로 그 문제에 주의를 기울여야 합니다. 가까운 미래에 대도시의 인구 상관관계는 더욱더 변화될 것이 명백하기 때문입니다. 진단이 엉터리가 아니라면, 2010년에는 노트라인-베스트팔렌 주의 대도시에서 20세에서 40세에 속하는 연령층, 이른바 노동시장으로 진입하는 활동적인 연령대의 외국인이 −대부분 외국인 여권을 가진 내국인이다− 대략 45%의 인구지분을 가질 것입니다. 독일의 주도적 정책은 여전히 억제책이지만 이제 여기에 완전히 극적인 전개가 뚜렷이 나타나게 됩니다. 사회적 실상들은 간단하게 축출될 것입니다.

우리는 어떤 경우에도 특정 집단이 교육, 노동, 권리, 정치 같은 제도들에 접근하는 것을 차단해서는 안 됩니다. 대도시에서는 현저하게 일자리가 부족한데 그 이유는 도시들이 탈산업화, 인종적-문화적인 이질화, 그리고 사회적인 양극화를 겪기 때문입니다. 억제만으로는 사람들의 이러한 일련의 긴장을 예방할 수 없습니다. 특정한 자격화의 성장을 가져오는 경제적인 과정이 있습니다. 그것은 더 심각한 경쟁에 이르게 됩니다. 경쟁을 인종화하지 않은 채, 어떻게 처리하는가는 최대의 난제 중 하나입니다. 제도들과 관련해 예상되는 갈등들이 완화되어야 하며, 이 일은 매우 중요한 것입니다.

다른 한편 제도들도 부분적으로 그 비중을 잃어가고 있습니다. 이러한 전개는 중지되어야 하는데, 바로 오늘날의 제도들이 매우 중요하고도 안정적인 역할을 하기 때문입니다. 만약에 그런 기능체계들에 접근이 허용되지 않는다면 인종적-문화적인 공동체의 형식들이 중대한 의미를 갖게 되며, 그것은 인종적인 구획화로 치닫게 됩니다. 따라서 우리는 통합과 해체의 역학체계를 더 진지하게 파악해야 할 것입니다. 노동시장에 진입하지 못한 터키 청소년들은, 예를 들어 자기 동족의 경제에 의존하게 됩니다. 그러나 이것도 잘 작동하지 않는데, 왜냐하면 터키 청소년들이 자신을 독일 청소년 집단과 비교하기 때문입니다. 그래서 터키 청소년은 커다란 상승욕구를 갖게 되지만, 결국 작은 점포에 정착하는 것만이 가능해지는 것입니다. 폭넓은 다른 통합정책이 추진되지 않는다면, 여러 곳에서 긴장의 징후가 나타남을 누구나 발견할 수 있을 것입니다.

다수자의 집단도 역시 해체화과정을 겪게 된다는데 이에 대한 당신의 생각은 어떻습니까?

거기에는 상호작용의 문제가 있습니다. 다수자 내부집단간의 해체 문제가 심각하면 할수록, 소수자는 자신들의 입장을 공개적으로 토의하고 관철시키는 일이 더욱더 불리해집니다. 결국에는 다수자가 해석의 특권을 갖게 되는 것입니다.

암울한 시나리오군요. 역시 급진적인 변화가 이루어져야만 하는 것인가요?

그렇습니다. 갈등 조정은 평등의 차원에서만 가능합니다. 지금껏 일어났던 일들은 매우 두려운 사건입니다. 다수의 편에 의해서 적응이 요구되지만 차별화의 가능성은 유보됩니다. 이것은 좋지 않은 혼합이라 할 수 있습니다. 우리는 소수자들을 더욱 강력하게 수용할 필요가 있습니다.

다른 한편 소수자들 안에서 나오는 차별화는 수단적인 것이 됩니다. 집단들은 외국인을 적대하는 생활에 의존하고, 그들은 스스로를 구별시키기 위해 외국인적대감을 이용합니다. 그것은 많은 경우에서 고유한 자기비판을 마비시키는데, 예를 들어 저는 터키 소수자 안에 자기 비판적 문화가 전혀 존재하지 않는다고 확신합니다. 갈등 조정의 단계에서는 평등이 중요시되는데, 그렇게 되면 사람들은 차례대로 어떤 어리석은 일을 했는지를 말할 수 있습니다. 그렇다면 갈등은 다른 모습, 오히려 대칭적인 모습을 얻게 됩니다. 우리가 이제껏 겪었던 것과 같은 비대칭적인 갈등은 지속적으로 문제가 됩니다.

그렇다면 폭력은 대체로 다수중심 사회의 폐쇄적 집단들이나 소수자들의 환경에서 일어나는 것인가요?

폭력은 빈번하게 소수자들에게로 향합니다. 그러나 폭력과 외국인 적대감은 모든 사회적 환경 속으로 확산됩니다. 폭력은 세 가지 구성계기로 이뤄집니다. 폭력은 사회화의 과정에 관련되어 있으며, 상호작용의 영역과 합법화를 필요로 합니다. 합법화는 자유롭게 제안되지만, 일반적으로 그것은 엘리트의 정치영역에서 만들어지고, 여기에서 특정한 인종적 집단들을 위한 보호조건들이 형성되어집니다.

독일의 정치 엘리트가 강력한 억제책을 단호하게 제안했다는 사실을 인정하십니까? 저는 거기에서 망명자의 권리를 생각하게 됩니다.

한편으로 독일연방의 정치는 소위 망명타협안을 가지고 실제로 대량적인 억제정책을 추진하였습니다. 사실적으로 망명에 관한 문제 전체는 단지 유럽적인 통치권에 의해서 장악될 수 있습니다. 예를 들어 독일 정부 역시 보스니아의 탈주자들을 위해 약간의 보장만 해주었다는 사실을 사람들은 알아야 합니다. 비록 '망명타협안'이 커다란 문제를 안고 있지만, 그럼에도 동시에 그 시스템이 동족전쟁의 탈주자들에게 이제껏 절반 정도의 작동을 했다는 것은 인정해야 합니다. 그렇지만 베를린 의원들의 활동과 같이 전적으로 비인간적인 추방행위도 있습니다. 이것은 국제사면기구에서 밝혀낸 사실입니다.

독일에서 일들이 어떻게 전개될지 여부는, 계속된 공개토론의 진행과 연관되어 있습니다. 요즈음 어느 누구도 그것에 대해 언급하지 않으며, 지성인들 사이에서도 여전히 침묵만이 감돌고 있습니다. 토론에서는 더 이상 지지될 수 없는 규준이 여전히 떠돌아다닙니다. 규제할 필요가 없는 지속적인 거리축제로서 다문화사회는 다른 한편으로는 규제될 수 없는 문화적 혼돈입니다. 우리는 긍정적이든 부정적이든 사회적 신화와 이별해야 합니다. 내 시각에서지만, 사회의 개방은 긴급하게 필요하다고 말할 수 있습니다. 동질성이 대서특필되는 곳 어디든지 급변하는 시기에는 폭력은 멀리 있지 않습니다. 이 점은 구동독의 공동집단과 몇 개의 도시들에서 일어난 외국인 적대적이고 극우적인 폭력에서 잘 관찰할 수 있습니다.

만약에 독일에서 시민권의 개정을 위한 제안들이 도외시된다면, 현재로서는 통합정책을 변경할 가능성이 없습니다.

맞습니다. 통합정책은 평등적인 사회정책과 멀어진 채, 부정적으로 변질되고 있습니다. 도시들, 적어도 유럽의 도시들은 이제껏 높은 비율의 사회주택을 가진 사회적 도시들이었습니다. 독일은 30%에 달하며, 미국은 그 비율이 단지 2%에 불과합니다. 그런데 이제 우리도 그런 방향으로 움직이고 있습니다. 해체경향을 억제하기 위한 조절량으로서의 사회주택의 지분은, 도시에 의해 폐허화된 가계들을 개선하기 위해 계속해서 제공될 것입니다. 그밖에 도시의 주변부에도 구역들이 남아 있습니다. 여기에서는 대량적인 격리절차가 진행되고 있으며, 사회정책이 더 이상 통제하지 못하고, 이 집단들이 통제정책에서 방치되고 있다는 사실이 생생하게 그려집니다. 이 새로운 통제망들은 계속해서 이목을 끌게 되고, 확실히 사회보장이라는 논의 대신에 공공의 안전에 관한 논의가 더 많이 등장하게 됩니다. 이를 통해 위험한 집단들은 낙인이 찍히고 그것은 재차 새로운 추방절차를 이끌어옵니다. 이것은 이방인집단이거나 원주민집단일 수도 있으며 문제는 복합적인 것입니다.

효과적인 통합정책의 물음은 대도시 수준에 있는 다수의 영역들에서 결정되며, 도시정책의 가능성들은 무조건 지지되어야 합니다.

정치인들에게서 사회적 화합은 최고의 자산입니다. 왜냐하면 주도적인 정치 이론에 따르면 정치의 성공이 이를 통해 측정되기 때문입니다. 통합의 정도에 대해서도 이것이 어느 정도로 타당한 것인가요?

서로 독립적인 별개의 일입니다. 철저하게도 사회적 화합이 존재하면서도 동시에 그러나 많은 집단들이 철저하게 격리되는 것이 가능합니다. 사람들이 그들을 단지 화제로 삼지도 않고 간단히 망각하기 때문이거나 또는 일례로 그들을 범죄시하고 그들에게서 공적인 목소리를 박탈함으로써 그들이 더 이상 발언할 수 없다는 것을 주목하기 때문입니다. 얼마나 많은 집단들이 시의 적절한 로비 없이 공공성으로부터 추방되는지를 주목하는 것은 사회적 화해의 내구성조사에서 필요합니다. 그래서 사회 안에서 불평등 논의들이 어떻게 이끌어지는지에 주목해야 합니다. 더구나 중요하게도 그 논의들은 –그런데 이 점이 일견에는 모순적으로 보이지만– 해체를 통해 안정성을 보장하는 데 기여합니다.

주류문화와 소수문화 간의 합의가 어떻게 형성될 수 있을까요?

저는 여전히 합의가 문제라고 믿지 않으며, 갈등을 어떻게 견뎌낼 수 있는지를 주목해야 한다고 믿습니다. 합의는 특별히 추구할 만한 상태이나, 사람들은 종종 권력결정을 통해 만들어지거나 합의로서 기만되는 그런 사실들과 혼동합니다. 갈등을 문제로 삼아 그것을 견뎌내고 그로부터 상호인정을 창출해내는 것이 내게는 합의보다 더 중요할지도 모릅니다. 이런 이유로 저는 관용의 개념 역시 위험스럽게 여기는데, 그것이 일방적인 수동적 인내를 포함하기는 하지만, 결국에는 단지 감내하는 이들에게는 굴욕의 형식이기 때문입니다. 상호적이고 능동적인 개념으로서의 상호인정이 –갈등을 기회로서 포섭하는 한에서– 주도해야 합니다.

지금껏 통합이라는 것은 노동시장에서 주로 통용되었으나, 이를 넘어 공적 유용성과 사회적 지위에 관련해 상호인정이 표명되고 있습니다. 그런데 이런 장치로도 증가하는 다수 집단들을 더 이상 장악하지 못한다면, 어떤 일이 일어날까요? 어느 누구도 상호인정 없이는 사회적 관계를 이룰 수 없습니다. 그런 까닭에 공동체 형성의 새로운 한계를 명백히 긋지 않는 상호인정의 새 문화에 다다르는 것이 목적이 되어야 합니다. 여기에는 소속집단과 독립적으로 개인적인 상호인정이 중요합니다. 내 견해로는 이것은 미래의 과업일 것입니다. 다른 상호인정의 양태들이 점차 탈락되거나, 무가치해지거나 실현 불가능해질 듯이 보입니다. 우리는 다른 종류의 상호인정 과정들도 확정해야 합니다. 이에 관한 생각들이 여전히 드물게 퍼져 있습니다. 많은 청소년들이 자신의 가치를 인정받지 못하는 사회 상황은 매우 위험스럽습니다.

경제적인 발전이 개인의 사회화에 영향을 준다고 보십니까?

우선 경제분야에서 일고 있는 유연화와 탈규제화 과정을 사회적인 분야로 이전할 수 있다는 생각에서 벗어나야 합니다. 그렇게 되지 않는다는 것을 시간을 예로 들어 설명해보겠습니다. 노동시간 단축의 결과로 많은 여가시간이 활용될 것이라고 주장하고 있습니다. 이것이 개인의 경우에서는 맞는 말일지 모르지만 사회적으로 분배된 시간의 부족현상으로 유아와 청소년의 사회화에 영향을 미치게 됩니다. 성인에게는 규범과 가치의 관념에 대해 상호간에 논쟁할 시간이 절대적으로 부족해지는데, 이 유연해진 성인의 공백시간 속으로 유아와 청소년을 밀어넣을 수는 없습니다. 결여된 시간분배는 유아와 청소년의 일탈 중에서 폭력의 정도를 일정한 한도까지 설명해줍니다. 가치와 규범은 더 이상 확정될 수 없고, 그것은 통제되지도 않으며, 거기에는 피드백도 없습니다.

독일도 미국과 같이 폭력과 범죄의 증가를 경험하게 된다는 말인가요?

미국은 척도가 될 수 없습니다. 서로 다른 상황의 지배하에 있기 때문입니다. 사람들은 무엇보다도 철저하게 미국을 비통합적 사회의 원형으로 간주하고 있습니다. 그러나 그들은 단지 높은 폭력비율을 관찰할 뿐입니다. 내 견해로는 부분적인 폭력의 감소가 경찰력의 대량투입을 통해서 일어나지만, 추측컨대 이는 시간만 지연시킬 뿐 문제를 더 심각하게 만듭니다. 독일의 범죄 증가와 관련해서 우리는 실제 청소년을 대상으로 탈통합 모형을 실험하고 있습니다. 그럼에도 미국과의 비교는 안 됩니다.

저는 외국인 적대적 폭력 이외에도 가시적인 폭력이 더욱더 염려스럽습니다. 왜냐하면 가시적 폭력에서는 폭력 자체가 더 이상 문제가 아니며, 폭력을 통한 무력감의 극복과 폭력의 느낌이 전면에 등장하기 때문입니다. 이러한 폭력은 더 이상 예측될 수 없으며, 우익의 폭력만이 예측될 수 있는데 그것이 힘없고 개별적인 외국인에게 향하기 때문이며, 좌익의 폭력은 대체로 권력적인 국가기구들을 향하고 있습니다. 가시적 폭력은 폭력상황 자체가 중요시되며, 희생은 임의적입니다. 그런 폭력은 부분적으로는 특정한 무대 없이(보이지 않게) 발생하며, 상호인정을 겨냥하는 폭력과 대립해 있는 훌리건의 폭력이 바로 그렇습니다. 이것은 사태를 더욱 어렵게 만드는 것입니다.

당신의 견해에 따르면 인간들이 나아가야 할 곳을 향하지 않고 자신의 기원으로 향하는데, 그 원인은 어디에 있다고 보십니까? 이러한 태도가 탈통합으로 이끄는 정치나 기구들로 전이되고 있습니다.

그것은 말하기가 어렵지만, 저는 심각한 불안정을 근거로 삼겠습니다. 정치는 보잘것없는 전망을 가졌거나 아니면 거의 어떤 전망도 가지고 있지 않습니다. 더 이상의 유토피아는 없으며, 그래서 경력을 쌓기 위한 선택에는 여지가 많기는 하지만, 예측 가능성은 감소하는 것입니다. 그리 오래지 않은 이전부터 고정적으로 규정된 삶의 과정들, 즉 교육, 직업훈련, 직무, 결혼, 자기 소유의 집, 휴가 여행이 있었습니다. 이것이 숙고될 수 있으나 고착되었는데, 사람들이 협소한 활동복 속에 억압되어 있기 때문입니다. 다른 한편으로 새로운 개방에는 많은 위험들이 도사리고 있습니다.

오늘날 청소년들은 기성세대에 비해 많은 장점들을 가지고 있습니다. 그들은 자신들보다 앞선 어떤 젊은 세대들보다 처분해야 할 많은 결정 가능성들을 갖고 있으며, 그 결정을 내려야 합니다. 이로써 종종 현저한 불안정이 나타나는데, 그 불안정은 달리 말하면 고정되어 있는 것처럼 보이는 고향 또는 국가의식과 같은 것들에 집착하게 만듭니다.

일례로 노동시장에 통합될 기회를 잃거나 자신들의 가정에서 공동생활의 어려움을 겪는 일부 청소년들도 스스로 "적어도 나는 독일인이라는 데 자부심을 갖는다. 어느 누구도 내게서 그것을 빼앗지 못한다"고 말하고 있습니다.

민족국가적(nationalstaatliche) 정치는 그 영향력을 잃어가고 있습니다. 여기에 당신이 언급했던 내용과는 그 어떤 모순이 있지 않습니까?

지역화의 문제는 '국제사회인'에게는 퇴조된 것일지 모르지만 토착민에게는 그렇지 않습니다. 정치에서도 지역성의 상실과 같은 것이 있는데 이는 대부분의 정치환멸은 지역성이 정치에 의해 더 이상 장악되지 않는다는 사실과 관련되어 있습니다. 사람들이 그런 연쇄행동을 더 이상 할 수 없게 되고, 모든 것이 모호해져서 정치적인 열반 속으로 휩쓸리는 것 같이 보입니다. 결정들을 통제할 수 없는 여러 곳에서 정치적 환멸이 드러나는 것입니다.

정반대의 모습을 동독에서 관찰할 수 있는데 거기서 우리는 요즘 가장 효과적인 정치적 사회화를 발견할 수 있습니다. 정치적 우익분파의 청소년들은 폭력으로 사회적 공간들을 점령하고 그 이상으로 도로나 시장에서도 그런 식으로 지역화를 꾀하려고 합니다. 이것은 정말로 간단한 연쇄행동들입니다. 이런 활동은 외부세계로부터의 반향을 얻고 자기영향력과 지역화를 강화시키기도 합니다. 이들이 전체 인구의 외국인 적대적 분위기 속으로 빠져들게 되면 특권의식 같은 것이 발전하게 되는 것입니다. 그런 과정은 매우 위력적이고 위험스럽기까지 한 것입니다.

이러한 문제들이 극복될 수는 없을까요? 그러기 위해서 우리는 또 무엇을 해야 합니까?

저는 이 물음에 해결책을 제시할 수 없습니다. 내게는 다음의 세 가지 측면이 중요합니다.

첫째로 피터 비히젤이 간략하게 언급했듯이, 상황의 압력에도 불구하고 이 공화국에 대한 이해는 아마도 새롭게 정의될 것입니다. "얼마나 많은 자유, 평등, 형제애를(고전적인 표현양식으로) 우리가 성취할 수 있는가?" 공화적인 사상은 다르게 의도되었습니다. "얼마나 많은 인간성을 우리가 성취하는가"가 아니라, 어떻게 인간성을 가능하게 하는가였습니다. 그런데 그렇게 계산적인 가치전환이 되면, 우리는 베를린이든 그 어떤 곳이든 깨끗이 치워진 벽면 앞에 서긴 하지만 정치적-도덕적 파편더미 앞에 선 것과 다를 바 없을 것입니다. 추측하건대 우리가 이로부터 멀리 떨어져 있지 않다는 것입니다. 그래서 올바른 주제들이 정치적 일상 속으로 들어가는지, 그리고 어떻게 들어가는지가 의문시되어야 합니다. 이미 언급했듯이 이런 주제들

속에는 무엇보다도 새로운 자본주의의 비판이 속해 있습니다. 그러나 이 비판은 –이것이 세번째 요점인데– '탈현대적' 정치개념들이 계속해 관철될 수 있을 만큼 그렇게 오랫동안 온건하게 있었습니다. 이 개념들은 자본주의적 발전 모델과 매우 잘 조화를 이루고 있습니다. 지배, 권력, 갈등과 공공성이 문제시되는 그런 고전적인 정치인식이 재획득된다면, 공화적인 질문이 아마도 새롭게 정의되지 않으며 새로운 자본주의 비판의 입장이 다시금 손발을 얻게 될 것입니다.

클라우스 레게비

다문화사회

생애

클라우스 레게비(Claus Leggewie)는 1950년에 출생하였으며, 유스투스-리비히-기센 대학의 정치학 교수이다. 특히 그는 이민자문기구에 소속되어 이민, 통합, 소수계층 관련 주제들에 대한 문제를 연구하고 그 해결책을 제시하기 위해 노력중이다. 인구이동과 문화다원주의라는 주제 외에도 레게비는 현대사뿐만 아니라 새로운 매체 속의 정치적 의사소통, 신보수주의와 우익급진주의를 다루고 있다.

또한 신문기자이자 정치학자인 레게비는 이민정책에 대한 사고의 전환을 주장하였으며, 1994년에 클라우스 바데가 편집한 잡지인 ≪60인의 선언≫의 서명자이며 필자이다. 이런 선언을 한 다문화주의자는 여러 해 전부터 실천적인 법적 제안들을 통한 다문화사회의 정치적 결성을 위해 진력해왔다. 레게비는 이미 1983년에 개방적 이민사회를 옹호하고 1988년에 다문화사회의 이념을 독일의 논의 속으로 끌어들인 하이너 가이슬러라는 정당정치인의 사회참여적 연설에 찬동하였다. 레게비가 창안한 용어인 '멀티 쿨티(Multi Kulti)'는 다문화적으로 스스로를 이해하려는 모든 이들의 총괄개념이 되었다. 레게비는 다문화사회, 이민법, 시민권의 개혁을 지지하고, 망명권의 해체에 대항한다는 이유로 다시금 적대감이라는 방해에 직면하게 되었다.

■ **주요 저작들**

· Claus Leggewie. 1990, *Multi Kulti: Spielregeln für die Vielvölkerrepublik*, Berlin: Rotbuch Verlag. —『멀티 쿨티: 다민족공화국을 위한 놀이규칙』

· _____. 1993, *Alhambra: Der Islam im Westen*, Reinbeck: Rotwohlt Verlag. —『알함브라 궁전: 서방 속의 이슬람』

· Claus Leggewie & Zafer Zenocak. 1993, *Deutsche Türken: Das Ende der Geduld*, Reinbeck: Rotwohlt Taschenbuch Verlag. —『독일 터키인: 인내의 끝』

개념 "다문화사회는 정치적 모습을 획득해야 하며, 또한 그것은 현대적인 다민족공화국으로 발전해야 한다"고 클라우스 레게비는 촉구했다. 그의 의도에는 독일의 사회구조적 현실이, 즉 통일성이 아닌 문화적 다양성이 그 사회의 본질을 이룬다는 명백한 사실이 고려되어 있다.

레게비는 『멀티 쿨티』라는 자신의 저서에서 1990년 베를린 장벽 붕괴 이후 동서독의 통일문제로 분주했던 당시 사회가 가진 문제점에 대해 언급하였다. 그러나 그는 모든 비독일적인 민족집단은 뚜렷하게 배제하였는데, 그들이 '혈연공동체'에 속하지 않았기 때문이었다.

그동안 730만 명의 사람들이 이렇게 배제되어왔는데 대부분은 독일에서 10년 넘게 일하면서 살고 있었으나, 레게비가 제시하듯이, '선거나 정치적인 활동에 있어서도 자유롭지 못하거나 참여해서도 안 되는' 이들이었다. 그들은 마치 '특별한 종류의 어린이처럼' 취급받아야 하는데, "그들이 우리의 명령에 복종하기 때문에 어린이이며, 정상적인 후손과 구별돼 성장해서는 안 되기 때문에 특별한 종류라는 것이다".

그런 까닭에 레게비의 정치적 결성계획은 1913년 이래로 혈통법(ius sanguinis)에 근거해온 독일 국적법의 법안수정을 고려하였다. 이 법에 따르면 독일 조상으로부터 출생한 자들만이 독일인이다. 레게비에 의하면, 이러한 혈통원칙은 '민속적 이질성'의 존속 상태를 토대로 보면, 낙후된 것이다. 그의 제안은 속지법(ius soli)을 통해 폐기된 법의 확충을 준비하고 있다. 이에 따르면 독일에서 태어난 사람이면 누구나 자동적으로 독일 국적을 얻는다. 더 확장된 요구란 시민 자격화를 수월하게 하는 것이다. 이것은 독일에서 생계수단을 가지고 있고, 5년 또는 그 이상을 살고 있는 모든 이들에게 국적을 보장해준다는 것을 의미한다. 이중국적은, 그러나 그것이 다만 과도적 법규로 이해되더라도, 시민 자격화를 용이하게 해줄 것이다.

레게비에 의하면 모든 사람이 —비록 그들이 어떤 문화집단에 소속되어 있든지 간에– 시민적·정치적 권리를 행사할 수 있다면 독일 공화국은 "자체의 가능성을 최고조로 발휘하게 될 것이다". 거주자도 함께 결정권을 지닌 시민으로 육성되어져야 한다.

우리는 이주정책 없이 이주국가에서 살아왔기 때문에, 법적-정치적 기본골격을 전제로 해 다문화사회로의 방향전환이 절실히 필요하다. 레게비가 말하듯이, 규제적인 이주정책은 절대적으로 통용되어야 하지만, 그것은 독일이 사실적으로 이주국가라는 점이 더 이상 부정되지 않을 때에야 비로소 가능하다. 이주정책은 근본적으로 망명정책과 구분되어야 한다. 다만 망명정책의 형식과 내용은 제네바협정의 규정들을 따르는 것이 좋다. 이에 반해 이주정책은 수용국가의 능력과 우월성에 따라 실행되어야 한다.

레게비에게 중요한 것은 수용기준이 투명하게 설정되는 데 있다. 그것은 이주 지원자를 위한 신뢰할 만한 법적 근거들을 제공하는 것을 뜻한다. 어떤 할당된 몫이 아니라, 노동시장에 필요한 노동력을 결정하고 조정하는 그런 법적 장치가 도입되어야 한다. 레게비가 말하듯이, 사회적인 배제들을 방지하기 위해서 제한은 필연적이다.

레게비에게 다문화사회는 "다음 세기에서의 유토피아적 환상물이 아니라 현실 세계의 공간"인 것이다. 다문화사회가 오랫동안 '정치적 지표'를 지시해왔다면, 지금은 우리가 앞으로 어떻게 함께 어울려 사는가를 설명하는 것이 문제가 된다. 어떻게 우리는 기원이 다르거나 문화적으로 다르게 각인된 인간들을 합병하지 않고도 통합할 수 있는지? 자율성과 다양성에 여지를 주는 것이나 사회적 대립과 긴장을 규제하는 것이 어떻게 가능한지?

다문화사회는 모든 이에 대한 도전이다. 모두가 이러한 현실을 지향하고 문화적 한계를 넘어서 대화를 시작하는 것이 상책이다. 레게비의 견해에 의하면 그런 사회만이 다양한 문화양식과 교류를 이해하는 미래를 가질지도 모른다.

공통질문

1. 당신은 스스로를 사회이론가나 사회비평가 또는 사회설계가로 생각합니까? 아니면 그저 동시대인으로 생각합니까?

저 스스로를 사회구성원과 '비판적 설계가'로 인정해야 한다면, 저는 대개 사회설계가들이 아마도 특정한 니치(niche, 벽면의 돌출부—옮긴이)들을 부가하는 것 외에 더 많은 것을 건축해서는 안 된다고 봅니다. 저는 약 15년 동안의 제 작은 작업(니치)이 독일 내에서 공민권에 대한 다른 인식을 확산시키며 지연된 국적법 개혁에 동참하는 데 참고자료가 될 수 있다는 것을 알게 됐습니다. 보수적인 법조인과 정치가들의 폐쇄적인 견해들은 더 이상 지도적이지도 못하고 실천을 이끌어내지도 못한다는 사실인식은 오늘날 확실한 성과로 기록될 수 있습니다. 게다가 저는 제가 살고 있는 민주사회가 윈스턴 처칠과 함께라면, 모든 다른 유명인을 제외한 최악의 사회로 여길 겁니다. 이 사회의 지속적인 개혁과 혁신을 토대로 사회학자이자 문필가인 내 작업은 이뤄집니다.

2. 우리가 살고 있는 사회는 도대체 어떤 사회입니까?

매우 긴장감이 도는 사회라고 생각합니다. 1989년 이후 세계는 자유화, 개방화의 물결이 세차게 몰아치고 있으며 점점 더 대규모적인 양상을 띠고 있습니다. 이것은 문화다원주의로, 별칭으로 '문화다원성'이라고도 불리는데 이 점에 대해 좀더 정확하게 언급해보겠습니다.

3. 현 사회의 긍정적인 면과 부정적인 면에는 어떤 것이 있습니까?

1960년대 초반에 학교신문 편집장과 학급대변인으로서 처음으로 정치적 자각을 한 후의 기간, 즉 거의 마찬가지로 독일 공화국의 역사적 시기를 개괄한다면, 저는 사회적·문화적 변동에 대한 적응력에서, 그리고 위기관리뿐만 아니라 적어도 상황에 따라 생산적으로 이용할 수 있는 능력에서 근대사회의 강점을 보게 됩니다. 약 15년 동안 불거진 취약점들을 저는 불평등해진 사회에서 그 원인을 찾습니다. 저는 '결과의 균등(equality of results)'을 추종하지 않으며 우리 사회 안에 진정으로 주어져 있지 않은 '기회의 균등(equality of opportunities)'을 과거의 그 누구보다도 더 지지합니다.

4. 사회에서 당신의 역할은 무엇입니까?

저는 지속적인 열정과 책임의식을 가지고 현재 50학기째 대학교수로서 학생들을 가르치고 있습니다. 25년 동안 늘 25살짜리들과 함께 작업하고 가르칠 뿐만 아니라, 토론 속에서 스스로 배우는 일이 가능한 것은 이 직업의 특별한 은총입니다. 특히 제가 문필활동에 전력할 수 있어서 칼럼, 비평, 논평을 집필하며 국회의 소위원회 앞에서든지 정치인들과의 개인적인 대화에서든지 간에 임시적인 정책자문가로서 활동할 수도 있었습니다. 사람들은 나에 대해 정치적으로 편입되기가 어렵고 항상 돌발적이라고 말합니다. 저는 이런 점을, 대다수가 비판할지라도 중도 좌파, 그리고 새로운 적-녹색 정부(사민당과 녹색당 연합정부—옮긴이)를 위해 명백하게 진력하려 한다면, 결코 포기하지 않는 지성적 독립성의 표현이라 여깁니다.

5. 사회소설 가운데 어떤 것을 좋아합니까?

두 번이나 정독을 했을 만큼 로버트 무질의 『개성 없는 남자』는 오랫동안 저의 애독소설이었습니다. 최근에는 미국의 동부 해안을 배경으로 주인공 프랭크 바스콤과 그밖의 많은 보통사람들이 등장하는 리처드 포드의 소설에 매료되어 있습니다. 간결한 문체의 짧은 이야기, 즉 '단편소설'을 좋아합니다. 예전에 테오도르 폰타네, 토마스 만, 하인리히 벨의 많은 작품들, 그리고 그밖의 많은 글을 읽었습니다. 또한 저는 '참여소설'보다는 문학적으로 정형화된 방식으로 사회적 통찰을 제공하는 소설에 더 관심이 갑니다. 그런 까닭에 제가 머무르는 지방들의 장·단편소설을 읽는 것을 즐깁니다.

6. 당신이 즐기는 게임에는 어떤 것이 있습니까?

실제로는 어떤 것에도 참여하지 않습니다. 저는 포커에서 경마, 주식투자에 이르기까지 소액의 금액을 투자하는 놀이를 좋아합니다. 마찬가지로 어떤 모험을 결행하는 놀이도 좋아합니다. 이 모든 게임에서 공통적으로 가장 중요한 것은 적당한 시점에서 멈출 줄 아는 능력입니다.

7. 어떤 모임을 좋아합니까?

아내와 친구들처럼 항상 곁에 있는 사람들을 예외로 하고는 즉흥적으로 이루어지는 자리를 좋아합니다. 그 속에서 내 자신도 솔직해지는 그런 모임 말입니다. 저는 오랫동안 유목적인 생활을 해왔으며, 각각의 여행지에서 항상 그런 만남을 기대하곤 합니다. 가능하다면 상대자는 동종의 직종을 갖지 않았으면 합니다. 대학업무들 또는 인사기록들에 관한 교수들간의 편집증적인 대화는 독선과 프로필 중독과 다를 바 없이 저를 지루하게 만듭니다. 호기심 있고 자발적인 인간들의 우연한 모임, 이것이 바로 제가 기꺼이 머물고 싶은 모임입니다.

8. 당신이 소속되어 있다고 느끼는 사회집단은 어떤 것입니까?

사회적으로 중산층에 속합니다. 그 속에서 저는 '자유로운 지성인'의 특권을 누릴 수 있고, 아주 편히 머물 수 있습니다. 대개의 경우 명망가라 불리는 사람들은 실망스럽습니다.

9. 당신이 사회적으로 중요하다고 평가하는 사람은 누구입니까?

불의를 보고 참지 못하거나 자신의 잘못을 바로 교정할 줄 아는 사람입니다. 저의 '오늘의 영웅들'은 사라예보나 알제리와 같은 극한적 상황 속에서 만났던 사람들이며, 그들은 대단할 정도의 용기와 인간성을 증명해보인 아주 '평범한' 사람들입니다.

10. 당신이 생각하는 이상적 사회는 어떤 사회입니까?

이상적 사회란 없으며, 과거에 제 자신이 그랬듯이 그것을 추구하는 모든 사람들에게 믿음이 가지 않습니다. 유토피아의 추종자들은 공포 그 자체입니다. 사회는 항상 변화하며 그때마다 이상적 사회에 대한 지표도 바뀌기 마련이고 개선점 또한 지속적으로 발생하는 것입니다. 그러므로 이상적인 사회라는 것은 존재하지 않습니다. 그런 사회가 존재한다면 나와 같은 사회학자는 더 이상 설자리가 없을 것입니다.

11. 당신은 사회를 변화시키고 싶습니까?

지금보다 더 많은 관용, 자유, 정의를 위해서 사회는 조금씩 변화해야 합니다. 물론 이 모든 범주들은 토론의 여지가 있으며 다같이 토론할 필요가 있습니다. 의도하지 않은 행동들에 의해서 사회가 어떻게 변화해나가는지를 이해하고 분석하는 것 자체가 제게는 즐거운 일입니다.

12. 미래사회는 어떤 모습이 될 것 같습니까?

우리에게 행운이 따른다면 오늘날보다 몇 가지는 더 개선된 현재와 비슷한 모습의 사회일 것입니다.

인터뷰

1997년 4월에 주간지인 ≪슈피겔≫의 한 유명한 표제는 다문화사회의 좌절을 진단하였습니다. 당신은 다문화사회가 실질적으로 좌절된 것이라고 보십니까?

그것에 대해서는 다음과 같이 언급할 수 있습니다. 우리는 결코 당신에게 장미정원을 약속한 적이 없습니다! 단일문화적 사회가 흔히 존재할 수 있고, 마치 모든 사람들을 평화롭고 친절하게 만들 수 있는 것처럼 갈등 없는 다문화사회일 수 있다고 생각하는 자가 진정 누구입니까? 이른바 역사의 한 제목으로 기록된 바로 그런 갈등들은, 즉 토착인과 이방인 사이든 아니면 역시 인종적·종교적 이주집단들 간이든 문화적 다원주의의 전형적인 형태입니다.

저는 이러한 갈등들에 대해 변명하지 않고, 그것들로 인한 일종의 비용-이익-계산에 관심을 환기시킬 것입니다. 도대체 그 대안은 무엇일까요? 국가사회주의자들이 테러를 가했던, 두 독일 국가의 강제적인 인종동질성으로의 회귀일까요? 학구적 몽상가와 무감각한 정치가들이 육성하려 한 그런 문화보호주의적 차량진영(Wagenburg: 車輛陣營, 폐차를 쌓아서 만든 방어벽을 이름—옮긴이)인가요? 전 베를린 시의원인 쉔봄이 이주민의 비율이 높은 구역들을 분리하자고 제안한다면 –도대체 그가 그것을 실제로 어떻게 시도하든지 간에– 강제 혹은 보상이나 설득을 통해서 어떻게 시도할 것인지요? 1950년대의 사회 속에서 우리는 이미 그런 집단갈등을 겪었고, 구교도와 신교도 간에 당시의 '혼합결혼'이 지속되었으며, 그 무렵에는 남부 이탈리아인 또는 세르비아인도 오늘날의 소아시아인이나 아프가니스탄인과 같이 정말로 낯선 사람들로 느껴졌습니다.

저는 다니엘 곤 벤디트와 하이너 가이슬러와 같이 다수의 논쟁적인 문필가들을 '다원문화적 공상가'로 봅니다. 노동이민자의 의도된 모집과 우리의 사회 국가적 매력이 생산해낸 문화적·종교적인 다원주의를 그들은 마치 우리가 기록해놓은 것처럼 그렇게 썼습니다. 우리가 시도했던 것은 미국식 모델에 따라 문화적 차이와 정치적 일치를 결합하는 다문화사회를 위한 냉정한 현황파악과 놀이규칙의 작성이었습니다. 마이클 월처와 찰스 테일러는 미국과 캐나다를 위해 그러한 시도를 했는데, 그들은 '약한 다문화주의'의 지지자도 아닌 만큼 문화상대주의자도 아닙니다. 우리가 반대하는 것은 독일식의 인종적 동질성, 아니면 역시 프랑스식의 추상적이고 공화적인 동질화입니다. 그밖에도 다문화사회가 좌절됐다고 말하는 자들은 스스로 그 사회가 어떻게 '실현될 수 있을지'에 대한 규준을 제시해야 할 것입니다.

당신은 다문화사회가 어떠한 조건하에서 성공하거나 실패한다고 보십니까?

우리에게 종종 새롭게 등장하는 갈등들이, 국가적 권력독점을 지닌 다원적 사회에 상응하고 지속적인 인종화를 피하게 만드는 그런 형식들, 제도들, 그리고 투기장(로마시대에 있었던 운동 경기장을 말함-옮긴이)들 안에서 해소될 때, 그런 사회는 실현됩니다. 그러나 그런 스테레오 타입과 갈등의 폭력적인 해결책이 확산된다면 다문화사회는 좌절될지도 모릅니다. 상호개방과 상호침투의 상황이 일상 속에서 혹은 더 중요하게는 결혼과 가정 꾸리기에서 이미 중단되었듯이 그렇게 위축되고, 독일인과 이주민, 아니면 역시 인종적 집단들간의 쌍방간 단절이 확고해진다면 그 사회는 좌절되고 말 것입니다.

비판가들은 다문화사회가 유토피아일지도 모른다고 주장하며 다문화적 구상

이 뚜렷이 기능하지 않는 곳인 북아일랜드와 유고를 그 사례로 제시합니다. 국적과 문화적 각인이 상이한 사람들간의 공동생활은 불가능한 것입니까?

그것은 몇 세기 동안의 인간역사를 부정하는 것을 의미합니다. 당신이 앞서 언급한 두 가지 갈등들로부터 적절한 교훈을 이끌어내되, 그것을 전혀 다르게 놓여진 우리의 문제에 대한 강력한 반증으로 사용하지 않는 것은 중요한 일입니다. 유고는 내부의 티토적 독재와 동서갈등의 중간지대에 의해 이중적으로 결정된 정치적 지층을 이룬 다인종적 역사를 지녔습니다. 그 지층 속에서 오랜 국적 갈등들이 침묵하고 있을 뿐, 그러나 신분들이 중첩되어서 정치화된 출신성분의 해독과(또는) 종교성의 해독을 중성화시키는 그런 '다중적' 신분양식들 안으로 인종적 출신규정이 해소됐을지도 모를 다문화적 시민권이 발전할 수 없었습니다. 저는 언제나 다문화주의에 반한 마치 자명한 증거로 —만약에 사람들이 서로 격리되었다면, 이러한 묵시가 마치 피해졌을 것처럼— 사라예보에 대해 반복해서 듣고 있습니다. 그러나 여전히 이 도시는 그 안에 살고 있는 기독교인, 천주교인, 그리고 모슬렘들 간의 충돌로 좌초될 것이라고 예상되었지만 뜻밖에도 도시 외부의 나치주의자와 파시스트들의 의도적인 공격에 의해 좌초되었습니다. 보스니아의 다문화주의는 고유한 태생적 한계를 통해 붕괴된 것이 아니며, 오히려 올바르게 잘 기능하는 인종적·종교적 혼합이 페일(Pale: 영국 지배하에 있던 아일랜드 동부 지방—옮긴이)의 그들에게 눈에 가시였기 때문입니다. 북아일랜드에서 국민의 대부분은 종교다원적 상태 유지에 많은 관심들을 갖고 있습니다. 신교도와 구교도의 공존이 성립될 수 없다는 독일의 주장은 베스트팔렌 평화 이후 지난 350년간의 시간을 생각해볼 때 난센스가 아닌가 합니다.

현재 우리가 살펴본 바로 독일은 이주국가라는 사실에 대한 공적인 정치논

쟁이 장기간 지연된 채 아직도 형성되지 않고 있습니다. 프랑스의 인류학자며 역사학자인 임마누엘 토드는 『이주자의 운명』이란 자신의 저서에서 독일 정치가 이주자들에 대해 규정하고 있는 '불안, 터부와 완고의 혼합'을 비난하였습니다. 당신도 같은 생각이십니까?

이런 곤란한 질문에서 사회적 현실과 인식적 해석모형 간의 불일치가 주장되며 어리석은 주석을 통해 –"부당한 요구들이 한계를 넘어선다"– 언제나 새롭게 조장됩니다. 독일은 확실히 1950년대 말 이후로 전형적인 이민국가인 미국, 캐나다, 오스트레일리아 또는 프랑스와는 다른 유형의 이민국가였으며 독일 공화국이 스스로 의도하진 않았지만 바람직한 이주의 목표 그 자체였습니다. 이 점에 대해서는 반론의 여지가 없지만, 반대자들은 이런 모호한 이주로 인해 일부국민들 사이에서 형성되는 불안감을 정치에 이용하고 있습니다.

갈등과 긴장을 억제하기 위해 '타인'에 대한 불신과 적대감을 어떻게 완화시킬 수 있을까요? 우리 주변에서 언제나 낯설게 머무는 이웃의 특색, 의식성향, 관심과 생활여건에 관한 사실적 설명을 통해 통합이 실현될 수 있는지, 또는 '단일민족'의 독일 신화가 극복될 수는 없을까요?

전문지식은 항상 유용하며 해명 이외의 어떤 무기도 우리는 활동함에 있어 갖지 않습니다. 이런 주장은, '이방인'과의 통합을 위해 좋은 의도로 노력하지만 이방인들의 이타심 속에서 그러나 유사한 신화들을, 그 가운데는 '독일적 특별 운명'의 신화를 이용하거나 독일인의 인종주의적 전통의 소극적 주장을 이용하는 많은 이들을 역시 염두에 둔 것입니다.

인구학자인 헤르빅 비그는 사회통계학적 발전을 토대로 '규제된 이주(ZU)'

를 옹호합니다. 그의 평가에 따르면 변함 없는 저조한 출생률을 보이고 있는 독일 사회는 21세기 말경에는 단지 2,400만 명만이 살게 되고 그것은 그간에 사회보장보험과 연금의 현격한 손실을 가져올 것이라고 합니다. 만약에 독일이 사회제도의 보장을 위해 이주자들을 필요로 한다면 규제적 이주정책이 어떻게 바뀌어야 할까요?

어쨌든 이민정책의 기둥은 할당이나 배당에 의해서가 아니라 새로운 정부가 긴 진통 끝에 도입하려고 의도한 속지법입니다. 이민(Einwanderung)이 –이 나라에서는 언제나 여전히 이주(Zunwanderung)라고 말하는데– 얼마나 제한적인지와는 무관하게 다른 출신 혹은 다른 종교의 인간들도 정치적으로 한 사람의 시민으로서 동등한 입장에 설 수 있어야 합니다. 이에 따라 사람들은 –정치적 박해자, 동족전쟁 도피자, 그리고 가족이민 이외에도– 어떤 자격이든 얼마나 많은 이민자를 이 땅으로 데려오고 싶은지에 대해 스스로 합리적으로(그리고 수용국가의 관점으로부터 이기적으로) 이해할 수 있게 되는 것입니다.

당신이 1990년에 『멀티 쿨티: 다민족공화국을 위한 놀이규칙』이라는 저서에서제안했던 것들 중 어떤 것이 실현되었습니까?

우리는 결정적인 걸음을 내디뎠다고 할 수 있습니다. 시민자격화 실천에서의 실질적 자유화에 관련해 독일은 이미 1998년 이전부터 기본의 전통적 국가들보다 덜 제한적입니다. 그들은 오늘날 '이민 동결'을 겨냥하고 혈통원칙으로 복귀하였으며 반대 방향으로 향하고 있습니다.

당신은 확정된 이주할당에 대해 어떻게 생각하십니까?

어떤 이민법도 자민당(FDP)의 지지를 얻으려는 현재의 조건하에서는 「이주제한법」인 것입니다. 누군가가 이것을 반대할 경우에 그는 이민이 인간적인 근거들로부터 허락 혹은 제한된다는 식의 오해를 한다는 것입니다. 이민에는 위험지역에서 온 도피자들과 망명 신청자들에 대해 적합한 숙고가 아니라 매우 엄격한 사회통계적, 사회정치적, 그리고 노동시장 정치적인 고려들이 기초를 이루고 있습니다. 이러한 근거에서 노동을 위한 독일 연방조직은 해마다 이 땅으로 온 수천 명의 '기간노동자'들에게 '독일의 노동시장에서는 어떤 구직자도' 있지 않은 그런 일자리들을 알선해줍니다. 실업과 이민자를 반목시키는 것은 독일 전역에서(남부 지역뿐만 아니라 북부 지역에서도) 기업인들이 노동력을 애걸하고 있기 때문에 선동적인 것이 됩니다. 그러나 여기서 인간적인 고려가 아니라 단적으로 개인적 유용이 전면에 앞서더라도 이주자들과 자연스럽게 인간적으로 교류해야 합니다. 현재 이민법을 연기하는 것은 잘못된 판단 같은데, 오늘날 노동시장의 상황과 사회통계적 상태가 오히려 위축된 결과를 암시하고 있기 때문입니다. 노동력의 수요는 이 두 가지 관점에서 이미 즉각적으로 확대될 수 있습니다. 평가되고 여러 관점에서 합리적이고 통합적으로 의도된 이민정책의 모델은 이른바 강제이주자였던, 인종적 독일인에 대한 법제화된 수용이며, 그 경우에서 저는 이러한 '러시아인'이 '터키인'과 유사한 문제와 편견 속에 노출돼 있다는 점을 명백히 알고 있습니다.

동시에 유럽의 척도에서 독일의 이민정책은 어떻게 비춰질 것인가 하는 문제가 제기됩니다.

독일연방공화국은 관용적인 망명입법과 대규모의 사회입법을 토대로 유럽 안으로 난민의 대부분을 받아들였습니다. 그것은 무엇보다도 자치단체의 예산에 대한 심각한 부담을 의미하는 것입니다. 유럽적 연대성의 의미에서 이 부담을 공평하게 배분하는 것은 옳을 것입니다. 3국규정이 기능하고 스페인, 오스트리아, 폴란드에서 망명신청자의 박해가 사실적으로 종결된다면 독일 망명이 지속적으로 증가하지는 않을 것입니다. 그러한 의미에서 저는 국적권과 사회정책의 유럽화와 마찬가지로 이민과 난민정책의 유럽화를 지지합니다.

당신은 이민 신청이 외국(그 본국)에서 제출되어야 한다고 제안하였습니다. 현실적인 사례로 구성하자면, (루마니아의 북부지방인) 지벤뷔르거의 작센인과 루마니아인, 이 둘 모두는 헤어만슈타드에 (루마니아식으로 시뷰) 살고 있는데 독일로 오고 싶어합니다. 루마니아인과 반대로 지벤뷔르거의 작센인은 혈통법에 의거할 수 있고, 그런 까닭에 우선적으로 처리됩니다. 이러한 기회불평등은 공정치 않게 보입니다.

이것은 잘못 세워진 국적권을 통해 야기된 것입니다. 그런 권리의 연장에 대해 저는 반대해왔으며, 단지 연방공화국이 지벤뷔르거 작센인에게 특권을 부여한다고 약속했었습니다. 약속은 지켜져야 합니다(pacta sunt servanda). 그러나 원칙적으로 모든 이민과 통합정책은 보편적인 기준을 가져야 하며 이러한 인종적 특권을 중지시켜야 한다고 봅니다.

1993년 주간지인 ≪디 차이트(*Die Zeit*)≫에 인쇄되었던 당신의 글은 「고향 바빌론」이란 제목을 달고 있습니다. 다문화사회에서 언어의 다양성은 혼란의 원인입니까? 그렇다면 모국어의 역할은 무엇이라고 보십니까?

가능하다면 모든 이민자의 가족들에게 독일어를 능숙하게 구사할 수 있도록 학습하는 것을 시급히 권고해야 합니다. 모든 이민사회는 '공통어(lingua franca)'를 가지고 있으며, 이중언어주의는 어떤 상황에서도 추천할 만한 것이 못됩니다. 그러나 다언어성 자체는 스위스의 경우에서도 볼 수 있듯이, 아직은 정치적 혹은 사회적 폭발물은 아니나, 다른 이유들이 양극화에 대해 결정적이게 될 경우에 역시 캐나다, 유고 또는 벨기에에서처럼 언어 차이의 정치화와 더불어 비로소 폭발물이 되는 것입니다. 유럽연합에서 우리는 더 이상 어떤 공통어도 가지고 있지 않으며 통역 능력과 다언어성이 요구되어집니다. 지금 미국에서는 사람들이 '오직 영어'에 대해 논의하고 있으나, 그런 논의도 터키 가족이 터키어를 말하는 우리의 경우처럼, 집에서 스페인어로 말하는 스페인계의 사람을 통제하지 못합니다.

'외국인'이라는 불합리한 단어는 왜 조성되었으며, 어째서 그것은 독일 여권이 없는 모든 일반인들에게 적용되는 것입니까?

독일 여권을 가지지 않은 자는 분명히 외국인입니다. 그렇지만 그것은 분명 불합리한 용어입니다. 10년 이상이나 이곳에 살면서 일했거나 혹은 태어나고 독일의 생활습관에 익숙해진 사람들을 '외국인'으로 여긴다면 그것은 모순입니다.

그렇다면 그 대안으로 무엇이 있을까요?

현재 우리가 추진하고 있는 영토원칙이 그 대안입니다. 그렇다면 터키 혈통의 독일인 또는 '독일계 터키인'을 부르는 것은, 미국에서 이태리계 미국인 또는 중국계 미국인에 대해서와 마찬가지로 어떤 문제도 결점도 찾아볼 수 없습니다. 그래서 정치적 동등성과 문화적 차이성이 결합되는 것입니다.

독일계 터키인이라는 명칭은 여전히 '레테르(꼬리표)'를 의미하지 않는지요?

레테르(꼬리표)는 복잡한 사회 안에서 피할 수 없는 것이며, 그것이 결점이 되지 않는다면 유용하기까지 합니다. 보고에 따르면 그것이 "외국인들이 마약거래를 하다," 또는 "터키인이 은행을 털다"라는 식의 신문 제목을 대할 때보다는 낫다는 사실입니다. '메메(Mehmet: 사람 이름)'의 사례에서 우리는 독일정책이 2세대의 이민자들을 얼마나 불합리하게 다룰 수밖에 없는지를 확인하였습니다.

인종 차이를 산출하는 것이 왜 의미를 가진다고 보십니까? 인종적 강조화를 회피할 가능성은 없는 것인가요?

회피할 수 없는 것은, 우리 모두가 인간이기 때문입니까? 그렇지만 독일인들은 자신들이 스바베인, 작센인 또는 프리술란트인이라는 사실에 자부심을 갖습니다. 인종적인 또는 일반적인 집단정체성은 확실히 오명이 아니라 자원입니다. 그러나 개인의 행동을 전체 집단으로 전이할 경우에 터키 '민족'('der' Tuerke), 또는 독일 '민족', 내지는 '집시'(Zigeuner)라는 명칭이 거의 지속적인 경멸적 반향을 가졌을 경우에, 그것은 문제가 됩니다. 이런 점을 우리는 반유대주의 연구로부터 알게 되었는데, 그 연구는 게다가 친유대적인 고정유형을 낙인찍는 활동을 증명해 보여줍니다. 만약에 역으로 한 집단에 영구적인 희생양 신분이 부가되어 있거나, 또는 집단적 정체성으로부터 각자의 고유한 종교, 언어와 문화의 의무를 넘어서는 특정한 집단적 권리와 요구가 파생된다면 그 역시 문제가 되는 것입니다. 게다가 다문화주의의 두 종류는 구별되어야 합니다. '유연한 다문화주의'는 문화적, 그리고 종교적 차이를 허용하고 심지어 북돋우기조차 하는데, 그것이 정치적 동등성과 무차별성에 근거한 '헌법애국주의'와 모순되지 않기 때문입니다. 이에 반해 '완고한 다문화주의'는 개인들을 영구히 혈통에다 묶고 그들의 열등상황을 바로 명시화하는 인종적 평가로 향하는데 왜냐하면 그것으로부터도 어떤 장점들이 예상될 수 있으며, 만약에 희생양 상황이 그런 이념의 기초가 된다면 더욱더 그러하다고 할 수 있기 때문입니다.

구체적인 예를 제시해주셨으면 합니다.

미국이나 독일에서도 다수가 소수자들에게 현행적 또는 기존의 인종주의에 대해 배상하는 것을 시의 적절하다고 여깁니다. 베를린 사람 열 명의 하나 꼴로 터키 태생이라면, 이로부터 차별화를 방지하기 위해 –신청자에게 어떠한 자격 부여가 되었는지와 무관하게– 터키인에게 모든 사람의 10% 정도로 공개 신청, 학업기회, 그리고 그와 유사한 것들이 양도될 것이라는 결론이 나옵니다. 여성할당이 그 모델인데 인종적 관점에서 이러한 할당화의 성과들은 보잘것없습니다. 그것들은 피할 수 있는 2차적 갈등들과 사회국가적인 분배투쟁에 대한 집착을 유발시킵니다.

이중국적에 대한 당신의 생각을 말씀해주세요?

적어도 우리는 '순수한 규범'–독일인으로서 독일에 사는 자는 단지 하나의 여권을 사용한다–으로부터의 이탈을 우리 덕분으로 돌려야 합니다. 독일의 정치인과 법조인들에 의해 10년 넘게 견지된 다국적성의 '해악' 도그마와 무정부주의적인 국적권은 우리에게 수많은 다국적자를 안겨주었습니다. 제2, 제3세대는 이러한 정책을 통해 잘못된 정체성 갈등 속으로 빠져들었고 자신들의 자녀가 독일인이 되는 것에서 배반을 맛보는 부모들의 적지 않은 인종적 논증 역시 상황을 심각하게 하였습니다. 그래서 과도적 해결책으로서 사람들이 이중국적에 대한 관용을 찬성하지만, 그러나 저는 인종적으로 무관한 시민권에서 문화적 차이를 지양하는 대신에, 양편에서 문화적 차이를 단순히 정치적으로 배가시킬까 두렵습니다.

국가시민권의 새로운 개념을 통해 우리는 독일 사회에서 외국인의 수를 줄일 수 있을 것입니다. 독일인이 약간 반어적인 사람들이었다면 "독일에는 너무 많은 외국인이 있다"고 분명하게 표현했을 것입니다.

당신은 다문화사회가 정치적 외형을 획득해야 한다고 말했습니다. 이러한 방향으로 이제껏 어떤 진전이 이루어졌는지요? 그렇다면 다음 단계로 무엇이 행해져야 하는 것인가요?

국적권의 법적 개혁에 따라, 다음의 일이 성취되어야 합니다. 즉 젊은 이민자가 실질적으로 독일 시민이 되려는 것에 대해 사람들이 염려하고 노력해야 합니다. 실패한 사회통합의 경험에 근거해 이러한 길을 가려고 하지 않고, 독일적 '외국인 적대감'과 같이 '내국인 적대적으로' 자신을 분리시키는 이들에게서 저는 근본문제를 봅니다. 독일 여권이 차별화 앞에서 보호해주지 않으며, 독일 아이들이 노래로 부를 수 있는 그런 전도된 인종주의에 대한 권리도 주지 않습니다. 통합이 시작되고 있는 유치원, 학교, 종교수업, 사회적 화제, 거기에서 이미 빈번하게 독일의 하층민들은 변두리의 상승하려는 이민자들과 냉혹한 소통결여와 폭력 속에서 오늘도 충돌하고 있습니다. 독일 정치의 완고함과 '외국인 친구들'의 낭만적인 유연함이 그렇게 이끌었습니다.

다문화사회가 민족자결권까지 무시한 채 관철되어야 할 모델인가요?

'모델'은 아니며 그 사회가 만족스런 곳과 그늘진 곳을 함께 가진다는 것이 현실임을 분명히 설명하였습니다. 미국이나 스위스의 사례에서 알 수 있듯이 다문화주의로 인해 국가가 해체되지는 않습니다. 다문화주의는 결코 정치적으로 다져진 민주적 국가의 대립물이 아닙니다! 유럽적 정체성은 문화 위에서가 아니라 정치적 통합과 민주적인 상호작용 위에서 세워지는 것입니다.

랄프 다렌도르프가 『근대적 사회갈등』이란 자신의 저서에서 다문화사회들은 규준이라기보다는 예외라고 주장하였습니다. 시민사회화의 과정은 동질적인 이들과 더불어 살려는 기대를 진정시키지 못한 것 같습니다. 그렇다면 다문화사회는 어떤 기회를 가집니까?

인간은 많은 것을 바라는데 그 가운데서도 갖지도 못하고 얻지도 못한 인종적 '조망'을 원합니다. 인종적으로 동질적인 국가는 더 이상 없습니다. 그것에 대해 사람들이 수사학적으로 이의를 제기할 수도 있지만, 그것은 갈등을 심화시킬 뿐입니다.

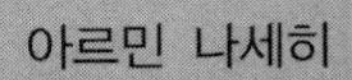

기능분화사회

생애

아르민 나세히(Armin Nassehi)는 1960년에 출생하였고, 현재 루드비히 막시밀리언 뮌헨 대학교(LMU)의 사회학 교수이다. 그의 중점 분야는 사회학적 이론, 조직론(Gesellschaft), 이민사회학, 전기연구, 사회학적 죽음학이다.

"수많은 저주의 시선들이 모두를 괴롭히고 있다." 교육학석사, 철학박사를 거쳐 사회학 교수가 된 나세히는 이런 이유로 연구대상들을 관찰함에 있어 '첫번째 시선'에 만족하지 않는다. 나세히는 '두번째 시선'을 통해서 비로소 한 순간에 간과되고 쉽게 망각된 그 무엇이 전면에 나타난다고 생각한다. '두번째 시선'은 사회적 상황의 설명과 기록을 위한 새로운 취급방식을 열어준다.

아르민 나세히 자신에 적용한다면, 사람들은 첫번째 시선으로 그가 예전처럼 머리를 땋을 수는 없으나 자신의 생각들을 효과적으로 묶을 수 있는 입장에 처해 있다는 것을 ―그런데 두번째 시선도 이것을 보여주는데― 밝혔다. 피상적으로 관찰한다면 나세히는 뛰어난 코미디언적 기질을 지니고 있으며, 조끼를 걸치고 성직자적 몸짓으로 강의를 한다. 그는 참으로 즐겁게 대화를 나누지만, 자신을 거울에 비춰보는 것은 소홀히 하는 사교계의 간교한 궁중광대를 열정적으로 연기한다. 그래서 나세히는 "사회를 기술하기 위해서는 입장, 관찰 관점, 사람들이 제시한 물음이 중요하다"고 말한다.

■ 주요 저작들

- Armin Nassehi. 1993, *Die Zeit der Gesellschaft: Auf dem Weg zu einer soziologischen Theorie der Zeit*, Opladen: Westdeutscher Verlag. ― 『사회의 시간: 시간의 사회학적 이론으로의 길에서』
- Armin Nassehi(Hsrg). 1997, *Nation, Ethnie, Minderheit: Beiträge zur Aktualität ethnischer Konflikte,* Köln: Böehlau Verlag. ― 『국가, 인종, 소수: 인종적 갈등의 현실성에 기여』
- ______. 1997, *Soziologische Gesellschftsbegriffe: Konzepte moderner Zeitdiagnosen,* München: Wilheim Fink Verlag. ― 『사회학적인 조직개념: 현대적 시대진단의 구상들』

개념

"사회학적인 조직론의 상식이 존재한다면 이 상식은 의심 없이 조직들이 '분화된 단일체'라는 가정에 서 있다." 이 명제는 「기능적 분화이론」이라는 논문의 서문에 실려 있는데, 아르민 나세히에게서 이 논문은 조직의 구조원리를 이해하기 위한 고유한 이론을 제시하는 것이다. 나세히의 학문적 실마리는 탈콧 파슨스와 니클라스 루만의 연구에 기초하고 있다. 파슨스와 루만은 조직이 상호관계를 맺고 상호관찰하면서 자동적이고도 기능적으로 실행되는 부분체제들로 분화된다고 보았다. 나세히는 조직론에서 의심할 바 없이 핵심범주인 기능적 분화이론을 새로운 물음들에 대해 확장하였다.

역사적인 관점에서 볼 때 기능적으로 분화된 조직은 분절된 조직 안에 그 선례를 가지는 층위적인 조직구성화로부터 성장한다. 분절된 조직은 동일한 부분들로서 즉 가족, 혈통 또는 마을로 분화됨으로써 스스로를 특징짓는다. 이에 반해 층위적인 조직은 상이한 계층들로서, 즉 귀족, 시민, 농부와 무소유자로 나눠진다. 동일한 구성요소와 같이 비동일한 것도 결국에는 기능적으로 분화된 조직 안에서 통일된다. 현대 조직의 표지들은 경제, 정치, 사법, 교육, 학문, 예술, 종교와 의술처럼 기능적으로 분화된 개별적인 부분체계들인데, 이것들 모두는 고유한 체계의 내재적인 논리에 따른다. 이러한 관점에서 모든 것이 동일하다. 즉 각각의 상황과 분야에 따라 달라진다는 것이다. 부분체계들은 '그 자체의 최종적 소실점'으로 발견되며 행동목표, 실제적 행동과 행동연쇄 안에서 자신들의 고유한 분야와 관계를 맺는다. 그런 까닭에 개별적인 기능영역들이 모든 체계들에 연결된 '상징적 의미'를 넘어서 전체적으로 통합된다는 것은 있을 수 없다. 따라서 나세히는 통합이 아니라 차이가 조직적 현실성의 정상 사례로 여겨져야 한다고 주장한다. 구분화는 1차적으로 통합이 아니라 차이를 야기시킨다. 어떻게 구분된 통일체들 사이가 매개될 수 있는지 하는 물음은 중요하지 않다. 오히려 개별적인 부분체계들의 자기 지시가 전체 조직을 위한 어떤 결과를 가져올지를 인식하는 것이 문제시된다.

조직화는 분절적이고 층위적인 조직에서처럼 사회적 연관에 의한 소속성을 넘어서 또는 특정한 계층에서의 구성원을 넘어서 진행되지는 않는다. 개인은 상이한 기능체계의 부분으로서 조직 안에서의 자신의 위치를 발견한다. 예를 들어 개별적인 인간은 경제뿐만 아니라 정치 혹은 법적 영역에서 하나의 역할을, 우호적으로 보면 매 경우마다 다른 역할을 맡게 된다. 조직적인 전체구조 속으로의 개인의 완전한 통합이 있기는 하지만 나세히가 말하듯이 그런 식은 아니다. 나세히의 논제에 따르면 기능적 구분화는 조직을 세분화로 이끌며, 상이한 역할을 교육받아야 하고, 이것을 상이한 부분영역으로 가져와야 하는 사람들의 개체화로 이끈다. 이로써 개인과 조직 간의 새로운 관계가 형성되는데 이것을 나세히는 두번째 저서에서 메타포의 도움으로 이해시키려고 하고 있다.

첫번째 시선에서 집단적 정체성, 전체와의 동일화는 조직 안에서의 개인의 통합으로 여겨진다. 두번째 시선에서 조직의 구조적인 사실들을 근거로 개인들이 자신의 특성을 발견하고 타자의 가능성을 요구할 수 있다는 사실은 기능적으로 구분된 조직의 결정적인 강점으로 인식된다.

조직적인 기능들간의 분리는 한편에서는 현대적인 조직들의 구성능력과 조절능력의 상실을 통해 드러난 문제들에 빠지게 되지만, 다른 한편으로는 –나세히가 표현하듯이– 기능적으로 구분된 조직 안의 개인들에 대한 두번째 시선에서 연역된 '이방성의 시민적 특권'을 산출한다.

공통질문

1 당신은 스스로를 사회이론가나 사회비평가 또는 사회설계가로 생각합니까? 아니면 그저 동시대인이라고 생각합니까?

사회(조직)설계가를 제외한 모든 표지에 동의하고 싶습니다. 설계가의 메타포는 설계가 자신 밖에 있는 생산품을 산출한다는 것을 암시하는데, 그 생산품은 대상이 되고 설계가는 주체가 됩니다. 이에 반해 우리는 −사회학자로서 또는 사회의 다른 참여자로서− 이미 지속적인 참여자와 다르지 않습니다. 이런 의미에서 사회학자도 사회설계가라기보다는 하나의 사회건축물인 셈입니다. 사회이론가 역시 자신이 대상의 산물이며, 비록 모든 사회학이 사회이론으로 동화되지는 않지만 저는 명백히 스스로를 사회이론가로 생각합니다. 사회학적인 개별 관찰들이 자신들의 조직적인 공간지평에서, 그리고 전체 조직구조에 대한 조망에서 관찰될 경우에만 적합하게 이해될 수 있다고 생각하면서 스스로를 사회이론가로 이해하는 것입니다.

그러므로 사회비평가는 저절로 되는 것입니다. 사회비판은 결국에 사회이론적인 태도이며, 그것은 서로 분리될 수 없는 것입니다. 역시 여기서 어떤 이론적 구별들이 우리가 비판이라고 부르는 것을 산출하는지 하는 물음이 제기됩니다. 아마도 결정적인 사회학적인 판단능력은 구별능력이라는 언급만으로 충분할 것입니다. 확실히 비판의 난제는 비판행위 자체가 아니라, 일반적으로 비판의 대상을 발견하는 것에 있다고 할 수 있습니다.

결국 제가 사회구성원인지 아닌지 여부는 다른 이들이 대답해줄 수 있을 것입니다.

2. 우리가 살고 있는 사회는 도대체 어떤 사회입니까?

이 질문에 한 문장으로 대답할 수 있다면 사회학은 필요없을 것입니다. 근대, 탈근대, 현대, 어떤 명칭을 계속해서 발견하든지간에 그 시대적 서술이 있어야 한다면, 그 서술이란 것이 어떤 명백한 서술로 존재하지 않는다는 것입니다. '사회(조직)', 그것은 그런 서술을 둘러싼 투쟁에 대한 암호일지도 모릅니다.

그런 까닭에 사회(조직)는 정상과학적으로 사회학과가 세워지고 이어져왔음에도 불구하고 언제나 불분명하고 논란의 여지가 있는 것입니다. 사회학처럼 자신의 대상들과 복잡하게 얽혀 있는 학문분야는 아마도 없을 것입니다. 학문적 대상이 언제나 그 앞에 긍정적으로가 아니라 단지 (자기)반성적으로 놓여 있습니다. 따라서 개별적 연상들, 제한적 지평들과 질문들만을 포함하면서 '조직'의 문제를 완전히 누락시키는 것은 훨씬 간단한데, 그것은 인식과 대상이 인식론적으로 분리된 것처럼 적어도 꾸며질 수 있기 때문이기도 합니다. 그래서 우리는 인식론적 논의의 중심에 서게 됩니다. 사회학자가 사회를 사회(조직)로 정의하지 않고도 그것이 존재할 수 있을까요? 저는 존재할 수 없다고 생각합니다. 그러한 이유에서 근대는 사회학의 발명이며, 마찬가지로 사회학은 자신을 '사회(조직)로' 관찰하도록 스스로를 강제하는 근대사회의 발명품인 것입니다.

3. 현 사회의 긍정적인 면과 부정적인 면에는 어떤 것이 있습니까?

어디에서 말입니까? 만약 제가 이 질문에 답할 수 있다면, 그 앞선 질문에 대한 저의 대답이 거짓이라고 자책해야 될 것입니다. 어떻든 당신 질문의 의미지평은 저의 앞선 답변들의 지평, 즉 정치적인 것과는 다릅니다. 강·약점에 대해 말하는 사람은 개선 가능성들의 한계

안에서 말하는 것이며, 이것을 생각하는 사람은 언제나 정치적인 것을 함께 생각합니다. 당신의 질문은 사회(조직)개념이 경과되면서 국가를 등장시켰는데, 그것은 역사적으로는 확실히 잘 설명될 수 있으나 적합한 사회개념에는 유해하다는 것을 매우 충분히 보여줍니다. 암호 원문에서, 사회학적인 전공 논의는 역시 사회(조직)개념을 국가개념과 잘 묶는 것 같아서 사회(조직)에 대한 질문은 최종적으로 정치적인 질문으로 나타납니다.

사람들이 이러한 질문에 대답하게 된다면, 도대체 우리 국가의 강점은 모든 것이 안정적으로 유지되고 있으며 헬무트 콜도 유혈 없이 교체될 수 있었다는 것을 의미하는 것입니다. 말하자면 집단적인 결정 승인과 정치적인 갈등조정이 안정적이고 기능적인 제도로 돌아가 준거할 수 있다는 것이지요. 우리가 아마도 동구의 근린관계 안에서 변동국가들에 대한 시선을 통해 비로소 다시금 그렇게 느끼게 되는 하나의 장점인 것입니다. 그렇지만 실제로 근대 사회(조직)구조의 강점이 있다면 그것은 우리가 일상적인 교류 속에서 규범적이고 감정적이며 개인적으로 부가된 강한 상호작용이라는 의미에서의 사교가 아니라 결국에는 낯선 것으로서의 사교에 직면해야 한다는 것입니다. 이 비난받는 냉담함과 거리감은, 그래서 침묵 속에 방치되는 것을 특권으로, 이방성의 시민적 특권으로, 권리로서 승인되도록 합니다.

4. 사회에서 당신의 역할은 무엇입니까?

되묻겠습니다. 어디에서입니까? 당신이 말하는 사회에서 저는 현재 질의받는 자의 역할을 하고 있습니다. 또 다른 질문은, '사회(조직) 안에서 누구나 역할을 맡는다는 것이 실제로 무엇을 의미하는가입니다. 우리는 모든 종류의 역할을 행하며, 그리고 대본을 숙지하는지를 항상 주목하는 감독처럼 우리 자신에 대해 행동하도록 정말로 내몰

럽니다. 그러한 의미에서 우리는 특정한 '세트' 안에서 상호 기대되는 관계와 그러한 의미의 '사회(조직) 안에서' 그 모든 역할을 행하는 것입니다.

5. 사회소설 가운데 어떤 것을 좋아합니까?

만약에 사람들이 사회(조직)소설을 근본적인 사회적 구조형식과 교류형식에 시선을 두거나, 혹은 첫눈에 은폐되고 혹은 불투명한 사회적 메커니즘을 고려하는 것이라고 본다면 저는 가장 먼저 제로스라브 하섹의 『용감한 군인 슈벡의 모험』이라는 소설이 떠오릅니다. 슈벡이란 인물이 나를 사로잡았는데, 사내로서 그가 막강한 군주를 문자 그대로 생각함으로써, 그것을 연기할 수 있기 때문입니다. 슈벡은 관객으로 하여금 '첫번째 시선'은 익숙함이나 자명함에 의존하지 않음으로써 방해받기 때문에 '두번째 시선을' 감행하도록 부단히 강제합니다. 슈벡은 목베임 없이 유일하게 진리를 말해야 하는 광대입니다. 아마도 이것은 학문적인 표준에서 사회학의 역할에 대한 하나의 훌륭한 비유일 것입니다!

6. 당신이 즐기는 게임에는 어떤 것이 있습니까?

조지 허버트 미드는 '연극(운동)'과 '게임'을 구별하였습니다. 눈에 띄는 분류라고 할 수 있습니다. 라벤스버그의 판인 서양장기와 사교놀이 같은 규칙 놀이인 '게임'들이 있습니다. 그것에 관련된 그 어떤 것도 저는 알지 못합니다. 그런 게임들은 이야기의 자유로운 확산을 일반성의 속박 아래 강제로 놓아두려 하기 때문입니다. 오히려 사람들이 어린이들이나 하는 게임으로 생각하고 있고, 저 역시도 기꺼이 따라하는 그런 '연극들'이 있습니다. 그것은 스스로를 놀라게 만들며 그 규칙은 연역적이 아니라 귀납적으로 추론되는 활동입니다. 슈벡이 사회학에 대한 비유라면 '연극'은 아마도 사회학자의 탐구적이거나 개입적이며 동시에 관망적인 활동성에 대한 것이라 할 수 있습니다.

7. 어떤 모임을 좋아합니까?

제 고유한 조직 안에서 저는 안정감을 가집니다. 그러나 이 조직은 항상 이중적으로 생각하도록 우리를 강제하고 있다는 것이 이 조직의 저주입니다. 한 번은 우리가 첫번째 시선에 소박하고 진실하게 보이듯이, 그리고 다른 한번은 두번째 시선에 우리가 어떻게 드러나는지를 반성하듯이 그렇습니다. 이러한 한에서 우리는 지속적으로 특히 우리의 고유한 조직 안에서 존재합니다.

8. 당신이 소속되어 있다고 느끼는 사회집단은 어떤 것입니까?

당신의 질문에는 제가 대답할 수 없는 답을 이미 담고 있는데, 즉 그것은 사회(조직)는 조직집단으로 구성된다는 것입니다. 분명 저는 공식적이든 비공식적이든 모든 종류의 집단에 속해 있습니다. 그렇지만 그것만으로는 조직, 그리고 제 자신에 대해서 아무것도 설명할 수 없다는 것입니다.

9. 당신이 사회적으로 중요하다고 평가하는 사람은 누구입니까?

미안하지만, '조직적 권력'이 무엇을 의미하나요? 이 '권력'이란 분명히 정치, 경제, 예술, 스포츠 등에서 중요한 결과들을 개인적으로 감당해야 하는 책임구성력과 다르지 않습니다. 이런 이유에서 모든 사람들이 그런 '조직적인 권력자'라 할 수 있는데, 조직적 연관 속에 그들의 참여는 단지 개인적인 표지가 아니라 불가피한 사회적 자리매김을 통해 규정되기 때문입니다. 게다가 자신을 고유하고 개별적인 존재로서, 그리고 자신의 행동에 대한 전일적인 주인으로서 규정하는 시도가 여기에 속합니다.

만약에 제가 당신의 질문에 아무런 제약 없이 대답해야 한다면 저에게는 이미 어떤 개인들이나 그들과 연결된 행동좌표가 떠오르는데, 그것들의 '조직적 권력'은 그 점에서 정확히 측정됩니다. 그리고 만약에 제가 인물들을 실제로 명명해야 한다면, 요한 세바스찬 바흐, 파블로 카잘스를 들 수 있습니다. 후자가 연주한 전자의 첼로곡은 사람들에게 모든 사회적인 책임 문제를 단순히 잊게 할 수 있는 그런 '탁월함'을 가지고 있습니다.

10. 당신이 생각하는 이상적 사회는 어떤 사회입니까?

이 질문에 대해서는 정치적인 답변만 할 수 있습니다. 사람들은 아마도 더 나은 국가를 생각할 수 있을지도 모르며, '우리가' –이론 이전의 집단개념으로서– 특정한 방식으로 살아남기 위해서 문화는 어떤 형식들을 발전시켜야 하는지에 대해 숙고할 것입니다. 저는 이 이상적인 조직형식을 기술할 수 없는데, 그 이유는 조직이 포괄적인 사회체계로서 단순하게 정렬될 수 없으며 그것은 이상적인 상에 따르면 더욱더 그렇게 될 수 없기 때문입니다. 어떤 조건들하에서 조직적인 정세(형국)가 형성될 수 있으며 실행력의 상호작용 안에서 구성적인 의도와 실제적인 결과가 서로에게 어떻게 관련되는가 하는 질문은 사회학적으로 흥미로운 것입니다.

11. 당신은 사회를 변화시키고 싶습니까?

그렇습니다. 더불어 그런 긍정적인 고백은 첫번째로 특히 옳고도 기대할 만한 것이며, 두번째로 사회 공학적인 계획쾌감 또는 규범적인 이상향 쾌감의 최적 시기에 대한 질문이 오늘날 다르게 제기된다는 것입니다. 몇십 년 전에는 사회학이 오히려 보수적인 지속과 유지에 반해 존속하는 것으로서 가변성과 우연성을 주장하고 편안한 활동을 위해 지명되어진 심급이었다면, 오늘날 그것은 차라리 사물들이 ―우리가 원하든 원하지 않든― 단적으로 변한다는 사실을 보여주는 재촉자인 것 같습니다.

12. 미래사회는 어떤 모습이 될 것 같습니까?

그것은 아무도 알 수 없습니다. 저는 감히 그에 관한 어떠한 예측도 하고 싶지 않고 단지 최대한의 두려움을 표할 수밖에 없습니다. 예를 들어 민족국가가 자신의 고유한 한계를 활동자원으로 인식하는데 성공하지 못한다면, 저는 우리의 세계화 과정이 사실적으로 19세기 유럽에서의 종족주의로 돌아갈까 두렵습니다. 우리가 19세기 민족국가체제의 농촌적 목가생활을 현혹시켰던 낡은 정치수단을 통해 급변하는 국제사회 속의 새로운 문제를 해결하려는 데에서 저는 또 다른 두려움을 봅니다.

인터뷰

우리가 사회(조직)에 관해 언급할 수 있기 위해서 어떤 전제들이 주어져야 합니까?

사회학자들이 조직에 대해 언급할 때 무엇을 염두에 두는지를 되묻는 것이 더 흥미롭게 보입니다. 그들의 질문은 조직개념의 이론 기술적인 지평을 측정하려는 것입니다. 제가 바로 본 것이라면 두 개의 변수들이 서로 마주 서 있습니다. 그 하나는 어떤 공통적인 가치지평, 규범적인 질서와 문화적으로 봉합된 일치, 즉 조직 각 부분간의 상호작용적인 제한과 협조에 조직가능성이라는 조건을 연결하는 모델이며, 다른 하나는 매우 저급하게 착수하여 일치나 규범적 질서와 함께 시작하지 않고 오히려 '조직'개념을 가지고 모든 사회적 결과 전체를 있는 그대로 특징짓는 모델입니다. 그래서 첫번째의 조직개념은 상식적 동의가 위협될 때에 규칙심급과 제재심급 간의 분리에 구성원들간의 상관적 일치, 그리고 사교성에 조직성을 결합하는 것이라면, 두번째 조직개념은 이러한 모든 것을 배제하지 않으면서 다만 조직적 질서형성의 가능한 변수로서 관찰하는 것입니다. 제 자신은 분명하게 두번째 변수로 기우는데, 그것은 첫번째 변수가 전통적인 모델인 민족국가적으로 통일하는 사회에 의존하는데, 그 사회의 완전성과 문제없는 자족성—탈콧 파슨스의 개념—은 오늘날의 국제사회적 현실성에 더 이상 부응하지 못하기 때문입니다. 고전적이고 산업사회적인 근대성의 세 가지 전제들은 —문화적 순수성, 분배 갈등의 (민족)국가적으로 조절된 타협, 그리고 배출과 유입의 경계의 명확성— 더 이상 명료하게 전제될 수 없으며, 그것들은 오늘날 우리가 변혁으로서 경험하는 그 해체의 근원을 상징화하고 있는 것 같습니다.

당신은 사회(조직)와 민족국가 간의 연관을 어떻게 보십니까?

우리가 일반적으로 세계가 아니라 사회에 관해 말한다는 것, 인간의 사교형식들은 단지 전통 위에 의존하지 않는 확신과 함께 늘 구체적인 현실에서 형성 가능하다고 설명한다는 것은 역사적인 정세로서 즉각적으로 민족국가의 출현과 연관되어 있습니다. 민족국가는 존재의 자연발생적인 전통에 위배되는 심급일 뿐만 아니라, 근대화과정의 위기들을 정치적으로 통제함으로써 그것들에 대처하는 수단이었습니다. 최종적으로 민족국가는 근대화과정에서 근대성의 상충하는 계기들을 통일하고 경제적, 법적, 정치적, 문화적, 심지어 학문적인 것의 민족적 변수들로서 그것들을 서로 연결하기 위해서 고려된 것이었고 현재도 그렇습니다. 안정적 민족국가는 확실히 근대성의 자기서술의 맹목적 결점인데, 이 점은 사회학의 전통적인 논의 속에서 사회와 국가 또는 민족개념이 서로 활발히 침투해간다는 사실에서 인식될 수 있을 것입니다.

만약에 근대의 이 부분적 시기가 충분히 완결되지 않을 경우에, 적어도 유연성이 현저히 상실된다고 주장하지만, 이것은 결코 과장이 아닙니다. 적합한 사회학적인 조직개념에 관한 결론은 어쨌든 명백합니다. 즉 (민족)국가와 사회의 동일성은 일종의 신화인데, 이것과 사회학 자체는 지난 세기에 얽혀졌으며, 능동적 사회형성의 반성이론이라는 고유한 성과의 대부분은 그로 인한 것입니다. 지체는 되더라도 글로벌화의 결과와 기능적 관점들의 표류와 함께, 그 동일성의 주장은 경험적 자명성과 동시에 이론적 타당성도 잃게 됩니다. 이 점이 제가 방금 기술했던 사회(조직)개념에 대해서도 역시 일관성을 갖는다는 것은 분명한 듯 합니다. 그 개념은 사회의 가능성 조건으로서 그 규범적 일치와 안정적 외부경계를 평가하는 개념인 것입니다.

당신은 사회(조직)개념이 그동안 변했다고 믿습니까?

전문용어의 견고성(타성)은 때로는 그 대상들의 견고성보다 강합니다. 적지 않은 남녀 사회학자들은 사회학적인 인물들 중에 비밀스런 파슨스주의적 의미에서 —내 첫번째 정의에서— 항상 사회개념을 사용하고 있습니다. 근대의 연속성에 놓여 있지만, 동시에 확실한 연속성을 깨뜨리는 단절들을 '반성적 근대화'와 '글로벌화'의 기업광고 아래에서 주목하게 한 논의가 때때로 열립니다. —바로 독일에서는 비판이론의 암시에 잘 길들여진 도덕적인 지식인들의 주도권에 의해 대단히 비난받는— 탈근대는 후기구조주의적 도발들과 영미적인 '문화연구들'과 마찬가지로 이런 방향을 지시하고 있고, 나 역시 사회학적 체계이론이 여기서 특별한 잠재력을 소유하고 있다고 생각하는데, 그것은 이 이론이 자신의 많은 출발점들에서 몇 년 전까지도 여전히 불가침적이었던 사회학의 '고전적인' 근대 기본명제들로부터 강하게 벗어나기 때문입니다. 기본명제란 구별화에 앞선 일치 또는 사회적 역학의 근원으로서 행위자들의 지향성(의도성)입니다.

그렇다면 누가 이 사회(조직)에서 행위자입니까?

우리가 지향적인 행위에 대해 언급한다면 —저는 역시 사회학을 생각합니다— 매우 소박한 것을 공포하는 것이라는 사실은 내게는 흥미롭습니다. 그리고 행위이론에서 행위의 상호작용의 역학은 행위자의 의도보다는 그 작용성에 더 의존하고 있다는 점이 부분적으로 알려졌지만, 사회학에서 지향적 행위의 자명함이 여전히 근본모델로서 타당하다는 것도 놀랍습니다.

행위의 결과들이 구체적인 인간행위로 소급될 수 없는 사회에서, 사람들이 어떤 '장치들(제도)'에서 혹은 사회적 공간에서 어떻게 행동하는가 하는 물음은 매우 관심을 끕니다. 아무리 결과들을 '행위'로서 여기는 해석이 사회적인 구성과정이라 하더라도, 행위로의 소급이 얼마나 우연히 발생하는가를 보는 것은 더욱더 흥미롭습니다.

후자의 사실은 많은 사회학자들에게도 역시 상식으로 여겨질 수만은 없는 것처럼 보입니다. 그런데 고유한 전문영역의 전통에 대한 일별로도 다음의 사실이 확정되기에 이미 충분했을 것 같습니다. 즉 의도적이고 개별적으로 우리에게 귀속될 수 있는 것으로 일상적 시선에 드러나는 행위형세들을 기술할 때, 개별적 태도성향들이 초개인적 구조들의 작용으로서, 불투명한 연루와 착종의 결과로서, 더구나 중요하게는 모든 의도적인 주장들에 속한 존재구속성의 표현으로서 나타난다는 식으로 그 행위형세들을 낯설게 기술하게 된다면, 항상 사회학의 최고 성과들이 발생하게 될 것입니다.

소박한 행위개념에는 행위자가 행위의 결과를 조정할 수 있다는 뜻이 함축되어 있는데 사회학이 자신의 대상들을 개별적으로 조절할 수 없는 (행위)결과로 이뤄진 현상이라고 여기는 데서 긴장하기 시작합니다. 사람들은 그것을 정보 제어적으로 표현할 수 있는데, 조정자와 피조정자는 상호 조절되며, 동시적이나 인과적이지는 않습니다!

그런데 사회(조직)는 구체적이고도 의도된 활동을 실행할 수 있습니다. 많은 결과들이 예견되지 않는다 하더라도 말입니다.

만약 당신이 첫째, '사회(조직)'는 단지 집단적인 행위자를(대개는 국가를 의미합니다) 위한 암호로서만 기여한다는 제한을 받아들이고, 둘째, 의도들은 실증적으로 놓여진 것이 아니라, 귀속의 결과이며 철저히 논쟁적·갈등적으로 책임지는 것이라고 생각한다면 맞는 말일 것입니다.

민족국가는 역시 낙후된 모델이 아닌가요?

조직화된 정치의 대부분은 국가적 차원의 행위자 정세의 테두리 안에서 움직이기 때문에, 민족국가가 낙후된 모델이라고 할 수는 없습니다. 그러나 만약 민족국가가 이론적으로 '사회(조직)'를 위한 암호임을 자인하게 된다면 낙후된 모델이 되는 것입니다.

국가성은 항상 영토적 경계와 세력권역을 합법화하는 문제를 지녀왔습니다. 그래서 현재의 국가들은 사회화과정들의 탈전통화에 대립해 있는 것처럼 보입니다. 그 국가들은 자신들의 초점을 잃어가고 있습니다. 즉 그런 공통적으로 분배된 문화, 또한 아마도 공유된 세계는 물론 간단하게 발생한 것이 아니라 지성인들, 즉 문학가, 철학자와 사회학자에 의해 발명되어진 것입니다. 근대에서 국민과 전통의 발명은 집단적 동질성의 운반수단입니다. 19세기의 민족주의운동은 근대화의 결과들을 보상하고, 점점 기능적으로 세분화된 사회에 위장된 통일성을 제공한다는 의미를 지녔습니다. 오늘날의 글로벌화와 산업화과정 속에서 질문으로 되돌아가면, 우리는 이러한 국가적인 위장 독점의 상실에 직면한 것으로 보입니다. 그것은 국가적 외부경계의 합법성이 세력권에 대한 합법성과 다르지 않으며 더 이상 자명하지 않다는 결론을 내리게 합니다.

당신은 통합위장을 어떻게 이해하고 계십니까?

집단적인 통일체들은 결코 존재론적인 사실이 아니라, 항상 논증적 투쟁들의 결과입니다. 분명히 민족들은 근대에서 사회적으로 효력 있는 집단적 통일체의 형식인 것입니다. 민족들은, 상응하는 가치들로, 즉 예를 들어 문학, 역사기록, 건국신화와 공통적인 특성표지의 발명, 더구나 중요하게도 탁월성과 특수한 역사적 사명의 신화로,

갖추어진 의미론적 형식을 통해서 위장되는 그런 문화적 동질성과 집단적 의사소통 가능성의 문화 정치적 산출 결과인 것입니다. 오늘날 우리는 이러한 통합위장이 얼마나 전략적인 정책인지를 발칸에서 관찰할 수 있습니다. 19세기에 유럽 전체에서와 같은 과정이 거기에서 진행되고 있습니다. 자연스럽게 신앙 고백적(종파)이거나 종교적인 경계와 연결되어지는 인종적·민족적인 소속감을 넘어서, 정치적으로 결행할 수 있기 위해 민족들을 가공하려는 일이 시도됩니다. 거기에서 종교 내지 종파는 단지 문화적인 양식을 위한 채석장, 의미론적 대용창고입니다. 사람들은 종교적 암호들을 사용하는데, 그것들이 분리되어 있기 때문입니다. 사람들은 자신을 다른 사람들로부터 구별하기 위해 이러한 분리도를 사용합니다. 적군이 없다면, 집단적 통일성을 주장하는 것은 매우 어렵다고 보입니다. 이것은 –말하기조차 무섭지만– 거의 틀림없이 사회학적인 근본명제입니다.

당신은 현대 사회(조직)를 기능상 분화된 것으로 서술하고 있습니다. 이것은 조직의 응집력 상실을 의미하는 것입니까?

'기능적인 분화'의 개념은 탈콧 파슨스로부터 나온 것이며, 사회적인 부분영역들은 서로 떨어져 있다는 매우 오래된 사회학적인 인식과 다르지 않음을 우선적으로 뜻합니다. 일례로 경제는, 마치 정치적 행동양식이 도덕적 물음과 독립적이거나 학문적 진리가 순수 고유 법칙적이고 자기 연관적인 근거를 부당하게 피하듯이, 마찬가지로 종교적으로 무관해집니다. 그렇다면 이러한 사회적 부분영역들이 분열된 후에 서로간에 어떤 관계를 맺는지에 관한 이론적 물음이 제기됩니다. 기능적 분화는 결국 사회의 부분들이 서로 관계하지 않는 것이 아니라, 오히려 그들이 긴장관계에 놓인다는 것을 뜻합니다. 그러나 상이한 활동 분야들로의 분열이라는 –사회학에서 전반적으로 논쟁의 여지가 없는— 진단이 곧바로 그것들의 (규범적인) 통합으로 연결되어야 하는지 여부는 이론적으로 또는 더 나은 이론 기술적으로 결정적인 질문인 것입니다. 파슨스는 자신의 사회이론 범위 내에서 정확히 이런 길을 가면서도 더불어 자신의 이론 패러다임을 넘어서는 교육을 받은 반면에, 니클라스 루만은 통일성이 아니라 차이성에서 시작하는 다른 변수를 제시하고 있습니다. 저는 이 두번째 설명이 납득할 만하다고 여기는데, 왜냐하면 그것은 훨씬 솔직한 것이며 동시에 생각될 만한 사례들에 대한 이론적인 모사가능성을 현저히 높여주기 때문입니다. 저는 좀더 경험적 증거들에 대해 언급하겠습니다.

안정적인 민족국가 시기는 파슨스의 모델로도 충분한 것 같습니다. 이러한 시기에 사회적인 부분 영역들이 국유화됨으로써 그것들을 제어하는 데 성공할 수 있었습니다. 경제를 사회국가적으로 제어하고 법치국가적인 자족경제를 구축하며 예술적이고 문화적인 전통을 민족국가와 관련 맺게 하는 일 등이 성취된 것입니다.

이러한 배경에서 볼 때 기능적으로 분화된 (세계-)사회의 현재의 위기는 실제로 조직 자체와 조직의 내구성을 위협하는 것으로 여겨질 텐데, 그 이유는 민족국가적인 문맥에서조차 공유된 가치의 자명성뿐 아니라, 그것의 통합적 힘이 사라지는 것 같기 때문입니다.

그러나 저는 역시 한 걸음을 더 나가고 싶습니다. 기능적인 분화의 위기적 잠재성은 바로 그러한 분화의 성과 속에 존속합니다. 근대 초기단계에서 전통적인 사회적 중앙합법성으로부터 기능적인 사회적 부분체계들로의 분열이 가능성들과 행동선택들의 역사적으로 유일한 기하급수적 증가와 거대한 모색을 보장하는 것입니다. 그렇지만 오늘날에는 바로 기능적 부분체계들의 반발적 전개가 근대사회에 대한 최고의 위기로 발전하게 된 결과가 되는데, 왜냐하면 관철된 기능적인 분화와 함께, 언제나 사회의 부분체계들이 그것에 의해서든 그것을 위해서든 정돈될 수 있는 그런 사회학적 공간을 떠올리는 것이 생각될 수 없기 때문입니다. 만약에 사람들이 통합을, 전체의 다양한 부분들이 전체를 위해 제한되고 이로써 서로간에 조율되는 것으로 이해한다면, 바로 이것이 해체를 근대적 사회화의 정상적 경우로 만드는 것입니다. 상호제한에서 단순한 상호자극으로의 이행에 관한 루만의 사상은 이에 대한 적절한 메타포입니다.

그렇다면 기능분화사회(조직)의 위기들이 어떻게 극복될 수 있는지요?

위험잠재성은 바로 선택지의 증가에 놓여 있습니다. 막스 베버가 근대 안에 구조적으로 내재돼 있다고 생각했던 그 '불화감'을 이론적으로 역시 인정하지 않기 위해서는, 사회의 조화주의적인 모델로부터 벗어나야 합니다. 오히려 문제를 함께 해결하려면 모든 긍정적인 사람들만이 착석해야 한다는 현형적(멘델의 유전학에서 나온 용어로 교배로 나타난 유전형질의 표현형태이다—옮긴이) 신화를 가지고는, 현대 국제사회의 문제들이 곧바로 무해해질 수 있다고 저는 생각합니다.

글로벌화를 통해 기회들이 생겨나지 않는지요? 인류는 민족적 경계들이 무너지고 전지구적 교류가 가능해지는 역사적 시점에 도달하지 않았는지요?

물론이죠! 마치 고전적인 민족국가가 진정으로 고양된 사회화의 모델인 것처럼, 그렇게 오늘날 많은 것들이 작용합니다. 19세기 이후로 이러한 '황금시기'가 바로 '시골풍의 전원시'로서 우리에게 등장한 것은 사회적 자기기록에 관한 부분적 망각에서 초래된 결과입니다. 지난 세기의 파국과 문명적 상실 또한 유럽 문화의 오만과 대륙 전체의 식민적 예속은, 확실히 산업사회적 근대의 고전적 모델에 있어 중요치 않았거나, 무관했을지 모를 어떤 것은 아닙니다. 문명적 교류양식들과 갈등해결전략의 얼음판이 실제로 얼마나 얇은지가 이

제야 드러났습니다. 이러한 한에서 근대성에 관한 현재의 사회 이론적 논쟁과 이론은 적어도 우리 세기의 근대적 파국들에 의해서 동요되는 것 같지는 않습니다. 그런 파국들 중에서 독일의 사례는 근대성에 내재하고 있는 경향성의 극단적 변형을 보여주고 있습니다. 여기서 우리는 수용과 사유를 엄청나게 차단하는 것들과 투쟁해야 하는데, 이것들은 무엇보다도 과거 극복을 얄팍하게, 그리고 거짓되게 승인하도록 이끌던 것들입니다. 적어도 이 주제에 관련해, 초기 비판이론의 다수의 텍스트를 인식론적이고 사회학적인 표준의 현재적 입장으로 안내하는 다시 읽기가 합당한 것 같습니다.

근대의 지나온 발전과 단절된다면, 글로벌화 과정들은 역시 확실하게 가능성들과 기회들을 제공하게 됩니다. 전지구적 국제사회가 경계를 상실하고 민족들을 연결하는 국경통과로 이끈다는 사실은 제겐 자기위안에 이바지하는 것으로 보입니다. 전지구적 국제사회도 명백한 경계가 있습니다. 도처에서 저는 경계들을 봅니다. 유럽 비자를 갖지 못한 사람 누구에게나 독일 여행은 그 자체만으로도 극적인 사건입니다. 글로벌화된 근대성은 경계가 더 이상 없다는 것이 아니라, 경계들이 여전히 극도로 불안정해진다는 것을 의미하는데, 그것은 경계들이 이제 결코 '자연스럽게' 주장될 수 없을 뿐 아니라, 그 우연성이 명백해지는 그런 사회적인 경계설정 과정의 결과로서 나타나기 때문입니다. 그 결과를 현실성과 아무런 연관없이 단순한 이론적 연역으로서 여기는 자는, 국적권에서 경계설정 논쟁들만을 관찰하는 것 같습니다.

그것은 영토 경계에서뿐만 아니라, 다른 것에 대해서도 타당합니다. 즉 폭발하기 시작한 문화와 자연 간의 차이, 성적차이 또는 인간조건의 유전적 변이에서의 경계전이가 그것입니다.

글로벌화된 근대에서 분화된 사회(조직)는 어디로 향하고 있는지요?

분화의 문제들은 분화를 통해 해결되었고 해결돼가고 있습니다. 이것이 원리적으로 사회민주적인 모델인 것입니다. 즉 위원회가 할 수 없는 것을 하부위원회가 할 수 있듯이, 그것은 무엇보다도 민족국가적으로 조직화된 사회 속에서 기능해왔습니다. 이제 분화의 문제들을 분화를 통해 해결하는 것은 점점 어려워지고 있습니다. 예측을 감행하는 것은 물론 매우 어렵습니다.

우리가 서로에게 낯설게 머물 수 있다는 것을 저는 기능분화사회의 강점으로 여깁니다. 진부한 일상에서와 마찬가지로, 강력한 군대의 다원주의적인 놀이에 완전히 내맡기지 않기 위해 사물물음과 인격물음을 구분해야 하는 정치적 문화에서도 우리가 서로간에 가만히 내버려두는 것은 정말로 필수적입니다.

기능적인 부분체계들간의 길들여진 상호성이 사라지고, 그래서 우리가 특정한 생활세계들 안에서 탈분화과정이 생겨난다는 인상을 갖게된다는 점에서 심화되는 위험을 보게 됩니다. 저는 또한 이 사회가 자신의 익숙해진 형태를 상실한다는 점에서 위험을 보고 있습니다. 새로운 형태가 형성될지에 대해서는 잘 모르겠습니다. 어쨌든 기능적 부분체계들의 선택지의 급진적인 증가와 그것의 비통합성은 거주가능성의 익숙한 형식을 사라지게 합니다. 기능적 분화 자체는, 침묵 속에 내버려두는 그런 시민적 특권이 계속해서 확고한 지반을 얻게 되는 문명적 삶의 형식들을 이미 배려한 것입니다. 그런 특권은 이러한 분화 모델의 완전한 성취와 더불어 사라질 것 같습니다.

그 어떤 심급들이 이해조정을 실제로 관철할 수 있게 도울 수 있을지의 문제와 재차 씨름해야만 하는 정치적으로 적극적인 사회학자들의 해결책들이 존재하고 있습니다. 그런 제안들은, 윤리와 도덕철학과 함께 구조적으로 유사한 문제와 마주선 것으로 보입니다. 바르고 적절한 태도를 위한 표준들을 형식화하고 그것들을 다소 구속력 있게 근거짓는 것이 하나의 일입니다. 사람들이 왜 대체로 도덕적으로 행동해야 하는지에 대한 근거들을 발견하는 것은 또 다른 일일 것입니다. 우회적으로 말하자면 그것이 의미하는 바는 이해조정을 혹은 상호적 제한들을 일으키는 집단적 해결을 위한 동기부여가 어떻게 산출되는지 하는 것입니다. 호의적인 사람들에게 촉구함조차 없이도 정치적인 제안들이 어떻게 만들어질 수 있는지요?

개인의 사회(조직)와의 일체화가 없어졌나요?

일체화는 대립을, 최종적으로 하나의 지평을, 일체화의 배경을 필요로 합니다. 개인과 사회 간의 일치를 통해 일체화 또는 정체성을 이루는 것이 대부분의 전통적 사회형식들의 특징인데, 일체화가 이렇게 수월히 이뤄지지 않는다면, 결국에 문제가 된다는 것은 이미 잘 알려진 사실입니다. 근대의 경쟁적인 계기들간의 정치적 통합으로 출현한 민족국가적 변형체는 —앞서 언급된 것을 형식화한 것인데— 근대의 분화된 사회구조와 결국에는 모순되는 그런 정체성이면서 동시에 일체화의 배경인 것처럼 자신을 꾸미도록 작동하였습니다. 이미 사회학적인 분화이론의 출발에 있어 에밀 뒤르켐에게서 연대성, 사회윤리적 상호성과 사회 전반적 정체성이 문제된다는 것을 사람들은 인식하게 되었습니다. 유감스럽게도 이러한 빈자리를 잠시 은폐하게 만드는 사회적인 것의 민족화라는 숙명적 논리만이, 부분적으로는 인종적·종파적인 요소들로 풍부해지면서 성취되었습니다. 특수한 시민과 보편적으로 생각된 인간 간의 분열, 그것은 프랑스 혁명 이래로 유럽 문화가 치유할 수 없는 상처가 됩니다. 그래서 우리는 이미 임시적인 치료형식에 만족하고 있는 것 같습니다.

이와 연관해 저는 공동체성과 정체성이란 항목에서 오해가 있음을 지적하고 싶습니다. 영국인과 미국인이 '단체(community)'라고 말할 경우에, 당신은 대개 독일의 '공동체(Gemeinschaft)'와는 다르다고 생각할 것입니다. 단체는 독일의 공동체개념이 암시하는 그런 희미한 소속성을 의미하지 않습니다. 정치적 단체의 전통은 합리적 수준에서 부분적인 이해조정을 기록해놓았습니다. 그러나 흥미로운 것은, 그 사이에 영미의 공산주의 논쟁의 일부에서는 독일의 공동체개념에 매우 근접하고 있다는 것입니다. 그런데 거기서는 연대적 자기제약의 합법화와 실행이라는 사회적인 구조들과 심급들이 사라졌다고 보기 때문에, 무기 종류가 변경됩니다. 즉 사회학적인 조직진단의 날카로운 칼에서 미덕 목록의 몽둥이로 변경되는 것입니다. 그것은 공개선서와 같습니다.

제 이상향은 이해조정의 문명화된 형식들을 발견하고 전통적인 정체성의 함정 속을 헤매지 않는 것에서 이뤄집니다. 사회학적으로 볼 때, 저는 이러한 문제에 대한 선험철학적이고 합법적인 해결은 어떻든 완전히 좌절된 것이라 여깁니다.

이제 이러한 딜레마로부터 어떻게 벗어날 것인가요? 우리가 찾고 있는 것이 정치적 연대성 내지는 합리적 이해조정을 강제하려는 그런 정치적 해결들인가요, 아니면 사회적 연대를 추구하고 있는 것인가요?

이 질문에 답하기 전에 먼저 저는 사회적 문제들을 단지 공동체 지평과 탈개인화 전략을 동원해 해결하려는 것에 대해 경고하는 바입니다. 근대의 역사 속에서 모든 역사적인 모범들은 파국적으로 끝났습니다. 그것들은 명백히 민족적이었거나 또는 -동유럽 모델의 경우에서처럼- 겉으로는 민족적이며 반근대적 집단이었습니다. 우리는 다른 방도를 찾아 원하는 해결책이 대체로 어떤 종류인지를 밝혀내야 합니다.

이러한 방향으로 울리히 벡은 시민운동의 모델을 통해 걸음을 내디뎠는데, 그 모델의 독창성은 아마도 해결책 자체에서가 아니라, 시장경제적인 근대의 단순한 균일화를 문제시하는 데에서 드러났습니다. (생업적) 노동을 하는 자만이 역시 먹어야 합니다! 그런 모델은 관찰자에게 두번째 시선, 익숙하지 않은 관점을 제공합니다. 이것이 아마도 익숙함을 파괴하는 그런 두번째 시선을 사회에 제공하는 사회학의 최우선 과제입니다.

근대의 전통은 노동시장 또는 그것의 국가적 대체시장 안으로의 포섭에 대해서 사회적 구성원성을 규제합니다. 이것은 소위 첫번째 시선입니다. 역시 독일의 적·녹색 연정에게는 이제까지 어떤 다른 것이 생각나지 않았습니다. 벡은 이제 생계노동의 새로운 구조를 찾으려 이것을 넘어섭니다. 그는 다른 가능성들은 없는지 묻고 있습니다. 그리고 그는 인간이 역시 지속적으로 생계능력에 대해서 스스로를 정의해야 하는 것을 문제삼습니다. 벡의 문제는 무엇보다도 실패한 동기부여 모델입니다.

결국에는 시민운동이 기능하지 않으리라고 생각하시는군요?

그렇습니다. 벡은, 제가 긍정적으로 보고 있는 것, 운동 이상의 일체화를 비판하고 있습니다. 그는 역습을 취하면서 일체화 이상의 운동을 요청합니다. 이런 모델 전체는 완전히 특정한 형식의 시민성과 그런 일체화가 등장할 경우에는 작동할 수 있습니다. 어쨌든 이러한 시민성은 사람들이 언제가 한번은 형성했을지도 모릅니다. 그러나 시민성은, 의사소통적 이성의 복잡한 이론들에도 불구하고, 우리의 국가적 공공성에서 특별히 취약한 자원입니다. 이것이 실제로는, 사람들에게 어떤 식으로든 생계안전, 일대기적인 관점에서의 현세적인 안전을 보장할 경우에만 작동합니다. 내적 동기 자체로서 시민성은 거의 의미 없으며, 그래서 이러한 논거 역시 실망스럽습니다.

기능분화사회(조직) 안에서 더 이상의 연대성은 없군요?

이 질문은 순전히 부정적인 배경음을 지니나, 보는 방식에 좌우됩니다. 우리가 거부하려 하지 않는 현대적 삶의 모든 속성인, 시민적 자유, 예를 들면 성적 방향성의 자유, 신앙 불신앙의 자유, 불일치하는 삶의 계획의 자유, 푸코가 말하려 했듯이 '고백동물'이지 않으려는 자유, 경찰국가에서 살지 않으려는 자유 등은 현대의 문화적 성과인데, 저는 이것이 기능적으로 연대적 잠재성의 축소와 연결되어 있다는 것을 주장하였습니다.

니클라스 루만은 일찍이 '시골풍 공동생활의 테러'라는 적절한 개념을 정식화하였습니다. 시골풍 공동생활의 테러는 공산주의자적 테러입니다. 정치적 스펙트럼의 우파에서뿐만 아니라 좌파에서도, 공동체적인 해결을 추구했던 자는 바로 이러한 함정 속에서 헤매게 되었습니다. 이러한 사회형식들에는 문화적 자유가 결여되어 있습니다.

모든 구조적 문제들 이외에 우리가 해결해야 할 최대의 문제는 생계안전을 보장하는 것입니다. 그동안 저는 우리가 자본주의를 방치하고 있다고 주장하고 싶었습니다. 저는 다음의 내용을 확실히 체계이론적으로 말하겠습니다. 생활방식들이 실제적으로 어떠한가를 고려하지 않는 그런 경제의 자가발생은 경제적 에너지의 순수한 방치현상입니다. 거기에는 커다란 위험과 동시에 기회가 있는데, 왜냐하면 독립적 경제의 이러한 형식, 비인격적인 자본순환 등은 우리에게 이방성의 시민적 특권을 가능케 하나 연대성이란 자원을 쇠약케 합니다.

사회학자며 공산주의자인 아미타이 에치오니는 단호하게 하나를 다른 하나 앞에 내세우지 않고 개별성과 사회성 간의 균형에 대해 언급하였습니다.

제가 제 자신의 노력들을 전체의 빛 아래서 보게 된다면, 이른바 균형이 이루어집니다. 그런데 이것은 문화적 근대에서 최고도로 낯선 시선방식입니다. 이로써 제가 말하려는 것은 다음과 같습니다. 공산주의는 자신이 관철하려는 것, 즉 사회 도덕적 결합을 전제하고 있는데, 그것은 적응과 일탈 간의 아주 미묘한 경계를 긋는 것입니다. 저는 이런 모델이 실패할 뿐만 아니라 정치적으로도 위험하다고 여깁니다.

인종적·민족적인 사회화는 개인화와 글로벌화를 통해 방해받을까요? 아니면 조장될까요?

사회화는 개인화와 글로벌화를 통해 발생합니다. 근대는 소속성이라는 전통적 정체성 모델이 타당성을 잃었던 것에 대한 보상을 산출해냈습니다. 민족적·인종적·종교적인 공동체들은 근대화 결과에 대한 보상적인 대답인 것입니다. 이러한 한에서 글로벌화 과정이 문화적인 특수화 과정들과 함께 나타난다는 것은 놀랄 일이 아닙니다. 단일인종들은 의사소통적으로 산출되며, 집단적인 일체화의 배경으로서 스스로를 양식화하고 있습니다.

그런 새로운 집단이 생성될 수 있기 위해 어떤 공통분모가, 즉 언어, 종교, 피부색이 필요한가요? 독일 통일에서는 어떠했는지요? 여기서는 두 개의 집단이 하나로 형성되었습니다.

독일 통일의 유일한 논리는 인종적인 것이었고, 이것이 국민적 논거였습니다. 인종적인 것은 유착하면서 함께 귀속합니다. 이러한 논거가 공개적으로 논의되지 않았다는 것이 사회학적으로 흥미롭습니다. 독일이 통일을 이룬다는 것이 왜 필연적인지, 이런 물음조차 제기되지 않았습니다. 이로써 우리가 다른 해결에 이르렀어야 했다고 말하려는 것은 아닙니다. 사람들이 말해서는 안 될 것은 언제나 사회학적으로 흥미롭습니다.

우리는 민족국가의 두 모델, 즉 인종적으로 단일한 국가민족(volk)과 정치적 국가(nation)를 가지고 있습니다. 사람들은 전자를 후자보다 더 문제 있게 여기는 것을 너무 간단하게 받아들입니다. 갈등의 인종화는 두 쪽에서 관찰됩니다. 미국에서 정치적 논쟁의 종족의식화를 생각해보십시오. '이슬람 국가', '흑인 파워', '아시아인', '아프리카인' 등이 바로 그것입니다. 여기서 자기귀속과 타인귀속 간의 교환놀이에서 집단이 산출되는데, 그들은 소속강압에 순응하지 않는 정치적 논거가 더 이상 가능하지 않도록 만듭니다. 이것이 정치적 문화뿐만 아니라 상호적인 타자성의 근본원칙에 관한 급진적인 탈문명화인 것입니다.

사람들은 어떻게 사회의 주변부에 있는 집단들이 자신의 권리를 갖도록 도울 수 있는지요?

'주변'집단이라는 모습은 사회적·국가적인 단일체들이 사실상 (문화적) 중심을 또는 정상적인 생활의 형식을 향해 방향을 잡기 시작했던 시기로부터 실제로 형성되었습니다. 주변이란 모습은 이탈을 암호화하고 저급한 권한을 의미합니다. 그런 낮은 권한의 집단들은 물론 두번째 시선에 있어서 다른 집단보다는 더 강하게 사회화된 것으로 나타나는데, 그것은 그들이 더 명백하게 사회적이고도 국가적인 제약에 내맡겨졌기 때문입니다. 그러한 한에서 범죄적이고 병리적인 그 집단들은 완전한 통합을 경험하는 유일한 집단들인 것입니다. 즉 조정, 구금, 사역 또는 −아틀라스 저편에− 완전한 제거를 통한 경험인 것입니다.

더 넓은 측면에서 다음과 같습니다. 집단들이 단순히 존재한 것이 아니라 귀속화 과정의 결과라는 사실은 바로 숙명적인 사회 메커니즘의 하나입니다. 제3세대의 이주자들은 자기생존의 모든 연결 안에서 —가령 터키 이주자— 어떤 집단에, 즉 결코 안정된 공통성을 소유하지 못하고 단적으로 귀속관습에 의거하는 그런 집단에 귀속되었기 때문에, 이방성의 특권을 요구한 것이 여전히 그들에게서조차 얼마나 미비하게 성취되는지에 대해 생각해보십시오. 성별의 탈주제화를 결코 허락하지 않은 성별의 구성에 대한 유사한 메커니즘들이 담론 분석적으로 밝혀졌는데, 그래서 이런 몰락 속으로 사악한 가부장주의자뿐만 아니라 긍정적인 여성주의자들도 빠져드는 것입니다.

당신의 말처럼 사람들이 더 이상 문화를 가시화하지 않는다면, 가변문화사회의 구상도, 그리고 상이한 문화들이 함께 존재하는 그런 다문화사회 구상도 빈약해지는 것인가요?

그렇긴 하지만, 그것이 추정되듯 그렇게 간단치 않습니다. 저는 문화적 정체성을 거스른 어떤 것도 언급하지 않겠습니다. 제가 독일인으로서 나를 동일시하고 독일적으로 생각한다는 사실에 거스른 어떤 것도 말해서는 안 됩니다. 그동안 다문화주의 논쟁은 두번째 시선을 실행할 것을 가르쳤습니다. 우리가 다문화성에 관해 말할 때에 우리는 실제로 우선 문화가 참으로 무엇을 의미하는지를 물어야 합니다. 우리는 '다양성'에 대해 항상 흥미를 갖지만, 다원'문화적'인 것이 무엇인지에 관해서는 별로 흥미가 없습니다. 이러한 맥락에서 문화개념은 인종 혹은 민족성과 같은 의미를 지닙니다. 모든 문화가 고유정체성, 고유한 언어, 고유한 교육, 고유한 전통, 고유한 역사서들에 대한 권리를 가지는 다문화사회를 형성하려 한다면, 우리는 갈등들은 피할 수 없을지도 모릅니다. 저는 참으로 자유로운 사회는 이방성의 시민적 특권을 부여한다고 반복해서 말하였습니다.

집단들이 서로 구별된다는 의미에서의 다문화성은 근대성에 경쟁하는 계기들의 근대성에 반대하면서도, 인간을 '소속성의 견고한 주거지 안으로' 강제합니다.

당신은 결론적으로 '두번째 시선'의 비유를 더 설명할 수 있는지요?

이러한 비유는 기능분화사회에서 관찰상황들에서의 해방이 실제로 일어난다는 것에 주목하게 합니다. 두번째 시선은 저주와 동시에 축복입니다. 한편으로 우리는 여러 시선들의 저주 아래 놓이게 되는데, 왜냐하면 시각동질성의 사유가능성만은 역시 사라지기 때문입니다. 어떤 관찰도 단지 자신에만 의존할 수 있기 때문에 더 이상 자신을 믿을 수 없게 됩니다. 다른 한편으로 이로써 인식과 관찰을 반성적으로 장악할 수 있게 됩니다. 사회학의 역할은, 다른 관찰자들은 다른 관찰들에게 다른 관찰들만을 제공한다는 사실을 그들에게 가르치는 데에 있을 것입니다. 경쟁하는 관찰자는 자신에게조차 단지 관찰자로서 보여진다는 사실에 이르게 된다면, 두번째 시선은 축복일지도 모릅니다.

클라우스 오페

노동사회

생애

클라우스 오페(Claus Offe)는 1940년에 출생하였고, 현재 베를린 훔볼트 대학의 정치학 교수이다. 정치사회학과 사회정책분야의 책임 교수이다. 그의 전문분야는 복지국가이론, 정치사회학, 사회구조와 사회변동이다.

오페는 노동시장 문제의 해결을 위한 제3의 길을 제시하고 있다. 그는 '모두에게 일자리를' 이라는 목적, 곧 완전고용이라는 목적을 추종하는 전통적인 입장을 고집하지 않는다. 그럼에도 그는 대부분 노동력의 빈곤화와 실업화를 피할 수 없는 것으로 받아들이는 현실주의적 관점을 취하지도 않는다. 클라우스 오페는 담배연기를 뿜는 동안 "제3의 길에서 해결의 실마리를 발견하고 있다"고 하였다. 이러한 그의 주장은 책으로 정리되어 곧 출판될 예정이다. 제3의 길은 업적과 임금 책정의 요구를 서로 분리해야 한다는 주장을 넘어서야 한다는 것이다. 그는 무노동수입의 보장을 제안함으로써 '노동에 따른 수입' 사회모델과 결별하고 있다. 오페는 스스로를 유물사관이나 비판이론의 전통과 관련하여 지식인의 의무를 인식하고 있는, 그리고 경제적이고 정치적인 침입으로부터 생활세계를 방어하고자 노력하는 사회과학자로 분류하고 있다.

■ **주요 저작들**

- Claus Offe. 1984, *Arbeitsgesellscaft: Strukturprobleme und Zukunftsperspektiven*, Frankfurt/M: Campus Verlag. — 『노동사회: 구조의 문제와 미래의 전망』
- ______. 1994, *Der Tunnel am Ende des Lichtes: Erkundungen der politischen Transformation im Neuen Osten,* Frankfurt/M: Campus Verlag. — 『빛이 끝나는 터널: 새 동구국가들의 정치변동』

개념 노동을 통해서 물질적인 생존을 보장해야 하는 필연에서 벗어날 수 있는 사회는 없다. 클라우스 오페는 노동이 사회의 구조와 작동을 위한 가장 중요한 기능을 담당함으로써 노동사회가 형성되었다고 본다. 취직의 기회, 시간제 노동의 기회, 삶의 기회는 직접적 또는 간접적으로 공공정책을 통해서든 개인의 재정을 통해서든 간에 취업노동과 연관되어 있는 것이라고 본다.

오페의 책, 『노동사회』가 출판된 1984년은 노동시장의 수용능력이 줄어드는 현상이 점점 뚜렷해지고 그와 연관하여 노동시장의 위기를 감지할 수 있던 시기였다. 위기를 관찰하고 연구하는 과정에서 오페는 두 가지 중요한 사실을 발견하였다. 그 하나는 경제성장에도 불구하고 실업은 지속적으로 상승하고 있다는 것이고, 다른 하나의 사실은 다른 생활과 비교했을 때 노동의 의미가 눈에 띠게 낮아지고 있다는 것이다. 그것은 경제적인 번영이 더 이상 완전고용을 위한 기본 조건이 되지 못한다는 것을 의미한다. 경제도약의 시기에도 노동사회는 노동력을 감소시키고 있다. 그로부터 그는 노동이 더 이상 모든 사회의 행동과 기능 영역을 결정하는 계기가 되지 못하게 되었다는 사실을 추론하고, 더 이상 취업노동이 사회구조를 결정하고 사회형태를 각인하는 힘으로 작용하지 못하고 취업노동이라는 관점에서 사회 현실을 파악하려는 시도들이 그 목적을 달성하기 어렵게 되었다고 주장한다. 노동은 자기 기술이나 사실인식을 위한 기준이자 자유와 여가에 대한 관심의 기준으로서, 그리고 정치적인 입장을 위한 기준으로서, 삶의 양식과 형태를 결정하는 사회적 가치와 결정을 위한 기준으로서 점점 더 그 적합성을 잃어가고 있는 것이다. 노동은 개인적 삶의 계획에서 오직 그 주변적인 역할만을 담당하게 되었다는 것이다.

동시에 서비스 업종의 의미가 점차 부각되고 있다. 오페는 서비스 업종의 특징이 육체노동의 경감이라고 생각했다. 또한 서비스 업종은 전통적인 노동합리성을 추구하지 않는다. 상품의 생산과 비교하여 서비스 업종은 노동과정에 매개적이고, 규칙적이며 규범화되도록 영향을 미친다. 오페는 과거 형태의 노동이 유지되지 않을 것이라고 생각하고 있다.

그가 보기에 사회의 구조와 작동은 노동, 생산, 소유관계와 경제적 합리성 계산이라는 관점에서는 더 이상 설명되지 않는다. 그 증거는 사회적 노동의 다면성이다. 오페는 막스 베버가 제시하고 있는 직업에 기반한 합리적 삶의 영위 자체에 의문을 던진다. 노동이 사회구성원 대다수의 유일한 수입원이기는 하지만, 더 이상 사회 발전을 결정하는 요인은 되지 못한다는 것이다. 그것은 하나의 직업을 지속적으로 유지하는 것이 더 이상 가능하지 않다는 것과, 직업의 역할이 가지고 있었던 포괄적인 특징들이 사라져가고 있다는 것을 설명해주고 있다. 두번째로 노동이 인생에서 차지하던 부분이 여가시간으로 되돌려지고 있다. 직업의 불연속성과 생애에서 노동시간이 차지하는 비중의 감소 등은 노동이 삶의 중심이 아니라 다른 수많은 일들 중 하나일 뿐이라는 결론에 이르게 한다.

이것은 추가적으로 점점 더 많은 사람들이 그들이 원하든 원하지 않든 간에 취업노동에서 밀려나 실업자가 되고 있다는 사실로서 설명 가능하다. 노동에 대한 정의는 점점 더 많은 사람들에게 적합하지 않다. 노동사회의 규칙과 가치들에 대한 보편적이고 수동적인 반감은 특히 장기 실업자들과 실업의 위험이 큰 취업자들에게 지배적이다.

노동에 의해 유발된 부정적인 결과들인 육체적이고 심리적인 부담과 건강 상실의 위험 등은 점점 더 노동을 거부하도록 하고 있다. 일반적인 '일할 권리'에 대한 요구는, 유용하고 의미 있고 목적 지향적인 노동에 대한 점점 더 강한 지향에 의해 대체되고 있다.

완전고용으로 되돌아가는 것이 쉽지 않고, 노동시장에서 공급이 더 많아지고 있기 때문에 이제 토론의 테이블 위에는 다른 새로운 개념과 생각이 놓여져야 할 필요가 있다. 오페에 따르면 그 방법 가운데 하나는 모두에게 시간적으로 노동을 나누는 것이다. 물론 그것은 일자리를 가지고 있는 모든 사람들이 노동시간이 줄어드는 것만큼 수입이 감소할 것이라는 사실에도 불구하고 연대적 행동을 할 것이라는 전제 위에서만 가능한 일이다. 실업자의 증가는 사회적 연결망에 부담을 주어 그 연결망을 끊어버리는 쪽으로 진행될 것이다. 업적에 따른 임금 인상 요구와의 결별이라는 현상에서 오페는 다른 가능성이 발생하고 있다고 본다. 그는 마침내 '모두에게 일자리를'이라는 구호를 실현시킬 수 있는 기회가 올 것이라는 노동사회의 허구와 결별할 때가 되었다고 주장한다. 그리고 이제 인류는 새로운 시대로 접어들고 있다고 주장한다.

공통질문

1. 당신은 스스로를 사회이론가나 사회비평가 또는 사회설계가로 생각합니까? 아니면 그저 동시대인으로 생각합니까?

모두에 동의할 수도, 아무 것에도 동의하지 않을 수도 있을 것입니다. 직업으로 따지면 저는 사회과학자입니다. 사회학을 공부했고 정치학으로 교수자격취득논문을 썼습니다. 또한 경제학을 공부하기도 했습니다. 저는 이 영역들 사이에서 약간은 경험적으로, 그러나 이론에 치중하여 움직이고 있습니다. 그래서 꼭 답을 해야 한다면 사회이론가를 택하겠습니다.

2. 우리가 살고 있는 사회는 도대체 어떤 사회입니까?

노루, 다람쥐, 거미는 모두 같은 숲 속에서 살고 있습니다. 그들은 그들의 환경에 대해서 잘 알고 있기 때문에 숲에 대해 설명해야 할 이유가 없습니다. 저 역시 마찬가지입니다. 굳이 답하자면 우리는 민주주의 사회, 자본주의 사회, 후기산업사회에 살고 있습니다. 우리는 국민국가에 살고 있고 유럽에 살고 있습니다. 우리는 확실히 점점 더 다원화되는 사회에 살고 있습니다. 부와 삶의 기회와 지역적 전통과 문화적 지향에 따라 분화되는 사회에 살고 있습니다. 이러한 질문을 받으면 떠오르는 것들입니다.

3. 현 사회의 긍정적인 면과 부정적인 면에는 어떤 것이 있습니까?

역시 어려운 질문이군요. 긍정적인 면이라면 생산성과 경제적 효율성, 기술적인 혁신이 뛰어나다는 것이지요. 또한 특정한 의미에서 민주적 법치국가 내에서 자유의 원칙이 잘 제도화되어 있다는 것입니다. 평등기본법에 준하는 사회 정의의 원칙이 우리 사회에서 잘 지켜지고 있다는 것이지요. 위기 상황에서 평등이 잘 지켜지고 있는지는 실험해봐야 하는 문제이지만, 이러한 것들이 긍정적인 측면이라고 봅니다.

이 사회의 부정적인 면은 국가 권력이 국가 스스로에게 바람직하게 작용하고 있지 못하다는 것입니다. 종종 정치 엘리트들의 내부를 지배하고 있는 것은 대안 없음, 무능력한 통치, 전망 없음 등입니다. 정치 프로그램과 믿을 만한 행동전략을 제시하지는 못하고 정치가들은 종종 자기 표현가로 활동하고 있는 듯한 인상을 줍니다. 이에 대해서는 리하르트 바이체커가 "우리 정치가들은 권력을 가지고 있지만, 이 권력으로 무엇을 시작해야 하는지를 모르고 있다"라고 말한 것에서 가장 잘 표현되어 있습니다.

4. 사회에서 당신의 역할은 무엇입니까?

대학교수로서 학생들을 가르치며 학문을 연구하고 행정적인 일을 하고 있습니다. 그밖에도 이 사회의 시민이자 직업적인 지위라는 수단으로 다양한 사회단체들에서 공공의 문제에 대한 의견을 피력하기도 합니다. 바로 위에서 기술한 것처럼 이 사회의 부정적인 면과 문제점들을 극복하기 위해서, 그리고 긍정적인 면들을 방어하기 위해서 말입니다.

5. 사회소설 가운데 어떤 것을 좋아합니까?

소설분야에서 사회학적 현실주의를 정립한 오노레 발자크의 소설들입니다. 같은 계열로 토마스 만의 『부덴부로크가의 사람들』은 시민사회의 문화, 정치, 그리고 경제를 가장 이상적으로 알려주고 있습니다. 문학에서 표현된 예를 들어 역사적이고 사회과학적인 사회분석을 위한 입문으로 삼는 시도는 해볼 만한 것이라고 봅니다.

6. 당신이 즐기는 게임에는 어떤 것이 있습니까?

저는 음악적인 것에 대해서는 별로 관심이 없습니다. 모노폴리라는 게임을 즐기는 편인데, 이 게임은 경제적 현실을 잘 드러내주는 그림입니다. 모든 것이 주사위처럼 우연이라는 사실을 말해주고 있지요.

7. 어떤 모임을 좋아합니까?

거의 모든 모임을 좋아합니다. 특히 낯선 사람들과의 모임, 저는 새로운 사람들을 사귀는 것을 좋아합니다. 가족들, 동료들, 친구들, 학생들, 그러나 또한 잘 모르는 사람들의 모임도 좋아합니다. 예를 들어 음악회 청중들과 같이 같은 인상과 같은 경험을 가지고 있지 않은 사람들의 모임도 좋아합니다.

8. 당신이 소속되어 있다고 느끼는 사회집단은 어떤 것입니까?

토론이 필요한 질문이군요. 사회에는 어떠한 집단이 있고, 얼마나 많은 집단이 있습니까? 분명한 것은 제가 사회과학자라는 사실이고 이러한 점에서 저는 지식인이라는 것입니다. 저는 1940년생이기 때문에 특권층에 속할 수 있었을 뿐입니다. 제가 만약 20년 후에 태어났더라면 제가 받은 교육과 제가 얻은 자격으로 제 경력이 그렇게 매끄럽고 성공적으로 진행되지는 못했을 것입니다. 1960년대에 태어난 세대들은 치열한 경쟁과 더 많은 요구사항들로 훨씬 더 큰 위험에 노출되어 있습니다. 그들은 덜 안정적이지요. 사회적 불평등의 중요한 차원 가운데 하나임에도 거의 재분배 정책에서 다루어지지 않는 것이 있다면 그것은 태어난 해입니다.

9. 당신이 사회적으로 중요하다고 평가하는 사람은 누구입니까?

진지하게 바라던 일을 성취하는 사람들과 낙관주의적 사실 인식을 갖고 있는 사람들이 있습니다. 바로 이런 방향의 사람들이 제가 중요하다고 평가하는 사람들입니다.

10. 당신이 생각하는 이상적 사회는 어떤 사회입니까?

이상적인 사회는 스스로 어느 정도 사회의 진행에 대한 통제를 하고 있는 사회라고 봅니다. 그래서 꼭 진보하지는 않더라도 최소한 퇴보하지 않는 사회를 말합니다. 그 사회는 원칙에 의해서 움직이는 사회입니다. 이상과 기본과 가치들을 놓치지 않을 만한 능력을 가지고 있는 사회이지요. 그에 따라 사회 구성원들이 낙관적일 수 있는 그러한 사회입니다.

11. 당신은 사회를 변화시키고 싶습니까?

정확하게 말하자면 어떠한 직업과 사회적 역할을 가지고 있다고 하더라도 모든 사람들이 사회변화에 동참하고 있습니다. 즉 도로에서 하수구를 청소하고 어린이들을 돌보고 학교 보고서를 수정하는 일을 맡아 하는 모든 일들이 많든 적든 조금씩 사회를 변화시키고 있습니다. 이 질문의 원래의 취지는 사람들이 일을 하면서 자신이 의도한 사회 변화를 달성하고 있느냐 하는 질문이라고 봅니다. 누구나 자신이 하고 있는 일이 그러한 일이라고 말할 수 있을 것입니다. 저 또한 그렇습니다.

12. 미래사회는 어떤 모습이 될 것 같습니까?

누가 그것을 예측할 수 있겠습니까? 저는 깜짝 놀랄 만한 일이 발생할 수도 있다고 봅니다. 독일 자민련의 당수가 깜짝 놀랄 일이 발생할 것을 미리 짐작할 수는 없지 않느냐는 말을 한 적이 있습니다. 짐작할 수 없기 때문에 깜짝 놀라는 것이겠지만, 그러한 일이 일어나고 있습니다. 사회는 역사적인 변천 과정에서, 또는 작은 사회영역에서 가끔은 바람직하지 않은 방식으로 놀라운 일을 만들어내기도 하는 속성을 가지고 있다고 봅니다. 그러한 이유에서 저는 소위 미래학이나 미래에 대한 예언에 대해서 별로 할 말이 없습니다. 저는 미래가 어떠한 사회가 될지 잘 모릅니다. 단지 오늘보다 더 나빠지지 않기를 바랄 뿐이지요.

인터뷰

철학자 한나 아렌트는 1960년대에 『비타 악티바(*Vita Activa*)』라는 책에서 노동사회에서 노동이 제외되고 있는 것은 아닌지에 대해 질문을 던졌습니다. 1980년대에 특히 밤베르크에서 열린 21차 사회학대회는 '노동사회의 위기'를 주제로 토론을 벌였는데 우리는 지금 어떠한 상태인가요?

현재 독일에는 400만의 실업자가 등록되어 있고, 실제로는 800만 명이 피고용자로 살아가려는 헛된 노력을 하고 있습니다. 그러나 정상적인 피고용자의 역할을 가질 기회는 거의 주어지지 않고 있는 실정입니다. 많은 사람들은 안전하고 물질적으로 충족될 수 있고, 사회적으로 가족의 안정을 보장할 수 있는, 평생 직장을 더 이상 찾을 수 없을 것입니다. 이러한 상황에서 수많은 문제들이 초래될 수 있습니다. 공개적인 것이든 숨겨진 것이든 장기적인 실업 상태에 있는 개인들은 대체로 심리적으로나 물질적으로, 또는 경제적으로나 가족적으로 심한 고통을 받고 있습니다. 각종 제도들, 특히 사회보장제도나 정치제도와 의회민주주의 등은 실업자의 증가로 침식되고 있습니다. 상황은 현재 진행 중에 있는 유럽의 경제통합과정에 의해 더 악화되고 있으며, 불확실성은 보편적인 현상이 되고 있는 것입니다.

정책이나 노동조합들도 속수무책이기는 마찬가지입니다. 누구도 완전고용을 다시 실현시키기 위한 처방을 제시하기는 힘들 것으로 보입니다. 1996년, 독일의 수상 헬무트 콜이 2000년까지 실업률을 반으로 줄일 수 있다고 주장한 것은 거짓임이 판명된 셈이지요.

노동시장의 수요부족 현상의 원인은 무엇이라고 생각하십니까?

그에 대해서는 이미 여러 설명들이 있습니다. 가장 쉽게 접할 수 있는 설명은 노동절약적인 기술변동입니다. 1950년대에 필요했던 인력의 삼분의 일로 현재 같은 양을 생산하고 있습니다. 그것을 사람들은 기술변동, 기술의 '진보'라고 부르고 있습니다. 또한 해외 생산에 의한 국내 생산의 대체가 그것입니다. 그것은 다른 나라로 투자를 이전시키거나 다른 나라에서 생산된 물건이 국내로 반입되는 것, 모두를 가리킵니다. 소위 해외 자본투자 내지는 상품수입이라고 불리는 것이 그것입니다. 장기적으로 그러한 변화는 국내 취업자들을 희생시키는 방향으로 진행될 것입니다. 세번째로 강조되는 것은 노동수요와 노동공급이 불일치하고 있음에도 노동공급이 줄어들지 않고 있다는 것입니다. 오히려 더 많은 사람들이 일자리를 찾고 있다는 것이지요. 여성들까지 포함해서 더 많은 사람들이 더 오랜 기간 일을 하고 싶어합니다. 그로 말미암아 노동시장에서 공급이 줄어들고 있습니다.

제가 방금 언급한 이 세 가지가 가장 중요한 원인입니다. 덧붙일 수 있다면 1950년대와 1960년대에 불어닥쳤던 희망, 서비스 업종으로의 전환이 문제들을 제거해줄 것이라는 희망은 기대했던 것처럼 실현되지 않았습니다. 그 이유는 자영업이나 은행업무 같은 서비스 업종이 정보기술이나 의사소통 매체의 발달에 의해 자동화되고 노동절약적으로 재형성되었기 때문입니다. 다른 이유로는 많은 서비스 업종들을 돈 받는 일이 아니라 셀프서비스로 생각하기 때문인데, 자동매표기, 자동 입·출금기와 슈퍼마켓의 발달 등에서 우리는 그러한 변화를 읽고 있지 않습니까?

'노동을 위한 연대(Buendnis fuer Arbeit)'가 이러한 비참한 상황으로부터 벗어날 수 있는 탈출구가 될 수 있을까요?

독일과 같은 나라의 제도적인 질서는 완전고용에 대한 관심에 기반하여 짜여지지 않았습니다. 잘 알려진 바와 마찬가지로 임금협상을 위한 테이블이 있고 노동조건협상을 위한 테이블은 있지만 근로자 수에 대한 협상 테이블은 존재하지 않습니다. 내년에는 몇 명의 사람들이 몇 시간 동안 일하는지를 협의하지 않고, 그것은 단지 시장의 신호에 따라 결정되며, 기업가의 기대와 기술에 관한 자료들에 근거해서 결정됩니다.

'노동을 위한 연대'와 같은 그러한 협상 테이블이 존재할 수 있다고 생각할 수도 있습니다. 그러나 현재까지의 토론과정이 보여주듯이 새로운 형태이기는 하지만 많은 위험 요소들을 갖고 있습니다. 그러한 시스템을 어떻게 설립할 수 있는지, 그리고 누가 참여해야 하는지를 제대로 알고 있는 사람은 아무도 없습니다. 정부와 노동조합 간에 이루어진 협상과 달리 10만 명의 새로운 일자리를 내년에 만들어 내겠다고 발언할 수는 있지만, 그 내용을 관철시킬 수 있습니까? 한 번 더 물어본다면 누가 '실업자'들을 위해서 더 큰 희생자들을 만들어낼 준비가 되어 있습니까? 실업이라는 것은 '또 다른 것'을 의미합니다. 좀 심하게 말하자면 구조적으로 소수자인 실업자의 운명을 도와줄 제도를 만드는 것 자체에 많은 문제가 있다는 것입니다.

당신은 자본수출과 상품수입이 실업문제를 악화시키고 있다고 하셨습니다. 세계화 역시 긍정적인 효과를 가지고 있지 못하다고 보고 계십니까?

세계화라는 개념은 정확하지 않은 개념이라고 봅니다. 그 개념은 토론에서 불명확한 의미로 사용되고 있습니다. 그 개념은 너무 많은 사실들과 동시에 관련되어 있습니다. 그 개념은 국가적 사회 시스템이 점점 더 내부에 닫혀 있거나 외부에 의해 경계지을 수 없다는 내용으로 모아지고 있습니다. 그것은 무역과 자본의 이동과 관련된 것입니다. 두번째로 갈등회피정책과 군사적 연합의 형태로 진행되고 있는 초국가화와 연관된 개념입니다. 세번째로 이 개념은 이민의 문제와 연관되어 있습니다. 점점 더 많은 사람들이 국경을 넘어 살고 있는데 그것은 조국과 이민국 사이의 많은 문제들을 발생시키고 있습니다. 네번째로는 문화적인 세계화가 있습니다. 음악의 세계화, 그림과 사진, 스포츠, TV와 영화의 세계화가 진행되고 있습니다. 다섯번째로는 기술자들에 의한 세계화를 언급할 수 있습니다. 수학과 인지과학, 의학, 자연과학, 미학과 건축양식 등이 그것이고 그것들은 근대적인 것으로 여겨지고 보편적인 것으로 여겨집니다. 브라질이나 한국이나 똑같은 방식으로 다리를 건설하고 있습니다. 여섯번째로 기후, 환경의 세계화, 그리고 그와 연관되어 있는 자원문제의 세계화가 있습니다.

이러한 모든 것들이 세계화라는 하나의 개념에 뒤섞여 있습니다. 그래서 제가 즐겨 쓰는 개념은 아닙니다. 물론 그러한 일이 진행되고 있다거나 서로 영향을 미치고 있다는 것은 사실이고 그에 대한 연구도 필요합니다. 그러나 세계화의 개념을 인류의 삶의 방식의 향상이나 통일이라는 관점과 연관시키려 한다면, 그 경우 간과하게 되는 것은 세계화가 전지구적 상층부의 현상일 뿐이라는 사실입니다. 인터넷이 그 대표적인 예입니다. 인터넷을 사용할 수 있는 사람들이 현재 얼마나 됩니까? 전 인류의 1%에 불과합니다!

사람들은 정보통신기술을 수단으로 아주 멀리 떨어진 사람들이 엄청난 규모의 노동과 서비스 시장에 접근할 수 있다는 사실을 구체적으로 직시해야 합니다. 월급명세서의 회계처리가 그 대표적인 예가 될 것입니다. 저녁에 인터넷 전용선으로 모든 자료를 인도에 있는 방갈로에 보내면 그곳에 있는 많은 부지런하고 믿을 만하며 기술적으로 뛰어날 뿐 아니라, 독일 회계 처리에 능숙한 데이터 처리사들이 작업을 하여 그 다음날 아침 정산된 세금계산서를 타자로 정리해 다시 독일로 되돌려보낼 것입니다. 전문적인 서비스가 이러한 방식으로 대륙을 넘어 진행될 수 있다고 하는 것은 불과 한 세대 전만 하더라도 생각조차 할 수 없는 일이었습니다. 또 다른 예를 들어 보겠습니다. 온두라스(Honduras)에서 팔분의 일의 가격으로 와이셔츠를 꿰매게 할 수 있고 고화질 텔레비전(HDTV, High Definition Television)을 통해서 그 품질관리를 독일에서 할 수 있게 되었습니다. 현대의 이동, 통신, 정보기술은 경계를 넘어선 의사소통을 가능하게 하고, 그것은 국내의 일자리를 축소하는 결과를 가져오고 있습니다.

그러한 상황이 사회를 받치고 있는 기둥에 부정적으로 작용한다면 민주사회는 어떻게 반응할까요?

그에 대해서는 많은 가능성들이 있습니다. 사람들은 상황을 극화하지 말아야 하고 맹목적인 행동주의에 빠지지 말아야 합니다. 지금까지 확실한 것으로 여겨졌던 법들은, 특히 자신들이 일을 할 것인가 말 것인가를 결정하는 피고용자의 자유는 삭제되지 말아야 할 것입니다. 강제노동과 같은 무엇인가를 움켜쥐어야 한다면, 노동을 거부했음에도 사회보조금이 반감되거나 전혀 받지 못한다면, 그것은 민주적 법치국가의 본질입니다.

다른 중요한 관점은 노동시장의 위기에 또는 자격미달에 의해 심하게 어려움에 처한 특정한 지역의 사람들, 특정한 나이의 사람들, 성별 그룹들의 경우 반민주적이거나 민주적이지 않은 정치 정당에 투표할 수도 있고 그로 말미암아 선동적이고 비이성적인 결과가 초래될 수도 있습니다.

세번째로 위험이 도사리고 있는 곳은 정치 엘리트 집단이 명백하게 이성적이고 이해 가능하고 합의를 도출할 결정을 내릴 수 있는 상황이 아니거나, 새로운 방향과 필요한 변화를 결정할 위치에 있지 못한 경우입니다. '정치적 계급'이라는 개념은 비웃기 위한 말입니다. 민주주의는 다른 국가 형태를 선호하기도 하는데 그것은 민주주의가 연대를 결성하도록 하고 시민의 권리를 의미 있는 것으로 만들어야 하며 시민들로 하여금 그들의 권리를 사용하도록 하는 처지에 놓여 있기 때문입니다. 그렇다면 서구 민주주의는 오늘날 괜찮은 모습을 하고 있는지를 묻게 됩니다. 저는 독일의 1930년대 초반과 같은 붕괴를 예언하는 사람은 아닙니다만, 관용과 협력과 공공이 민주적 정치문화를 위해서 소중하지만 그러한 가치들을 추구하는 동기들이 상실되고 실망과 좌절 같은 제도적인 쇠약이 일어나고 있음을 목도하고 있습니다. 일자리를 만들어낼 수 없는 국가는 꼭 지출해야 할 공공지출을 위해서 세금을 올릴 수 없게 되고 비국가 기구, 곧 초국가적 힘과 겨루게 됩니다. 또한 그러한 국가는 시민들의 규범과 규약의 원천으로서 받아들여지기가 점점 더 어렵게 됩니다.

그러한 문제들은 유럽의 차원에서 어떻게 해결될 수 있다고 보십니까?

그에 관해서 많은 것을 이야기할 수 있습니다. 유럽의 차원에서 국민국가의 무력감을 보상하기 위해서 국민국가의 권한이 유럽연합으로 이전된 상황을 이해할 필요가 있습니다. 로마시대로부터 암스테르담에 이르기까지의 전 과정은 각국이 그들의 통치력을 놓치고 싶어하지 않는다는 사실입니다. 그들은 지금도 다음과 같이 말하고 있습니다. "우리는 사회복지정책, 의료보장정책, 그리고 군사시스템과 교육시스템을 유지할 것이다. 우리들은 유럽의 통합적 사례에 따르지 않아도 된다고 생각한다." 선거에서 승리해야 하기 때문에 유럽의 관청이 아니라 정부의 관청에 머물러 있고자 한다는 의미에서 그것은 앞뒤가 맞는 이야기입니다.

우리는 어렵고 고통스러운 과정에 놓여 있습니다. 과거의 정부형태는 존재하지 않고 과거 담당업무와 과거 행위의 자원들도 남아 있지 않으며 새롭고 창조적인 행동만이 요구되고 있지만 아직은 과도기에 살고 있습니다. 경제적·사회적으로 우리는 그렇게 좋은 상황이 아닙니다. 대부분의 사람들은 이미 신경이 날카로워져 있고, 사태를 조금 이해하고 있는 사람들도 마찬가지입니다.

사회는 벌어지고 있는 상황에 유연하게 반응하도록 변화될 수 있을까요? 즉 24시간 노동을 조직하는 '시계에 따라 도는 사회(Rund-um-die-Uhr-Gesellschaft)'로 변화될 수 있을 까요?

유연성에 대립하는 개념은 경직성입니다. 이 나라는 규칙에 의해 꽉 짜여진 매우 경직된 경제관계와 노동관계를 유지하고 있습니다. 미국은 독일과는 완전히 다릅니다. 규칙에 따르는 것이 옳다고 생각하지만 규칙에서 벗어난 것도 고려할 줄 알아야 한다고 생각하는 것이지요. 사회과학에서 우리는 경로 의존성(path-dependency)이라는 중요한 개념을 사용하고 있습니다. 그 개념이 의미하고 있는 것은 마음대로 출발점으로 되돌아갈 수 없다는 것이고, 이미 만들어져 있는 구조와 제도를 모두 없애버릴 수도 없다는 것입니다. 그것은 만들어지지도 않고 만들어보라고 권해지지도 않는 것입니다.

일은 헌법과 법에 따라 처리됩니다. 그것을 무시하는 것은 사회적이고 경제적인 삶에서 중요한 부분을 차지하고 있는 계약이 성립하지 않게 만드는 것이기 때문입니다. 예를 들면 공동의사결정, 기업법, 경영 참여, 자율계약권 같은 것들이 있습니다. 많은 기업가들과 그들을 대변하는 지식인들은 그러한 법과 제도들을 없애버리려 하고 있습니다. 여러 신자유주의적 경제학자들은 노동조합이 오늘날의 상황에 잘 맞지 않는다는 주장을 펴고 있습니다. 독일 노동조합과 연방주의, 연금보험을 없애려는 시도나 아니면 대대적인 변화를 일으키려고 하는 시도는 그것이 바로 혁명적인 유토피아라는 것을 생각해야 합니다. 이미 작동하고 있는 사회제도들의 긍정적인 기능을 모조리

잘라버리는 정책의 희생물로 삼으려는 것은 상상할 수도 없는 일입니다.

미국이 모델이 될 수 있습니까?

미국에서 가능한 것들이 장점이 있든 그렇지 않든 간에, 독일에서는 생각조차 할 수 없는 것입니다. 미국은 우리의 미래를 비추어보는 거울이 아닙니다. 미국은 다른 대륙 가운데 하나일 뿐입니다. 그곳은 역사적·사회적 관계들과 문화·정치구조가 우리와 다릅니다. 그 나라의 방문객으로 새로운 것들을 발견하고 놀랄 수 있을 것입니다. 중요한 것은 유럽이 여러 가지로 현대사회의 모델이 될 만하다는 것에 자부심을 갖는 것입니다. 우리는 언제나 미국으로부터 배우고 또 배우는 것처럼 생각할 수는 없다는 것입니다. 경우가 다르기는 하지만 말입니다.

프랑스, 영국과 비교한다면 독일의 노사관계를 어떻게 보십니까?

여러 차원에서 비교할 수 있겠지요. 기본적으로는 공통적이라고 봅니다. 유럽의 노사관계는 고용주와 피고용자 사이의 자유로운 계약에 기초하거나 노동조합과 고용주연합 사이의 자유계약에 기초하고 있지 않습니다. 그 대신 고용에 따른 권리와 의무에 기반하고 있고 그것은 정책과 법률로 정해져 있습니다. 예를 들어 열 살짜리가 돈을 벌고 싶어하고 슈퍼마켓에서는 손님의 짐을 트렁크까지 운반해줄 사람이 필요할 수 있습니다. 그것은 양측이 서로 이의 없이 동의하고 계약하면 실행될 수 있을 일인지도 모르겠습니다. 그러나 미성년의 노동이 금지되어 있어서 그러한 계약은 효력을 갖지 못합니다.

노사관계에 안전조항과 보호조항들을 추가한 것이 유럽 노사 관계의 특징입니다.

다니엘 벨은 1973년에 출판된 『후기산업사회』라는 책에서 "기본적인 인간의 역사적 경험에서 보면 인류의 사회적 성격은 노동에 그 뿌리를 두고 있다"고 쓰고 있습니다. 사회는 계속 노동에 의해서 정의되고 조절되는 것입니까?

그렇다고 할 수는 없습니다. 지난 200여 년 동안 우리에게 익숙한 광경은 성인 한 명이 대가족 형태에서 자영업을 하거나 다른 사람에게 고용되어 번 돈으로 가족을 부양하며 사는 모습이었습니다. 일생 동안 일할 수 있는 평생직장의 관념을 가지고 살아왔기 때문입니다. 넉넉한 수입과 사회보험이 보장되는 그러한 직장을 그려왔습니다. 그리고 사회의 모든 역할들은 그 관념에 따라 규정되었습니다.

그것은 오늘날 더 이상 당연한 일이 아닙니다. 누구나 교육을 받을 수 있고, 직장을 구할 수 있다는 것도 옛말이 되어버렸습니다. 우리가 확신하는 것은 모든 다른 역할들이 정상적으로 기능하고 있지 않다는 것입니다. 노년의 빈곤, 취업기간이 충분하지 않았던 사람들의 경우에서 그 예를 찾을 수 있습니다. 또는 학교 가기를 거부했던 많은 중·고등학생들은 "왜 우리는 선생님이 되지도 못하는데 무엇인가를 배워야 하는가"라고 질문하고 있습니다.

정상적인 노사관계는 식탁보와 같은 것입니다. 사람들이 마음대로 홀리거나 잡아당길 수 없는 성격의 것이지요. 사람들이 조심스럽게 행동하지 않으면 식탁보에는 많은 것이 떨어져 얼룩지게 되어 있기 때문입니다.

노동의 구조를 바꾸기 위해서 이 식탁보에 나이프나 포크 등을 올려놓을 수는

있겠지요? 이와 연관하여 시민 참여는 하나의 표어가 될 수 있지 않을까요?

더 많은 식탁보를 꾸미는 일은 생각의 한 방향입니다. 여기서 두 가지의 의문이 제기되는데, 사람들이 상업적이고 계약에 기반한 임금이 지불되는 직장에서 일하지 않는다면 무슨 대안이 있을 수 있을 것인가 하는 것입니다. 노동은 유용하고, 인정받고, 노력을 기울여야 하고 계획적인 행위입니다. 그러한 일은 공동체 지향적 노동과 명예직 노동과 딱 들어맞습니다. 클럽에서의 행동과 같은 것입니다. 제가 만일 어떤 모임의 회계를 맡고 있다면, 저는 클럽 운영에 관련된 일로 여러 날은 보낼 것입니다. 돈으로 계산되는 일은 아니지만 하고 싶을 때 하는 일이 있습니다. 그러한 일들이 많이 있습니다. 시민 참여는 이러한 의미에서 취업노동에 대한 하나의 대안이 될 수 있을 것입니다.

거기에는 다음과 같은 두 가지의 질문이 제기됩니다. 시민 참여는 말 그대로 돈벌이가 아니고 명예로운 행동입니다. 그렇다면 무엇으로 먹고 살 것인가? 지하철에서 구걸하지 않으려면, 어떻게 수입이 보장되어야 하는가? 이러한 점에서 시민 참여의 개념은 아직 부족한 점이 많습니다. 그러한 개념을 성급하게 사용한 울리히 벡은 그 개념에 무엇인가를 더 추가해야 할 것입니다. 사람들에게 자선행동과 명예행동의 아름다운 측면에 즐거워하면 되지 않느냐고 하는 것은 한 측면만을 강조하는 것입니다. 그러나 다음과 같은 질문을 받게 된다면 좀더 진지해질 것입니다. 우리가 물질적으로 아무것도 받지 못하는 대신에 무엇을 받게 되는가? 이 사회에 존재하고 있는 위험, 질병의 위험, 노년의 위험, 사고의 위험이 우리에게 닥치게 되면 우리는 무엇을 할 수 있는가? 제게 보이는 것은 매우 커다란 물음표입니다.

시민 참여라는 개념이 아니라면 무슨 대안이 있을 수 있겠습니까?

통용되는 임금에 따라 일하고 싶지 않고 일자리를 구하지 못한 사람들에게 확실한 수입을 보장하고자 하는 제안이 있습니다. 콤비(Kombi)-임금이 그것입니다. 또 다른 방향으로는 마을의 관리나 독일 정부가 비영리 일자리를 만드는 것입니다. 즉 댓가 없이 일을 하는 것입니다. 과거에 그 일은 강제노동이라고 불렀습니다. 독일의 나치시대에 각인되었던 기억하고 싶지 않은 경험이기는 합니다. 독일의 역사적 경험의 배경에서 강제노동이 관철된다는 것은 비현실적이기는 합니다.

우리가 무엇인가를 하기를 원하지만 모두가 일하기에는 일자리가 충분하지 않다면 대안적 수입 원천의 가능성은 하나밖에 없습니다. 그것은 세금에서 지원하는 것밖에 다른 수가 없습니다. 그에 대한 전망이 어떠한지는 이미 말한 것처럼 불투명합니다. '대안 없음(Ratlosigkeit)'의 원래 상태로 되돌아왔습니다.

노동을 재조직할 다른 기회는 없습니까?

아마도 이미 존재할 것입니다. 그러나 먼저 이 주제와 연관한 수많은 대안과 생각들을 요약해볼까 합니다.

세 가지의 학파가 있습니다. 그 첫번째 학파는 주장하기를 임금과 임금부대비용이 삭감되어야 한다고 주장합니다. 바나나 시장의 논리와 같이 값이 싸면 쌀수록 점점 더 많은 바나나가 팔린다는 것입니다. 이 주장을 대변하는 사람들은 더 적은 임금으로 만족하고 더 적은 안전에도 만족할 줄 알아야 한다고 말합니다. 신자유주의 학파가 그들입니다.

두번째 학파는 사람들로 하여금 더 좋은 자격을 갖추도록 해야 한다고 말합니다. 그들은 더 생산적이어야 하고 더 유연해야 하며 여러 측면으로 투입될 수 있어야 하며, 그리고 시장의 위험을 수용할 수 있는 자세를 갖추어야 한다고 말합니다. 결국 이것이 의미하는 것은, 이 직업과 저 직업을, 이 장소에서 저 장소로, 이러한 부서에서 저 부서로. 게다가 피고용자는 자격을 취득해야 하고 배워야 합니다. 평생 동안 배워야 합니다. 그들이 그러한 일을 할 때에만, 그리고 용도 폐기되지 않도록 노력하는 동안에만 그들은 하나의 직업을 찾을 수 있게 되는 것입니다. 그것은 바람직한 부수 효과를 만들 것입니다. 교육과 재교육으로 시간을 보내게 되면 일자리를 찾는 시간이 그만큼 짧아질 것입니다.

세번째 학파의 사람들은 노동시장으로부터 사람들을 빼내야 한다고 말하고 있습니다. 노동에 대한 수요가 늘어나는 길을 찾는 것은 기대할 수 없는 일이라는 것입니다. 국가나 그 누구도 일자리를 만들어낼 수는 없습니다. 이러한 관점이 도달하는 결론은 분명합니다. 공급이 줄어들어야 한다는 것입니다. 노동의 공급은 사람 수와 비례하고 시간의 수에 따라 기하급수적으로 증가합니다. 독일은 매년 40억 시간 가량의 일거리가 있습니다. 그렇다면 이 일거리를 줄이는 두 가지의 길이 있습니다. 그 하나는 일생 동안의 일의 양을 줄이는 것이고, 다른 하나는 일년, 일주일, 매일 해야 하는 일거리를 줄이는 것입니다. 그러나 그러한 일은 성공할 가능성이 없습니다. 다른 하나의 길은 사람들은 노동 시간을 줄이지 않고 하고 있는 일을 줄이지 않으려 한다는 것입니다. 그래서 우리는 "외국인은 나가라," "여자들은 솥뚜껑으로 돌아가라,"그리고 "나이든 사람들은 조기 은퇴하라"라는 구호를 외칩니다. 그러한 것들은 권위적이고 억압적인 해결책들입니다.

당신은 덜 억압적인 해결책에 대해 언급하셨습니다.

자유선거가 그것입니다. 이것은 제가 현재 연구하고 있는, 상대적으로 새로운 아이디어입니다. 누구나 수입이 보장되지 않더라도 일정한 기간 일을 하지 않고 싶어합니다. 다시 말하자면 다른 사람이 자신의 일자리에서 어느 기간 일하도록 하는 것입니다. 대부분의 사람들에게 어느 기간 일하지 않고 지낼 수 있는 돈이 있습니다. 잠시 쉬고 싶은 동기는 가족사나 교육에 대한 관심이나 질병, 장기간의 여행이나 아니면 그밖의 다양한 이유 등이 있을 수 있습니다. 사람들에게 그러한 기회가 주어진다면 사람들은 말할 것입니다. "그래 좋아, 저는 실업 수당보다 더 많은 돈을 벌었고, 이제 자유로운 시간을 얻었다. 나에게 그것은 더 소중하고 더 중요하다. 나는 그리고 언제든지 직장으로 되돌아갈 수 있다"고 말입니다.

사람들은 그들이 좋아하는 것은 할 수 있어야 하며, 자신들이 원하는 것을 해야 합니다. 스스로 책임질 수 있는가를 곰곰이 생각한 후에 취업노동의 대안으로 여기고 있는 것을 해야 할 것입니다. 삼 년 동안 마라톤에 참가하고 싶은 사람은, 그것이 그에게 중요하다면 그는 그 기간 직장의 월급을 포기하고 한 달에 이직 급여 1,600마르크로 만족할 수 있다면, 그는 신의 이름으로 그것을 해야 할 것입니다. 이러한 종류의 자유선택권이 한 사람당 10년씩 주어진다면 이것은 아주 중요하고 자유로운 부분이 될 것입니다. 그 선택권을 장기실업, 장기병가, 출산휴가 등에 활용한다면 그것은 그렇게 비싼 것이 아닐 것입니다. 실업자들에게 지급하는 돈까지 합하게 되면 말입니다. 피고용자의 입장에서 많은 사람들이 떨어져나갈 것입니다. 그러나 그것은 그들이 하고 싶어하는 일입니다. 일정한 기간 자유선거와 같은 그러한 시스템은 새로운 매력적인 전망을 제공해줄 것으로 생각합니다.

게하르트 슐츠

체험사회

생애

게하르트 슐츠(Gerhard Schulze)는 1944년에 출생하였고, 현재 오토 프리드리히 밤베르크 대학에서 경험적 사회연구방법론 교수로 있다. 요즈음 그는 『상승과 도착』이란 제목의 저서를 집필 중이다.

1980년대 프랑스 사회학자인 피에르 부르디외의 대표작품인 『구별짓기』는 문화사회학적인 사유를 규정하고 있다. 이러한 부르디외의 전통을 이어받은 게하르트 슐츠는 1990년대 초에 자신의 전문분야 밖에서도 명성을 가져다준, 저서 『체험사회』를 통해 사회학의 유명저술가로 자리잡았다. 『체험사회』는 슐츠가 1960년대와 1970년대에 성취했던 사유변동에 대한 사회학적인 관찰을 포함하고 있다. 포괄적인 칭찬과 평가에 따라, 그는 경험적 자료와 주관적인 경험을 비상한 방식으로 조합하고 비판적으로 탐문할 수 있었다. 슐츠는 도락자가 아니며, 오히려 인격적인 경험을 넘어서 일상미학적인 경향성에 대한 느낌을 발전시켰던 체험인간이다. 슐츠의 근본관심사는 사회적인 현실성에 대해 사회학적으로 처리되고 설명된 탐구결과들에 폭넓은 독자층이 접근하도록 하는 것이다. 그러나 동시에 그는 경험적 자료가 지속적으로 타당할 수 없다는 것을 철저하게 의식하고 있다.

■ 주요 저작들

· Gerhard Schulze. 1992, *Die Erlebnisgesellschaft, Kultursoziologie der Gegenwart*, Frankfurt/M.: Campus Verlag. — 『체험사회』

개념 슐츠는 1992년에 출판된 자신의 책 『체험사회』에서 독일 연방의 전후 사회의 사회구조적 상황에 대한 내구성 조사를 실시하였다.

경험적으로 뒷받침된 이 연구에서 슐츠는, 독일 연방공화국에서 우리가 대부분 현재의 소득고하를 막론하고 생계보장에 필요 이상으로 자산을 처분하는 사회에 살고 있다는 것을 근본가정으로 하였다. 행복추구는 물질적 연명에 대한 염려를 풀어놓게 하며, 그것은 삶을 체험프로젝트로 만든다. 아름답고 흥미로운 무엇인가를 체험하려는 노력이 삶의 중심에 들어선다. 이것은 체험사회의 중심적인 행동지침에서 표현된다. "당신의 삶을 즐겨라!"

슐츠에 따르면 사회의 증가된 '체험정위성'은 결핍사회에서 과잉사회로의 이행 결과인 것이다. 삶의 경력과 취향을 자유로이 결정하는 상황에 처하여, 대다수에게는 더 이상 외적 생활상의 관리가 아니라, 내적인 삶의 느낌들의 만족이 문제가 된다. 더 이상 목적합리적인 행동이 아니라, 체험합리성이 일상생활을 결정하는 것이다. 예를 들면 소비재 사용에서 만약에 사용가치가 아니라 체험가치가 어떤 자동차 종류, 상표 또는 기호식품을 선호하는지를 결정할 경우, 이 점은 분명해진다. 소비결정이 소비자에게 생산품의 필요성, 유용성 또는 내구성에 관한 숙고에서가 아니라, 체험, 안락 또는 취향과 같은 기준을 근거로 내려진다. 슐츠의 분석에 따르면, '일상생활의 심미화'의 과정을 통해 모두 각자가 자신의 개인적인 미적 취향을 개발하게 되는 체험시장이 형성된다는 것이다.

슐츠는 뉘른베르그에서 1,014명의 개인에 관한 표준조사 자료를 가지고 인간은 개체화의 진척에도 불구하고 다른 이들과 독립적으로 살 수 없는 처지에 놓여 있다는 중심적 주제를 견지하였다. 오히려 인간은 '아름다운 삶'에 관한 유사한 표상을 가지고 있는 다른 이들에게 자신을 맞추려한다는 것이다. 체험정위성에서 내면을 향하는 중심적인 삶의 태도와 함께, '아름답고, 흥미롭고, 자화자찬에 민감한 생활의 형성이념'은 생활방식의 헤아릴 수 없는 다양화나 세분화가 아니라, 사회적 환경을 구성하는 근본적인 변화로 이끈다. 그런데 이런 변화는 더 이상 관계의 선행조건 때문이 아니라, 더 강력하게 관계에 대한 주관적인 선택으로 인해 실현된다. 그래서 모든 개인은 스타일, 나이, 교육에 관한 관점의 유사성에 따라 자신의 교제상대, 그리고 최종적으로 한 사회적 환경 안으로의 편입 여부를 결정하게 된다. 게다가 나이와 교육이 더 한층 의미를 갖게 된다는 사실은 두 세대간에 —나이의 평균값이 40살이다— 그리고 상이한 교육정도간에 놓인 미적 긴장상태들에서 잘 증명된다. 이에 반해 직업, 수입, 출생지 혹은 거주지와 같이 근원적으로 연관된 다른 영향력들은 종속적인 역할을 수행한다.

슐츠는 다섯 가지의 '사회적 환경들'을 구분하는데, 이것들은 "집단의 고유한 실존양식과 고도화된 내부의사소통을 통해 상호간에 구별되는 것이다". 그런데 앞의 세 가지 사회적 환경들은 여전히 수직적으로 분화된 사회질서의 모델과 연관되어 있다. 이에 반해 두 가지 다른 체험환경들에서는 사회집단들간의 고유한 수평적인 조정이 드러나는데, 이 조정은 경험교류에서 우선적으로 발견되는 목표에 근거한다.

슐츠에 따르면 '수준환경'은, 비교적 높은 수준의 교육을 받고 삶의 질, 급상승한 경력과 자랑할 만한 부에 가치를 두는 40살 이상의 집단에 의해 성립된다.

'통합환경'은 40살 이상이며 중간 정도의 교육 수준을 보여주는 사람을 포괄한다. 낯설고 새로운 모든 이들에 대해 두려움과 회의적 태도를 구석에 밀어놓는 높은 적응준비 상태가 주목할 만큼 눈에 띤다.

마찬가지로 '조화환경'은 40살 이상의 사람들로 구성되지만, 그들은 비교적 낮은 교육경력을 가지고 있다. 안정성에 대한 추구와 갈등을 회피하려는 요구가 지배적이다.

높은 교육 수준으로 뛰어난 (40살 아래) 젊은 층에게서 '자기성취

환경'이 발견된다. 그들의 탁월한 특징은 자기도취와 실험정신이다.

최종적으로 '사교환경'은 젊은 층(40살 아래)의 집단이긴 하지만, 낮은 교육 수준의 사람들로 이뤄진다. 이들은 행동과 긴장으로 가득 찬 상황을 항구적으로 추구한다.

슐츠는 과거의 집단적 생활형식들의 지속적인 원자화와 개체화에도 불구하고 계속해서 사회적 집단이 존속함을 보여주려 한다. 이것은 사회화의 새로운 형식을 통해 형성되는 것이고, 계급에 따라 더 이상 수직적으로 나눠지지 않으며, 사회적 토대의 수평적 구조물 안에서 그때마다의 자리를 갖는다.

공통질문

1 당신은 스스로를 사회이론가나 사회비평가 또는 사회설계가로 생각합니까? 아니면 그저 동시대인이라고 생각합니까?

저는 후자이길 바라는데, 제 직업에서 사회적 동시대인이라는 사실로 이익을 보았기 때문입니다. 사회학자라는 점을 전혀 생각하지 않을 경우에, 저는 사람들과의 일상적인 만남에서 중요한 자료들을 얻습니다.

2. 우리가 살고 있는 사회는 도대체 어떤 사회입니까?

제가 이 질문에 답할 수 있다면, 소박한 사회학자일지도 모르겠습니다. 일생동안 저는 이 질문을 제기하였습니다. 오히려 저는 우리가 더 이상 살 수 없는 사회는 어떤 사회인가에 대해 답하는 것이 쉽습니다. 그것은 제가 현재보다 과거를 더 잘 이해하기 때문입니다. 지금 파악하고 있는 사회를 저는 그 당시에는 역시 파악하지 못했습니다. 우리가 집단적 학습과정을 겪고 있는 사회에 존재하고, 과거의 지식이 더 이상 사용될 수 없음을 알려주는 사회에서 살아간다는 것은 분명합니다.

3. 현 사회의 긍정적인 면과 부정적인 면에는 어떤 것이 있습니까?

독일 연방의 법치국가적 체계는 분명히 이 사회의 강점입니다. 모든 사회적 취약점들에도 불구하고, 우리는 특정한 권리들이 보장되고 있다는 사실에서 출발할 수 있을 것 같습니다. 우리가 기술적·경제적으로, 그리고 정치적으로 활동하고 있는 무제한적인 가능성영역으로부터 장점을 끌어내지 못하는 것 자체가 바로 부정적인 면입니다. 저는 이런 사실을 문화적, 정치적, 경제적, 그리고 생태적으로 생각하지만, 그러나 역시 매우 개인적인 의미에서도 그렇습니다. 우리는 형성의 자유를 통해 과도한 부담을 지게 됐는데, 부연하면 아마도 여전히 그럴 것 같습니다.

4. 사회에서 당신의 역할은 무엇입니까?

제 역할은 관찰자로서의 역할이며, 그 관찰자는 인간의 행위가 이상으로 삼는 것이 무엇인가를 명백하게 파악하려 합니다. 저는 대화소재를 제공하지만, 대화 자체에 관여하지는 않습니다.

5. 사회소설 가운데 어떤 것을 좋아합니까?

테오도르 폰타네의 『슈테힐린(*Stechlin*)』과 엘리아스 카네티의 『안구놀이』, 『귓속의 횃불』, 『제된 혀』와 같은 몇 권의 자서전들입니다. 저는 안톤 체홉의 이야기와, 언제나 선을 향한 추구가 감지될 수 있게 감추어진 그의 청렴하고 기만 없는 시선을 좋아합니다. 실제로 저는 크누트 함순, 존 업다이크, 조이스 캐롤 오츠 등 누구든지 간에, '사회소설'인 모든 단편을 읽었습니다. 그러나 가령 올더스 헉슬리의 『루던의 악마』와 아이작 바셀비스 싱어의 『고레이의 사탄』에서 그랬듯이, 소수의 작품만이 사회 자체를 주연으로 만듭니다. 이것은 진정 사회학자를 위한 소설인데, 여기서 싱어가 사회학자를 경멸하며, 그가 자신의 텍스트를 '불손한 수다'로 특징짓는 점은 언급되어야 합니다.

6. 당신이 즐기는 게임에는 어떤 것이 있습니까?

저는 즐겁게 선술집에 가며 어딘가 앉아서, 둘러보고 귀를 기울입니다. 저는 공공장소에서 제 주위에서 일어나는 일들을 주의 깊게 관찰합니다. 특히 포커를 즐깁니다. 포커는 정신집중을 요하는 도박입니다. 대부분의 경우 제가 지는데, 그래서인지 포커 놀이는 특별한 긴장감을 줍니다.

7. 어떤 모임을 좋아합니까?

저는 내부문화를 발전시킬 수 있는 그런 사람들의 모임 안에 우선적으로 머뭅니다. '내부문화'란 무엇보다도, 일상언어와 다르며 많은 의미들이 소통되는 그런 공통된 사적 언어가 발달되는 것을 의미합니다. 예를 들어 당신은 '헬가'가 무엇인지를 아는지요? 확실히 한 여성의 이름입니다. 그렇지만 저 또는 다른 누군가에게는 더 많은 의미를 가지는데, 우리에게 알려진 인물과 어울리는 여성 타입인 것입니다. 내부문화 안에서 시간이 경과하면서 단어들은 특별한 부가의미를 얻게됩니다. 발전된 내부문화들의 참여자로서 사람들은 포괄적인 표현가능성을 가진 극도로 분화된 집단적인 기억들에 독점적인 접근을 하게 됩니다.

8. 당신이 소속되어 있다고 느끼는 사회집단은 어떤 것입니까?

이 질문은 사회가 여전히 집단들로 분열된다는 이론을 함의합니다. 만약에 집단들이 일반적으로 여전히 존재해야 한다면, 저는 집단들 사이에 놓인 불분명한 경계지역으로 갈 것입니다. 저는 여러 나이

층, 성별과 다양한 직업의 사람들로 이뤄진 관계망에 속합니다.

9. 당신이 사회적으로 중요하다고 평가하는 사람은 누구입니까?

저는 특별히 테오도르 폰타네를 높이 평가하는데, 그는 바로 자기 자신과도 비판적인 거리를 유지하는 데에 모범적 특징을 지녔습니다. 부당하게도 폰타네는 사회학의 대가로서 인정받지 못하고 있습니다. 19세기 후반의 사회를 폰타네보다 더 잘 기술한 이는 없습니다. 저는 오늘날 유사한 인물, 즉 부당하게도 좀처럼 읽히지 않는 독일의 추방 작가 한스 잘을 발견했습니다. 그의 작품은 사회적 실재를 반영하고 있습니다. 그 점이 제가 폰타네를 우러러보는 이유입니다. 그러나 사회적으로 위대한 인물(?)의 이름을 언급하는 것은 모순적인 것 같습니다. 고려할 것은 인물이 아니라, 행동입니다. 저는 폰타네나 잘에게서 이런 입장을 봅니다. 그것은 역사적 인물에 대한 근본적 신뢰의 거부, 그 대신에 언제나 새롭게 재검토하고 판단하는 준비성입니다.

10. 당신이 생각하는 이상적 사회는 어떤 사회입니까?

이상사회란 없습니다. 이상사회란 배우도록 준비된 것입니다. 그것은 언제나 새로운 지평들을 향합니다.

11. 당신은 사회를 변화시키고 싶습니까?

제가 사회를 변화시키려 하지 않는다고 말한다면, 거짓말하는 것일지 모릅니다. 그렇지만 긍정한다 하더라도 그것은 의미를 제공함으로써 다른 이에게 어떤 효과가 산출되기를 희망할 정도에서일 것입니다. 그래서 비록 제 스스로에게조차 어떤 구체화된 유토피아를 정의하지 못하고, 다른 어떤 목적도 —사회 자체를 경계짓는— 제시하지는 못하지만 저는 사회가 변화되길 희망합니다.

12. 미래사회는 어떤 모습이 될 것 같습니까?

저는 '영원한 도시', '역사의 완성' 또는 '자기에게 회귀하는 세계정신'이라는 형태에 관한 어떤 전망도 가지고 있지 않습니다. 저는 언제나 다시금 동일한 문제들을 해결해야 하는 영원한 여정에 있는 우리를 봅니다. 우리의 역사과정 속에서 항상 새롭게 다가오는 세 가지 과제가 있습니다. 첫째로 우리는 일반적으로 살 수 있는 조건을 획득하고, 자신에게 가능성의 공간을 제공해야 합니다. 둘째로 우리는 이 가능성의 공간 속에서 공동생활을 조직해야 하며, 셋째로 방향제시의 성공적 형성에 이르도록 해야 합니다. 일반적으로 볼 때, 세 가지 중요문제들은 언제나 변함 없습니다. 우리는 항상 해결을 시도하지만 결국 새로운 지평에 종속하기 때문에, 지속적 해결이란 존재할 수 없습니다. 제 기대란, 문제들의 위계가 변경될 것이라는 점입니다. 지난 200년 동안 더욱더 강력하게 가능성의 공간이란 주제가 전면에 등장한 이후에, 공동의 생활과 방향제시의 문제가 중심에 서게 되는 때가 이제 도래한 것입니다.

인터뷰

1992년에 당신이 묘사했던 사회도식이 현재상황에도 맞다고 생각하십니까? 그렇다면 우리는 여전히 '체험사회'에 살고 있습니까?

의식적 체험을 생활의 중심에 놓은 체험사회는 앞으로도 지속될 것입니다. 우리 자신과 우리의 육체적-정신적 상태나 과정과 다른 누구도 우리가 정의한 핵심적 목표에 적중시키지 못할 것입니다. 정확하게는 우리의 이러한 상태와 과정을 긍정적이며 성공적으로 스스로 서술하는 것이 문제가 됩니다. '체험사회'란 1980년대 말 독일에서 경험되었던 발전논리를 재구성하는 하나의 시도입니다. 개인의 체험정위성은 사회적 환경의 구성이라는 제 이론의 토대를 형성합니다. 저는 『체험사회』에서 5개의 환경들을 구분하였습니다. 좀 어설프더라도 체계화하거나, 몇 개의 환경들은 요약하거나 또는 범주들을 내적으로 세분화할 수 있었으면 더욱 좋았을 것입니다. 그런 구분들은 종국에는 언제나 분석자의 자의에 놓이게 됩니다. 유사한 관찰방식에도 불구하고 오늘날 우리는 다른 결과에 이르렀는데, 사회적 집단들의 조성이 다르게 되었기 때문입니다. '체험사회'는 사회의 자화상, 특정한 시기의 스냅사진입니다. 환경들은 계속해 다시금 변화하지만, 그러나 그것들이 성립하는, 즉 체험정위적인 일상활동을 통해서 성립되는 그런 방법과 방식을 저는 지속적으로 타당하게 여깁니다.

당신의 문화사회학적 진단의 특성은 무엇이며, 당신의 연구결과들이 사회학자인 피에르 부르디외의 그것과 어느 정도로 차별화됩니까?

저는 일상적인 대상들과 행동들 속에서 구체화되는 상징질서에 대해 던지는, 거시사회학적인 해석에 관련된 부르디외의 시선에 감사한다는 것을 우선 확실히 해두겠습니다. 무엇이 제 이론의 특성들을 이루고 있을까요? 첫째로 접촉의 선별 가능성이란 조건하에서 불분명한 사회적 거대 집단의 형성에 대한 설명도식, 거기에서 '자명하고', '의미 있는' 표지들이 탁월한 역할을 수행하는 그런 설명도식의 완성입니다. 둘째로 사회환경에 고유하고도 실존적인 지각방식의 체계성을 중심에 세우는 해석학적인 실마리입니다. 셋째로 부르디외(와 부르디외의 원조로서 톨스타인 베블렌)에게서 사회환경의 설정을 규정하는 수직적 패러다임으로부터의 전환인데, 대신에 생활환경을 심리 물리적인 의미론의 다차원적인 공간에 자리매김하는 시도입니다. 넷째로 최종적으로 시대진단과 역사적 관찰의 결합입니다. 그것은 우리가 독일 연방공화국에서 1945년 이래로 삶의 변화에 어떻게 반응했는가에 대한 것입니다.

당신은 급속한 경제성장기에 민주주의의 전개를 생각하고 있습니다. 민주주의와 사회복지가 체험정위성으로 이끄는지요? 만약에 그렇다면, 경제가 악화되면 무슨 일이 일어날까요?

저는 무엇보다 가능성의 증가를 생각합니다. 그 증가는 지속됩니다. 즉 성장이 공평치 않게 나눠지고, 경제적 문제가 생깁니다. 그런 까닭에 사람들은 집합적인 가능성의 공간에서 어떤 위치를 실제로 취하게 되는가 하는 물음에 다시금 더 많은 주의를 기울입니다. 그러나 이것으로 주체 중심적인 목표정의가 부단히 지배하는 문화적인 사실은 달라지지 않습니다. 삶의 자체평가에서 존재의 관점은 소유의 관점에 승리하는데, 그것은 무제한적인 가능공간을 통해 곧바로 강행됩니다. 가능성들의 처리가 아니라 주관적인 바른 선택이 주요문제입니다. 단, '주관적인 바른 선택'이 무엇을 의미할까요? 『체험사회』의 출간 이후로 체험합리성의 생철학적인 규준이 분명히 급진적이게 되었습니다. 사람들이 항상 바라보는 곳이 어디인가요? 여행, 축구, 섹스, 정치적 문화, 음식, 광고, 자동차, 직업, 그리고 직업포기입니다.

'체험합리성'이 무엇을 의미하며, 어디서 드러나는지요?

'체험합리성'이란 자신의 논리를 유지한 채 이뤄지는 자연과학적·기술적 사고의 전도입니다. 고전적인 도구적 사고는 생산과정들의 효율성, 기계의 성능, 경작지의 수확과 같은 객관적인 목표에 초점을 맞추고 있습니다. 체험합리적 사고에서 목표정의의 초점은 바깥에서 안으로 움직입니다. 사람들은 주체 외부에 주어진 것(소비재, 여행목적, 오락 제공, 파트너……)을 내적으로 드러난 작용들(열광, 긴장이완, 욕망 등)을 위해 수단화합니다. 즉 내적인 삶을 최적화하기 위해 기술자에 적합한 상황경영인 것입니다. 이러한 사고는 종종 광고에서, "거울을 향락의 도구로 보도록 해라"라는 문구로 등장합니다. 그러나 그 역시 이 시대의 진부한 자기규정에 부착돼 있습니다. 즉 "나는 마음에 드는 것만 합니다".

'체험합리성'이란 당신의 개념은 독일 연방을 염두에 둔 것입니다. 다른 국가들에도 적용될 수 있는지요?

제 생각에 체험정위성은 세계적인 현상입니다. 잠재적인 철학적 과제와 사고 모델로서 이 현상은 통신매체, 관광객과 마찬가지로 코카콜라와 같은 생산품을 통해 세계의 구석구석까지 침투해갑니다. 주체를 중심에 세우는 철학적인 관찰방식은 일반재가 되어졌습니다. 한편으로는 우리는 자신의 시대에서 무엇을 어떻게 성취할 수 있는지를 정확히 아는 사람들과 관계해야 합니다. 다른 한편으로 대다수는 오히려 어찌할 바를 모르고 제공된 것에 의존해버립니다. 체험정위성이란 삶의 철학은 널리 마련되고, 주제별로 완전히 다르게 채워질 수 있는 변형놀이공간입니다. 스스로를 찾아내는 주체들의 가능성들에 어떤 한계도 놓여 있지 않습니다. 무엇보다도 이러한 가능성의 여지에 관한 활용은 한 사회의 문화적 유산을 통해 주조됩니다.

저는 '체험사회' 안에서 단지 서독의 변형태만을 기술하였습니다. 한편에서는 체험정위성과 주체중심성의 국제화, 다른 한편에서는 이러한 동기의 민족화와 주조화, 이 두 가지가 만나게 됩니다.

미국의 경제학자인 J. K. 갈브레이드의 상론에 따르면, 1958년 이후로 우리가 살고 있는 '잉여사회'의 환경조건이 존재하지 않는다 하더라도 역시 체험정위성은 가능한지요? 또는 만약 제가 생존(연금) 자체를 더 이상 걱정하지 않아도 된다면 비로소 무엇인가를 체험할 수 있지 않은가요?

물론입니다. 그러나 모든 불평등에도 불구하고 적어도 부국들은 절대 다수가 체험정위성이 실질적으로 가능할 정도로 생존문제들에서 면제되어 있습니다. 대개 지켜지지 않는 생계최저선 저편에서 수입의 차이가 아름다운 삶의 프로젝트를 위한 열망된 장식품의 조달과 관련해서만 어떤 역할을 하지만, 프로젝트의 실행에 있어서는 아닙니다.

생활방식, 나이, 교육정도의 범주에 따라 형성된 사회적 환경(분위기)의 계급도식을 통해 사회적 불평등의 현실이 흐려지지 않는지요? 수입과 능력상태에 대한 물음이 철저하게 무시될 수 있는지요?

저는 종종 이런 식의 오해를 받곤 합니다. 실제로 저는 우리가 결핍과 불평등의 관점하에서는 우리의 사회 세계를 충분히 이해할 수 없으리라 생각합니다. 결핍이나 불평등과 전혀 관계가 없는 그런 집단의 경계, 인식표준과 행동도식이 있으며, 물론 다른 한편으로 결핍과 불평등에 의해 강력하게 규정되는 사회적 현실의 층위들이 존재합니다. 만약 전자가 주장된다면, 후자도 배제되지 않습니다.

'2/3사회'의 하층부인 1/3에서 직업을 잃고 무엇을 시작해야 할지 알지 못하고, 그런 많은 실직시간을 강제적으로 처분해야 하는 그런 사람들에게 어떤 일이 일어나는지요? 개체화에도 불구하고 실직자들 가운데 연대성과 같은 어떤 것이 역시 존재하는지요?

우리가 노동운동의 역사에서 보았듯이 오늘날의 실직자들이 자신들을 조직화하는 좋은 기회를 가졌다고 저는 믿지 않습니다. 상황은 그 당시와 완전히 다릅니다. 계급투쟁의 시대에서 사람들은 누군가에게 무엇인가를 억류하거나 강탈하는 강자를 약자로 여겼습니다. 그래서 그들은 높은 임금, 적은 노동시간, 잉여가치의 분배 또는 단지 생업을 위해 투쟁했습니다. 이와 달리 오늘날에는 실직자에게서 빼앗은 것이 다른 편의 소유자에게서 나타나지 않습니다. 따라서 시스템이 전체적으로 국민국가적 경계를 벗어나지 않는다면, 조직화된 대량의 실직자를 받아들일 수신자가 누구인지는 인식될 수 없습니다.

우리는 실업문제를 해결하기 위해 새로운 국제적 조직체제를 발견해야 합니다. 그렇다고 해도 사람들이 "생업이 생활의 의미와 같다"는 등식과 결별한지 이미 오래되었습니다. 체험정위성의 관점에서 더욱더 많은 사람들이 낯설게 규정된 노동으로부터의 해방됨을 문제가 아니라 특권으로 보게 됩니다.

당신에 의해 주조된 표지 '체험사회' 배후에 근대화이론의 단초가 숨겨져 있습니다. 근대에 관한 당신의 이론은 어떤 모습인가요?

다수의 체계화의 가능성들이 존재합니다. 역시 저는 과거를 체계화하려고 노력하고 있습니다. 뿐만 아니라 인간이 도대체 어떤 상황에 놓여 있는지를 인식하고 과거성이 계승될 수 있는지를 결정하기 위해 장기적인 과거성을 바라보는 것에서 시작해야 합니다. 내 주제는 다음과 같은데, 우리는 과거성의 계승이라는 사상과 거리를 취하도록 강요받는다는 것입니다. 합리화와 근대화는 우리의 사고를 각인하는 양식인데, 그렇지만 그것의 조건 및 자원들이 고갈되고 있습니다. 저는 과거성을 언제나 새로운 상승(성장)의 연속으로서 기술합니다. 이러한 상승들은 매우 많은 생활분야를 포함하는데, 자연과학, 기술, 생산, 정치적 조직체제, 그리고 사생활이 그것입니다. 성장은 숙련되고 특정한 규칙에 따라 작동하고 일종의 역동적 관성에 머물게 됩니다. 미래에서는 근대화가 상승으로서의 고전적인 근대화로부터 분리되는 것을 의미합니다.

당신은 성장에 대해 구체적으로 어떤 것을 떠올립니까?

예를 들어 성장이란 석탄 화덕에서 전기주방으로의 이동입니다. 성장은 기계의 품질과 생산력의 증진을, 그리고 자료분포의 확산, 이득확대와 증식을 의미합니다. 기업연합(콘체른)은 어떤 새로운 것을 기대하는 사람들을 겨냥합니다. 우리는 새로운 세대의 자동차, 차세대 컴퓨터, 개선된 세탁기와 블록버스터 영화를 기다립니다. 오늘날 연구와 발전은 기업 또는 국가 전체를 촉진할 수 있는 가장 중요한 양식으로 파악됩니다. 우리 문제의 해결을 위한 다른 제안들은 보이지 않습니다. 무엇보다 변화가 문제인 것입니다. 확실히 모든 것이

변하지만, 변화의 유형만은 그렇지 않습니다. 변화로서 파악된 것은 단지 낮은 수준에서 높은 수준으로의 가능성들의 인지된 변천입니다. 그러나 우리가 직면해 있고, 심지어 이미 시작된 것은 변화의 변화인데, 성장논리 너머의 사회 세계가 그것입니다.

이미 1972년에 세인의 관심을 끌었던 자신의 저서에서 '성장의 한계'에 대해 경고했던 미국의 체계분석가인 데니스 메도우즈의 설명들을 당신도 지지합니까? 성장과 발전을 향한 추구에서 인류는 그 분명한 종식을 예방할 수 있을까요?

'로마클럽'의 이러한 보고가 반박되었다고 말하는 많은 사람들이 그동안 있어왔고, 우리는 항상 그렇게 살고 있습니다. '로마클럽'의 보고들이 얼마나 적게 우리 생각 속에 침투했는지를 보기 위해서, 자동차산업이 미래에도 역시 우리 국민경제의 중추역할을 한다는 것을 우리가 얼마나 자명하게 사례로 받아들이는지를 언제가 한번은 봐야겠습니다. 우리는 아직도 사고전환을 할 준비가 돼 있지 않습니다. 비로소 객관적인 제약이 우리를 억류하고 고통스런 학습과정을 불러올 것입니다. 그렇지만 저는 이 학습과정이 환경문제에 의해 자극된다고 믿지 않습니다. 제 생각에 따르면, 친환경적 기술의 가능성에 관련된 생태계적 질문이 역으로 성장자원을 제시해줍니다. 더불어 성장은 생산성의 증가로 정의됩니다. 적은 연료로 긴 거리를 축소하고, 적은 전력으로 다수의 가구에 공급합니다. 생태계적인 요구는 결코 성장논리에 맞춰진 현대의 종말을 알리는 것이 아니며, 오히려 현대가 영광스러운 경기를 할 수 있게 합니다.

발전의 종식은 언제쯤입니까? 프랜시스 후쿠야마의 말처럼 진정 우리는 '역사의 종말'에 처해 있습니까? 만약 그렇다면 우리는 무엇을 해야 하는 것입니까?

그런 종식의 지점은 없으며, 그 대신에 우리는 이미 언제나 행했던 것을 속행하기 위해 모든 역량을 통해 시도하지만 더욱 적게 성취하게 되는, 그런 장기간의 과도기상태를 맞게 될 것입니다. 이 시기에 자기인식은 심대한 어려움에 봉착하는데, 그것은 현대의 보수주의도 개혁의 외관을, 무엇보다도 친숙하고 정상적이고 항상 동일방향적인 혁신의 외관을 갖고 있기 때문입니다. 현대를 현대화하는 프로그램은 쉽게 떠올릴 수 없는데, 사람들이 언제나 다시금 고전적인 근대화안으로 되돌아가버린다는 것입니다. 그렇지만 발전의 중심이 넘을 향한 채 취소할 수 없이 소모되고, 그리고 사람들이 한동안 무한한 것이라 믿고난 후에 지금은 점차적으로 고갈되는 '일시적인 계몽자원'에 고전적인 근대화 안의 실천 근거한다는 것이 제 주장입니다. 이로써 저는 지속적 성장의 구상화, 성장 결과들의 객관화, 그리고 성장 논리적으로 유용할 수 있는 불변성의 발견화를 생각합니다. 성장 게임은 종식됩니다. 미래사회의 중앙적 통합원리는 가능성 공간의 확장이 아니라, 본질적으로 더 이상 성장할 수 없는 가능성 공간의 경영인 것입니다.

발전의 종식이란 우리가 기술진보, 경제성장과 개인적인 소비욕구 및 체험욕구의 충족으로부터 결별해야 한다는 것을 의미하는지요?

저는 발전이 아니라, 발전 게임의 종식에 관해 말하고 있습니다. 이것으로 저는 특정한 사고와 행동도식, 발전논리를 통해서 결합되는 경제, 기술, 자연과학, 정치와 소비자 간의 해석망을 생각합니다. 기술적인 진전과 성장은 여전히 존재할 것이나, 그것을 통해 더 이상 사회는 결집되지 않습니다. 그래서 자신을 위해 개인적으로 바라는 것을 사람들은 발전게임의 참여로 인해 더욱 적게 현실화하게 될 것입니다. 그 대신에 사회가 어떻게 통합될 것인가는 우선은 부정적으로 규정될 뿐입니다. 어쨌든 발전 게임의 노골적인 진전을 통해서는 결코 아닙니다. 그밖에 어떤 것에 대해서도 누구도 예고하지 못하며, 우리는 시행착오를 통해 이것을 찾아내야 합니다.

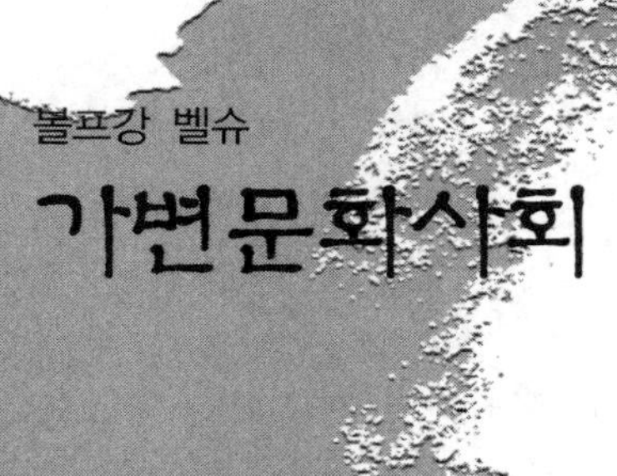
볼프강 벨슈
가변문화사회

생애

볼프강 벨슈(Wolfgang Welsch)는 1946년에 출생하였고, 현재 예나에 있는 프리드리히 쉴러 대학의 철학교수이다. 그의 연구 핵심은 이성과 합리성, 문화철학, 철학적 미학과 예술이론, 아울러 20세기의 철학이다.

포스트모던의 철학적 대부인 장 프랑수아 료타르와 더불어 볼프강 벨슈는 이러한 사조의 유명한 변론가에 속한다. 벨슈는 개념들로 치장하는 것이 중요치 않고, 그 배경을 발견하고 내용을 전면에 내세우는 것에 관심을 갖는 소수의 일원이다. 포스트모던에 관한 자신의 입장을 다른 입장들과 지속적인 논쟁을 통해 발전시켰던 벨슈는, 『우리의 포스트모던적 현대』라는 자신의 비상한 저술을 통해 학계 밖의 사람들을 포스트모던 논쟁에 참여하도록 하는 데 성공했다.

자신이 하려는 일을 바로 직업으로 실천할 수 있음을 특권으로 느낀 철학자는, '가변문화성'이란 자신의 착상을 사회 안에 있는 변화의 토대 위에서 발전시켰다. 그는 인간들의 변화된 관계, 사람들이 서로 사귀는 방식들, 그리고 자기 자신, 생활세계와 사물들에 대해 맺는 관계가 어떻게 변했는가 하는 방식들을 기술하고 있다. '육체와 정신의 미학자'로 여겨지는 벨슈의 사고구상은 "성실성은 철학자의 실질적 덕목"이라고 말했던 프리드리히 니체에 근본을 두고 있다. 왜냐하면 성실성은 자신이 가장 추종하는 사상들 중의 하나에 대항하는 다른 사상을 발전시키려 하지 않고서는 하루도 허비하지 않는 것을 뜻하기 때문이다.

■ 주요 저작들

- Wolfgang Welsch. 1987, *Unsere postmoderne Moderne*, Weinheim: VCH Acta humaniora. — 『우리의 포스트모던적 현대』
- _____. 1988, *Postmoderne-Pluralität als ethischer und politischer Wert,* Köln: Bachem Verlag. — 『포스트모던 -도덕적이고 정치적인 가치로서의 다원성』
- _____. 1995, *Vernunft: Die zeitgenössische Vernunftkritik und das Konzept der transversalen Vernunft,* Frankfurt/M.: Suhrkamp Verlag. — 『이성: 동시대적 이성비판과 횡단하는 이성의 개념』

개념 볼프강 벨슈에 따르면 현대사회는 고유한 문화적 각인으로 소급되지 않는 그런 생활 형식들의 다양성을 통해 규정된다. 오히려 생활 방식은 가변문화적 조합에서 생겨난다.

문화의 전통적 표상과 결별하는 '가변문화성'의 구상을 벨슈는 1997년에 동일한 제목의 논문으로 정리하였다. 그것은 문화적 현실성의 현대적인 형성조건들을 올바르게 평가하려는 시도이다.

문화를 여전히 독자적이고 고립적인 형성물로 보는 구상들은 낡은 것이다. 이러한 구성들은 문화 그 자체를 닫혀 있고, 동일하고, 외부와 구별된 단일체들로서 이해했다. 벨슈에 따르면, 그것들은 현대적인 사회들이 수직적·수평적으로 분화되고 있다는 사실을 고려하지 않았다. 노동자구역, 별장지, 그리고 대안집단지의 문화들간에는 어떤 중요한 문화적인 공통성이 존재하지 않는 한에서 수직적이다. 수평적인 구분이란 이미 다만 성별적 차이와 그들의 그때마다 상이한 사회적인 역할을 통해서 생겨난다.

'다문화성'의 구상과 관련해 벨슈는 의구심을 가졌다. 왜냐하면 그것은 근본적으로 고전적인 문화 모델과 구별되지 않기 때문이다. 한 사회 안에서 문화의 다원성이 주목되긴 하지만, 낡고 동질화되는 문화개념으로 계속해서 고착되어간다.

'개별문화들'의 구성이나 '다문화성'의 구상은 동시대적 문화들의 내적인 복잡성을 고려하지 않은 것이다. 이러한 복잡성은 한 사회가 문화적 동질성에 도달하는 것을 불가능하게 만든다.

벨슈는 새로운 관점을 과감히 취한다. 그의 이해에 의하면, 한 개인이 갖는 당대의 문화적 각인이 더 이상 본질적으로 국민성과 시민권에 대해서는 발생하지 않는다. 문화적 표본으로서의 국민적 정체성은 계속해서 그 타당성을 상실해간다. 성장하는 세대의 생활은 하나의 문화에만 더 이상 고정되지 않고, 가장 다양한 문화적 경험들에 의해 각인된다. 문화경계는 더 이상 존속하지 않으며, 문화의 새로운 형식이 생기는데, 이것을 벨슈는 가변문화적이라고 특징짓고 있다.

이민과 유동성, 전지구적 교통과 통신체계, 그리고 경제적인 교역망의 시대에서 혈연적 집단의 반경을 넘어서 다른 집단의 사람들과 접촉하며 살고 일하는 그런 생활들이 수적으로 증가하고 있다. 문화적 지평이 사람들과 일상적인 교제, 가정, 직장, 거리, 쇼핑, 여행 등에서 확장되고 있다. 또한 TV, 라디오, 신문 또는 인터넷을 통한 정보의 습득이 사람들의 문화 범위를 변경시킨다. 벨슈가 말했듯이, 그런 까닭에 전지구적으로 가용한 것은 철저히 가변문화적으로 규정된다.

벨슈는 사람들이 낯선 것에 대한 경계와 고유한 것에 관한 전념에 기초하는 문화의 선지배적 사고관념에서 벗어나야 한다고 주장한다. 그의 구상은 오히려 고유문화와 이방문화의 대립 저편에서 문화를 생각하는 개방적이고 폭넓은 문화이해를 목표로 한다. 문화는 사람들 사이에서 다양한 생활실천이 유지되거나, 새로운 관계들이 맺어지는 그런 곳에서 형성된다. 결과적으로 문화의 전지구적 단일화가 아니라 문화의 다양성인데, 그 다양성은 인종적 기반을 통해 서로 구별되지 않고, 차이와 교차를 통해서 뚜렷이 드러난다.

이와 더불어 결정적인 점은 지리적·민족적인 조건의 결과로서가 아니라, 문화적 교환과정의 결과로서 차이가 형성된다는 것이다. 그리고 '차세대들은 의견교환과 상호작용의 강력한 가변문화적 양식들을 육성할 것'이라는 벨슈의 희망과 확신 역시 그것에 연결되어 있다.

공통질문

1. 당신은 스스로를 사회이론가나 사회비평가 또는 사회설계가로 생각합니까? 아니면 그저 동시대인이라고 생각합니까?

비록 제가 많은 경우에 사교적이지 않다고 인정하더라도, 곧바로 사교적인 동시대인을 선택하고 싶습니다. 두번째로 사회비판가의 역할에 공감이 갑니다. 철학자로서 저는 바로 사회이론가는 아니며, 제 과제는 시대진단적으로 중요한 생각들과 이로부터 역시 사회에 유익하거나, 저해되거나, 자극적이거나 하는 등등의 생각들을 발전시키는 데에 있다고 봅니다. 전반적으로 저는 사회이론가라기보다는 문화철학자에 가깝습니다.

2. 우리가 살고 있는 사회는 도대체 어떤 사회입니까?

이행기 사회에 속해 있습니다. 그것이 물론 기이하게 들릴지 모릅니다. 저는 다른 사회들과 같이 -서구적인 유형만이 아니라- 연방공화적 사회도, '가변문화적' 표현으로 규정해놓은 길 위에 있다고 믿습니다. 개인들의 문화적 형성과 더불어 사회의 구조가 전세계적으로 점점 더 민족적 형성으로부터 독립적이 되는 것이 근본이념입니다. 과거의 동질사회로부터 혼합사회로의 이행에 저는 약간의 희망을 걸어 봅니다.

3. 현 사회의 긍정적인 면과 부정적인 면에는 어떤 것이 있습니까?

우리 사회의 명백한 강점은 제가 보기에는 그것이 –일반적인 현대 사회와 같이– 안녕에 관련해서와 마찬가지로 경제적인 수준에서도 고도의 안정성을 보증한다는 것입니다. 저는 이 점이 놀랍게 들린다는 것을 알고 있는데, 왜냐하면 일상사가 불평에 의해 결정되고, 이 불평들은 개별적으로 정당화되고 있기 때문입니다. 그런데 전반적으로 우리는 더 높은 수준에서도 불평을 하는 것이 됩니다. 실제적으로 우리는 이 땅에서 있었던 가장 안전한 사회에 살고 있습니다. 다른 한편으로 근대화는 –기본문제에서 고도의 확실성을 위해 보충된 것인데– 정체성과 가치문제에서 강한 불확실성을 동반하고 있으며, 근대의 이러한 측면에 자신을 위치시키는 것이 사람들에게는 어렵습니다. 따라서 우리는 귀향, 강한 확실성, 안전한 방향성, 근본주의, 심지어 새로운 지도자에 대한 소문을 듣게 됩니다. 저는 무엇보다도 이러한 소문이 과거처럼 그렇게 위험하지 않다고 믿습니다. 사회 재생산의 확실성은 저무는 이 세기의 역사적인 경험들처럼 좋은 완충기 역할을 합니다. 관건은 아마도 자발적으로 근대적 불확실성에 대항하여 살다가 좌절하는 대신에 그것과 어떻게 함께 살 수 있는지의 전략을 발전시키는 것일지도 모릅니다.

4. 사회에서 당신의 역할은 무엇입니까?

주변부에서 등장한 중재자의 역할입니다. "철학자는 기억공동체의 시민이 아니다. 그 점이 철학자를 철학자로 만드는 것이다"라는 비트겐슈타인의 진술을 저는 높이 평가합니다. 바로 오늘날의 철학은 시대의 흐름을 거슬러 생각하고 대안을 제시하는 과제를 갖고 있습니다. 그러한 한에서 저는 결코 완전히 사회 안에 통합되길 원치 않으나, 주변부로부터 비판적 질문을 제기하고 회의적인 눈길을 던지며 의미 있는 제안들을 제출합니다. 그런 비판은 현대사회들에 속하며 그 속에서 반향을 얻습니다.

5. 사회소설 가운데 어떤 것을 좋아합니까?

예를 들면 이탈로 칼비노의 『보이지 않는 도시들』인데, 그것은 가장 상이한 도시의 구성, 생활과 사교방식에 관한 서술입니다. 제가 좋아하는 도시는 '오타비아'인데, 두 개의 높은 산들 사이에 팽팽하게 걸쳐진 그물 위에 건립된 도시입니다. 도시의 모든 건물과 전체 교통은 이 그물망에 연결되어 있습니다. 칼비노 서술의 핵심은 이 도시—이 도시는 가장 명백한 불확실성으로 구성되어 있는—에서의 삶이 다른 도시에서보다 더 안전하다는 데 있습니다. 주민은 상황의 불안정에 대한 예감을 발전시키기 때문에, 그들은 그 불확실성에 대해 알고 그것과 함께 사는 것을 철저하게 배우는데, 반면에 사람이 자신을 안전하다고 공상하는 한, 거기에서 사람은 출현하는 불확실성에도 매우 쉽게 공포 속에 빠지고 그릇된 척도를 붙잡게 됩니다.

다른 사례로 클라이스트의 소설, 『칠레의 지진』이 있습니다. 하인리히 폰 클라이스트는 한편으로 사람들이 지진의 난관을 통해 어떻게 변화했는지를 묘사했습니다. 그가 서술하길, "인간적 정신 자체는, 울려퍼진 공포의 충격 이후로 심정들이 모두 화해되듯이, 예쁜 꽃과 같이 펼쳐지는 것 같았다". 참된 인간적 삶의 유토피아는 곤경 속에서 현실화됩니다. 어떤 한정된 시간에서지만 말입니다. 그러나 그런 다음에 정상화가 되고 그와 더불어 낡은 선입견, 살해 욕구, 새로운 범죄가 되돌아옵니다. 현대적인 것은 그렇지만 그런 유전성의 회귀에 저항력이 있는 안정화를 추구합니다.

6. 당신이 즐기는 게임에는 어떤 것이 있습니까?

답하기 어렵습니다. 저는 5인 당구를 즐기는데, 일반적으로 사람들은 2인 당구를 합니다. 이 게임에서 환상적인 것은 정확성과 우연성의 결합입니다. 사람들은 다음 번 맞힘의 상태를 예언할 수 없으며, 그것은 두 명 이상의 협력을 더 긴장되게 만듭니다. 그것은 승자와 패자라는 단조로운 도식 너머로 게임을 고양시킬지도 모릅니다. 다수의 개인들이 곤란한 상황에 관한 어떤 해결을 고민하고 발견할 것인가요? 그 결과로 자극받고 자극하는 사회, 함께 독창적인 사회가 밝혀질 것입니다.

7. 어떤 모임을 좋아합니까?

혼합적인 사회모임이 가장 좋습니다. 한 동료와 집중적으로 어떤 일들을 토론하는 것이 굉장한 일이지만, 저는 그것을 사회라고 부르지 않습니다. 사회라면 두 명 이상의 사람, 그리고 학문적 목적과는 다른 것이 요구됩니다. 오히려 야외모임이나 저녁식사의 사귐이 생각될 수 있습니다. 제게는 혼합적인 것이 일단 확실히 이성적으로 혼합됨을 뜻합니다. 저는 동성적인 사회모임에 불편을 느끼며, 대부분의 남성모임에서도 그렇습니다. 성별, 나이, 직업군의 혼합은 역시 다 마찬가지인데, 어떻든 참여에는 일종의 동등권이 존재해야 한다는 것입니다. 계속해 전면에 나서고 다른 이들은 단지 박편으로 이용하는 자기과시자는 사회성을 해칩니다. 대화와 사교에서의 활발한 교류는 최고로 아름다운 것입니다. 물론 자기과시 대신에 협력을 중시하는 대등한 이들의 그런 혼합사회를 발견하기가 우리의 사교사회에서 점점 어려워집니다. 그렇지만 많은 경우에 여전히 잘되고 있습니다.

8. 당신이 소속되어 있다고 느끼는 사회집단은 어떤 것입니까?

불명확하게 정의되는 지성인들의 집단인데, 그들은 문제를 제기하고 대안에 관한 의식을 활성화시키며, 많은 경우에 방향설정 안건을 제시합니다.

9. 당신이 사회적으로 중요하다고 평가하는 사람은 누구입니까?

소수가 있습니다. 브레즈네프와 피노체트를 맞교환하려 하고, 앙드레 글룩스만에게 자신의 책 『대사상가』를 헌정했던 미치광이가 첫 번째로 떠오릅니다. 종종 문외한이 최상의 통찰을 갖습니다. 그러나 저는 유명인들을 열거할 수 있습니다. 일례로 로리 앤더슨, 카트린 다비드 또는 대다수에게 견디기 어려운, 그러나 역시 비교할 수 없는 루드비히 비트겐슈타인이 있습니다. 그들은 매우 개인적인 입장으로부터, 다수에게 중요하게 여겨질 비상한 일들을 전개하였습니다. 그들은 어떤 인기 있는 절충적 입장들도 취하지 않고, 예술적으로나 지적으로 요구된 입장들을 끈질기게 추구했습니다. 그러나 역시 사회적인 토론을 불러일으키는 입장들도 취합니다. 만약에 사람들이 매우 오해받는 몸짓과 예언으로 되돌아간다면, 저는 그것을 낮게 평가합니다.

10. 당신이 생각하는 이상적 사회는 어떤 사회입니까?

사람과 사람 사이의 교제가 활발히 이루어지고, 자연의 소중함을 인정하며 보존하는 사회, 개인의 자유가 존중되는 사회입니다(이것은 슐러의 오랜 이념이기도 합니다). 그것은 실제로 하나의 다른 사회를 가져올지도 모릅니다. 그리고 이러한 열거는 얼마든지 더 할 수 있습니다. 안타까운 것은 이것은 단지 사회에 대한 하나의 꿈일 뿐이라는 것입니다.

11. 당신은 사회를 변화시키고 싶습니까?

흔치 않은 생각이겠지만 그렇습니다. 물론 저의 힘은 아주 미약합니다. 단적인 예로 저의 저작을 들 수 있는데 이것이 저의 연구분야나 철학 외부에서, 그리고 학구적 세계 밖에서 -예술가에서 사회활동가에 이르기까지 모든 종류의 동시대인에게서- 반향을 얻게 되는 행운을 가졌습니다. 제 저서들은 그들이 자신의 고유한 반성과 활동을 진척하도록 아마도 도왔습니다. 그것이 -규정자로서가 아니라 여과자로서 작용하는 것- 제게는 가장 용이한 것입니다. 제가 직접적으로 사회를 구성하는 자였을지도 모를 그런 입장을 견지하지도 결코 원하지도 않았습니다. 저는 자극역할을 더 선호합니다. 그렇다면 모두가 참여하는 사회에 영향을 줄 그런 두번째 방식이 여전히 있는데, 저는 우리의 일상적인 교제를 생각합니다. 거기서 저는 제 자신의 일을 행하려 하며, 더 나은 사회의 일부가 그런 사귐을 통해 현실적이 되도록 그렇게 행동하려 시도합니다. 사람들은 경멸하듯이, 도대체 원자가 세계의 척도로 어떻게 영향을 끼칠 수 있는지 물을 것입니다. 확실히 적게 끼치지만, 그러나 만약에 세계 전체가 원자들로 구성된다면, 개별적 원자들의 기여는 전혀 사소하지 않습니다.

12. 미래사회는 어떤 모습이 될 것 같습니까?

저는 당연히 미래사회를 예측할 수 있고, 감히 희망찬 예측을 시도할 수도 있습니다. 즉 미래사회는 가변문화적일 것입니다. 이 점을 가지고 제가 생각하는 것을 우리는 아마도 인터뷰에서 해명할 수 있습니다. 이 시점에는 다만 다음의 것을 해명합니다. 우리는 다른 사람들에게 그들이 어디 출신인지를 묻는 데 익숙해 있습니다. 사람들은 개성이 아니라 국민성을 기대합니다. 내 꿈은 사람들이 더 이상 그렇게 현혹되지 않고, 다른 사람들을 -출생지가 아니라- 그들이 어떠한가에 따라서만 판단하는 그런 세상에서 사는 것일지 모릅니다.

인터뷰

앤소니 기든스가 말하길, 우리는 포스트모던이라는 새로운 시기로 진입하지 않았고, '근대의 결과들'이 이제까지보다 더 급격하게 일반적으로 작용하는 그런 시기로 이행하고 있다는 것입니다. 마틴 앨브로는 한걸음 더 나아가, 우리가 '전지구적 시대'에 살고 있다고 가정합니다. 당신의 견해에 따르면 '포스트모던 사회'를 특징짓는 것이 무엇인가요?

바라건대, 그런 개념껍질들의 공허함이 간파될 것입니다. 그것들의 목적은 1차적으로 개념 정치적인 것이고, 별로 쓸모가 없습니다. 정확하게 생각되어야 하는 것을 사람들은 매번 실로 매우 다르게 진술하는 듯합니다. 그것은 그런 유행어들에서 끌어낼 수 없습니다.

'포스트모던' 또한 그렇습니다. 그것은 1970년대 후반과 1980년대의 핵심용어였습니다. 무엇보다도 이러한 표지 안에서 파악되는 모든 것이 낡지 않았습니다. 우선 포스트모던에 대한 제 생각을 말할 수 있도록 허락해주시겠습니까? '포스트모던'을 직접 고안하지는 않았지만 그의 저술로 그 주제를 일반적으로 토론하도록 만든 장 프랑수아 료타르는 현대사회가 단호한 차이들을 통해 언어놀이, 논의 형식, 생활방식, 집단의 이질성을 통해서 특징화되는 것으로 여겼습니다. 차이는 그 근원에까지 미치며 더욱이 수직적·수평적으로 그러합니다. 그렇다면 도대체 노동자구역, 별장지, 그리고 대안집단지의 문화들간의 공통분모가 무엇이어야 하는가요? 내지는 남성적, 그리고 여성적, 또는 이성적, 그리고 레즈비언 또는 게이의 차이가 사회에 대한 급격하게 상이한 입장들을, 세계에 대해 분화된 관찰들을 어떻게 근거지을 수 있는지 생각해봤으면 합니다. 이미 급진적 다원성이 자명하게 지배하고 있습니다. 오늘날 이러한 상황을 고려해야 합니다. 방향들간의 상이성에 대한 료타르의 진단은 막스 베버로부터 위르겐 하버마스에 이르기까지 낡은 분화이론들이 그랬던 것보다 훨씬 단호하고 급진적입니다. 사람들은 급진적 다원성의 등장에 직면하고 있는데, 근대화와 불가피하게 결합해 있고 더 이상 되돌릴 수 없습니다. 마찬가지로 사람들은 이러한 다원성을, 최종적으로 허구적이 되는 통일성 주장들에 근거하고 있는 근대의 고전적 수단을 가지고는 직면할 수가 없습니다. 이질적 집단간의 교제와 상호적인 생활계획을 위해 새로운 규칙이 필요합니다.

그것이 기본권과 인권에도 유효한가요?

좋은 질문입니다. 근대 정신은 철저히 기본권과 인권의 규준을 가지고 급진적 다원화를 정당화하는 가능성을 마련하였습니다. 누구나 고유한 문화적 정체성에 대한 권리를 가지며, 그가 그것으로써 다른 이의 동일한 권리를 해치거나 방해하지 않는 한 그것을 추구해도 된다는 것이 인권과 기본권의 직관입니다. 동시에 저는, 사람들이 다원성을 성취하기 위해 다른 이의 어떤 것도 수중에 넣지 않고, 또한 다른 이의 어떤 것도 사용하지 않아야 한다고 생각합니다. 결국에 이러한 권리는 그 자체로 불합의를 위한 권리로서 급진적으로 이해된 것입니다. 정의는 오늘날 불합의의 조건들 아래 놓인 정의임에 틀림없습니다. 10여 년 전에 구독일에서 사람들은 기본권 논쟁이 계기가 되어서, 이러한 권리가 기독교적 전통으로부터 탄생하였고, 본질적으로 기독교적인 근본가치이며, 그것에 상응하게 해석될 수 있다고 생각했습니다. 저는 그것이 거짓이라 여깁니다. 그러한 권리들이 더 이상 단지 장식적인 이념이 아닌 타당한 권리가 되었을 때, 거기서 직관되는 바는 그것들이 가변고백적이고, 가변기독교적이고, 가변종교적으로 이해되어야 한다는 것입니다. 그것을 교부['교회(가톨릭)의 아버지'라는 뜻으로 5~8세기경까지 교리의 정립과 교회의 발전에 이바지하면서 신앙이나 교회생활에 중대한 영향을 미친 사람(사제)－옮긴이]들에게로 되돌리려는 것은 이러한 권리의 정신에 반하는 것입니다. 오늘날 사람들은 그것을 가능한 한 형식적이고도 동시에 적나라하게 해석하지 않을 수 없습니다. 그렇게 되려면, 그것이 불합의의 권리로 이해되어야 합니다. 이러한 권리의 타당성을 무력하게 만들려는 입장들이 배제되어야 한다는 위에서 언급된 제한과 함께 말입니다.

위험은 사회의 공개적이고도 다문화적인 실천으로부터 나오는 것 아닙니까?

다문화주의의 위험은 —오랫동안 미국에서 그것을 관찰할 수 있었습니다— 개별적인 그룹들이 단지 자신들의 고유성을 제의화하고 더 이상의 다른 문화와의 동거, 교환 또는 양해를 고려치 않을 만큼 그렇게 자신의 상이성만을 고집하는 데서 존속합니다. 이러한 다문화주의는 격리수용소와 같습니다.

근대로부터 포스트모던으로의 이행은 언제 발생했습니까?

일반적으로 근대가 특정한 시점에서 중지하고, 그런 다음에 포스트모던이 시작되었다고 가정합니다. 그러나 그렇지 않습니다. 다만, 유일한 근대가 아니라 완전히 상이한 근대들이 존재하기 때문에 그렇지 않습니다. 예를 들어 사람들은 근대를 통해 17세기 이래로 새로운 과학의 근대를 생각합니다. 근대의 또 다른 유형은 18세기에 계몽과 관련되고 있습니다. 세번째 유형은 19세기의 기술적인 산업화를 가리키며, 네번째 유형은 19~20세기의 미학적 근대를 의미하기도 합니다. 이것이 상이할 뿐만 아니라 서로 충돌하는 근대의 개념입니다. 보들레르를 예로 들자면, 그의 미학적인 근대개념은 바로 그 당시의 산업적 근대에 대항하고 있습니다. 포스트모던은 이러한 근대개념의 많은 구성요소들과 합치하지만, 반면에 다른 것들과는 대립합니다. 그것은 20세기 전반부의 예술과 과학의 전위운동과 특히 합치하고 있습니다. 새시대적 또는 계몽적인 근대의 통일성 욕망과 명령에 대항합니다. 당신은 학문적 전위운동하에서 아인슈타인적 상대성이론을 생각했으면 합니다. 그것은 유일하고 절대적인 공간의 가정과 단절하고 상이한 관련체계의 상대성으로 이행할 것을 명령한 이론입니다. 여기서 사람들은 호두껍질과 같이 상반된 것을 얻습니다. 통일성은 다양성을 통해 교체됩니다.

포스트모던의 새로움, 고유한 특징이 도대체 무엇인가요?

'포스트모던'을 통해 우리가 생각하는 것은, 무엇보다도 지양될 수 없는 다원성의 의식, 즉 사회가 더 이상 하나의 유일한 모델로 파악될 수 없으며, 사회주의 또는 자본주의와 같이 정치적인 모델에 의해서든 학문적인 모델에 의해서든 파악될 수 없다는 의식입니다. 새로운 것은, 사람들이 이러한 다원성을 불평하고 부정하거나 제거하려는 대신에 진정으로 긍정하고 확고히 지지한다는 사실입니다. 달리 말하면, 통일성 해결들을 더 이상 붙잡지 않습니다. 게다가 그것은 ―포스트모던이란 말이 있기 전에(postmodern avant la lettre)― 이미 아리스토텔레스나 몽테뉴도 알고 있었습니다.

포스트모던의 사유가 오늘날 확고한 지지기반을 얻고 있으며, 그것이 승리한 것처럼 보입니다. 비록 시작부터 물론 이해되지 않게, 그리고 불행하게 선택되어진 '포스트모던'이란 용어가 결코 사용되지 않는다 하더라도 말입니다. 어떤 만병통치약도 없고, 오히려 다양한 모델들을 추구하며 다양하게 실천해야 한다는 견해는 ―포스트모던의 실제적인 보고가 그렇듯이― 가장 폭넓고 확고한 지지기반을 얻고 있습니다. 근대의 정통적 추종자 역시도 오늘날 자신들이 애호하는 근대에 관해 눈에 띄게 포스트모던적인 윤곽을 지닌 그림을 그리고 있습니다. 사람들은 역시 다음과 같이 말할는지 모릅니다. 다원성의 동기부여가 현대의 통일성의 동기부여에 대한 지배권을 획득했다고, 이런 의미에서 저는 포스트모던은 근대의 –내 생각에 더 나은– 한 궤도를 완수하는 것이라고 생각합니다. 따라서 저는 『우리의 포스트모던적 근대』라고 제 책의 제목을 지었습니다. 우리는 여전히 근대 속에 사는데, 우리의 근대는 최고로 포스트모던적 범주를 가지고 서술될 수 있습니다. 이와 반대로 '두번째 근대'라는 언급은 제게는 (아마도 어쩔 수 없이) 매우 시대착오인 것입니다.

양극적인 세계질서의 종식 이후에 곧바로 자본주의가 근대정신과 단일해결로 되돌아간다는 사실이 예측되지 않는가요?

당신은 거기서 두드러지게 드러난 것이 해결이란 이름을 얻을 가치가 있다고 참으로 생각하는지요? 오히려 저는 그것이 파국으로 이끌지 않을까 두렵습니다. 그러나 당신은 내게 미래에 대해 사색하지 말고 현재에 대해 어떤 진단을 말하도록 요구했습니다. 적어도 제게는 신자본주의적 조건하에서 경기가 전과는 다르게 보입니다. 오늘날 자본주의를 옹호하는 자는 여전히 예전의 행복 기대가 없이도 그것을 지지합니다. 즉 자본주의는 모든 이에게 노동, 복지, 인생행복을 가져다줄 것이라는 겁니다. 이러한 유토피아적이고 긍정적인 시각은 사라졌습니다. 누구나 많은 이들이 파멸하게 되며, 추측컨대 더욱더 그렇게 될 거라는 것을 알고 있습니다. 그리고 자본주의에 거는 자는 개인적 행복을 채우려 합니다. 많은 이가 그것을 '신자유'라고 부릅니다.

당신의 견해에 의하면 급진적 다원성의 포스트모던적 사유가 확고한 지지기반을 얻었습니다. 그러나 그럼에도 사람들은 세계 지역의 연합과 더불어 모든 가치의 통합을 야기하는 세계화 시대에 관해 말하고 있습니다.

대체로 세계화는 특히 근대의 경제적 동학체계에서 성장하여 오늘날의 세계 상태를 규정하게 된 과정을 의미합니다. 당신이 언급했듯이 세계화는 포스트모던과 대립해 있는데, 왜냐하면 세계화는 통일성을 형성하는 반면에 포스트모던은 다원성에 기대하기 때문입니다. 어쨌든 저는 세계화에 대한 이러한 이해가 충분치 않다고 믿습니다. 세계화는 현재 진행되고 있는 것을 서술하기 위해 적합치 않은데, 왜냐하면 우리가 실제로 체험하는 것은 통일화와 다원화과정의 동시성이기 때문입니다. 그러나 세계화 진단은 통일화만을 보면서 너무 일방적입니다. 예를 든다면, 스티븐 그린블래트가 발리에서의 비디오 기술의 수용에 관해 서술했던 것이 내게는 매우 유익해 보입니다. 사람들은 서구적 기술의 확장이 곧바로 통일화를 실현하며, 더욱이 도구뿐만 아니라 내용의 차원에서 그렇다는 것을 인정하고 싶어합니다. 그러나 그린블래트는 발리에서 서구적 기술의 활용이 우리가 전혀 예상치 못했던 방식으로 성공했다는 사실을 찾아냈는데, 그것이 소위 발리인의 오래된 종족의식에 설치되어 그들의 소생에 기여하였습니다. 그린블래트는 우리 유럽 중심주의자는 양심의 가책을 받아야 한다는 뜻밖의 판단에 이릅니다. 발리인은 서구의 '장난감'을 매우 좋아하고, 그것을 서구적인 표준사용을 고려함 없이 자신의 방식으로 토착화하고 있습니다.

인터넷과 관련해서도 그러한 연구결과들이 있는지요?

인터넷은 아마도 역시 더 나은 사례입니다. 그것은 다른 기술이나 제도와 달리 소통의 세계화를 보증합니다. 그럼에도 이러한 포괄적인 소통매체는 고도의 개인적 사용을 가능케 합니다. 통일화는 기술적인 원리와 요구가 세계적으로 동일한 한에서 존속합니다. 역시 통일적인 언어가 요구되는데, 바로 영어입니다. 그러나 사용자가 그물망으로부터 어떤 정보를 불러오며 어떤 선택과 조합을 취할지가 그에게 위임되어 있습니다. 한편에서는 전세계적인 통일성과 연결이, 다른 한편으로는 고도의 다양화와 개인화가 여기에서 손을 맞잡고 갑니다. 우리의 낡은 사고방식은 그러한 어떤 것을 파악하기에 적합치 않습니다. 당신은 통일성과 차이성을 항상 대립으로 이해합니다 여기서 우리는 현상의 전혀 다른 논리와 관계해야 합니다. 이것은 -'두번째 근대'의 재생적인 범주화가 아니라- 새로운 범주화를 요구합니다. '가변성'이라는 근본범주를 통해 저는 결합과 분리가 미래에는 어떻게 함께 생각될 수 있는지에 대해 제안하였습니다. 아마도 더 나은 다른 제안들이 있을 것인데, 왜냐하면 이런 모습을 생각하는 것이 -그것에 대해 저는 깊이 확신하고 있는데- 바로 미래의 과제이기 때문입니다.

인터넷으로 되돌아가, 그 사이에 세계 도처에서 존재하는 '가상공동체'가 개인적으로 저를 사로잡습니다. 인간의 놀라운 자비심에 결합된 새로운 개인적 접촉이 어떻게 발생하는지가 흥미롭게 관찰될 수 있습니다. 이러한 가상공동체의 인간은 그들의 인터넷 파트너를 '실제의' 이웃보다 더 가까이 여깁니다. 하워드 라인골드가 인상적으로 서술했듯이, 우선적으로 전기적인 근접성은 놀랍게도 실천적인 도움과 연대로 이끕니다. 만약에 그런 공동체의 구성원이 여행에서 불운을 겪거나 심각한 질병에 걸린다면, 이 사회의 다른 구성원들은, 그 당사자들이 -그 사이에 더 이상 구성원이 아닐지라도- 최대한의 구조와 치료를 받게 되도록 조직적이고 경제적인 모든 것을 실행하게 됩니다.

그러나 이러한 가상적 삶이 실제적인 삶의 어떤 대용품일 수 없습니다. 그것은 결핍된 인간적인 관계들을 위한 대용일 뿐입니다.

이것은 빈번히 주장되었습니다. 대다수는 만약에 사람들이 더 이상 실제적이지 않은, 사이버섹스만을 한다면 얼마나 나쁜 짓인가 하고 경고합니다. 그렇게까지 가지도 않을 것이고 가상적인 관계들이 실제적인 삶과 결합하고 있다는 사실과 별도로 -인터넷으로만 알았던 사람을 실제로 만난다는 것은 흥미로운 경험입니다-, 가상적인 파트너 관계도 매우 중요합니다. 가상적인 파트너 관계는 항상 있어왔습니다. 당신은 우리의 선각자와 영웅을 -신화로부터 영화에 이르기까지- 생각해보십시오. 왜 그런 것이 인터넷을 통해서 역시 없겠는지요? 그러면 현실에 속하지 않은 것은 무능하다고 세 사람 중 한 사람이 주장할 정도로 우리 현실에 그렇게 놀라운 것이 도대체 무엇인지요? 과거에 옳지 않았던 플라톤이 -점점 더 참을 수 없는 일상의 현실에 직면해- 오늘날 갑자기 옳을 수는 있을 것입니다. 또는 당신은, 어떤 인간이 혼자라면 그가 우리의 현실을 견디거나 보호하거나할 수 있다고 생각하나요?

문화들의 통일화를 증명하는 반대 사례가 충분하게 존재하지 않는가요? 그래서 전세계에 걸쳐 'CNN'과 '디즈니' 같은 방송사와 영화사, 또는 '코카콜라'와 같은 미국적 생산품이 확산되고 있습니다.

이것이 바로 가장 섬뜩한 부분입니다. 다른 한편으로 이러한 사례들이 과대평가되어서는 안 됩니다. 이것들은 분명히 인간의 정체성에 대해 결정하지 않습니다. CNN과 MTV를 보고 코카콜라를 마시고 맥도널드를 먹는다는 사실을 통해서, 생활이 심하게 영향받지 않습니다. 생활은 성장해온 환경을 통해, 사용 처분할 수 있는 선택을 통해서 매우 강하게 결정되어집니다. 그런데 이 서구적 생산품과 지각방식들은 -다른 맥락에서 소비됩니다- 선택의 수를 증가시킵니다. 예를 들어 파트너 관계가 구조화되는 방식은 전세계적으로 여전히 매우 전통적입니다. 그렇다면 소프-오페라(soap opera: 주부 취향의 TV 연속극, 미국의 방송사가 일일연속극을 방영하면서 중간에 비누 광고를 해서 붙여진 이름-옮긴이)는 무엇을 하는가요? 당신은 전형적인 미국식의 태도를 가지고 다른 문화들과 만납니다. 그 결과란 무엇인가요? 서구적 지식인들은 매체와 문화제국주의에 대해 말하고 있습니다. 그러나 그것은 얼마나 맹목적일 수 있는지요! 왜냐하면 다른 나라에서는 우리의 시각으로 완전히 추악스러운 소프-오페라가 즉시 여성 해방적으로 작동할 수 있기 때문입니다. 사람들이 다른 사교적인 선택들과 모델들을 눈앞에서 얻게 된다는 사실만으로 폐쇄적 사회의 구속을 흔들 수 있습니다. 사람들은 자신들의 익숙한 상황과 확신들을 다른 관점으로부터 관찰하고 문제삼는 처지에 놓일 것입니다. 그것이 서구적인 모델이 다만 간단히 극복되었다는 사실로 의도되어서는 안 됩니다. 그러나 선택의 활용공간은 확장되고 있습니다. 그리고 그것은, 출발이 문제시되는 한에서 현저한 장점입니다.

'가변문화성'은 어떻게 성취되는가요? 그것은 세계화와 이주화의 결과인가요?

문화적인 기초가 개인에 의해 어떻게 기술될 수 있는지를 물었을 때, 저는 가변문화성의 개념을 전개하게 된 것입니다. 경향적으로 이것은 대부분의 이론가들에 의해 항상 민족적 정체성과 동일시되고 있습니다. 이것은 오늘날 적어도 두 가지 근거에서 매우 적절하지 않습니다. 한편으로 오늘날 전세계에 걸쳐 많은 나라들에서는 이 지구상의 여러 다른 나라의 국민들이 사는데, 그래서 강한 문화적 혼합이 생겨납니다. 다른 한편에서 우리는 소통매체 덕분에 전에는 한 주간에 혹은 한 달 동안에 경험할 수 있었던 것보다 훨씬 많이 다른 나라와 풍습에 대해 매일 듣게 됩니다. 소통매체 이외에도 물론 현대적 교통수단이 언급될 수도 있습니다. 그래서 오늘날 개인들이 자신들의 문화적 전형과 선호를 이끌어내는 근원이 결코 단지 민족적이지 않고 고도로 국제적일 수 있다는 점은 새롭습니다. 공급물이 혼합되어 있으며, 이것으로부터 각자에게서 주도적이게 되는 것은 개인에 따라서 ―동일한 학교를 다니는 학생들 사이에서도― 변화될 수 있습니다. 문화적으로 결정적인 것은 동일한 국적의 사람들도 전보다는 앞으로 다양할 수 있고 다양해질 것이라는 점입니다. 그럼으로써 물론 ―이것이 긍정적인 배면입니다― 사람들은 국제적으로 상호 사교적일 수 있게 됩니다.

저는 누구나 고유한 지역적인 정체성을, 즉 작센인, 라인란트인, 바덴인, 메클렌부르그인으로서 정체성을 보호하는 데 대해 반대하지 않습니다. 지역적 또는 국가적으로 확고히 정의된 문화맥락에서 성인들의 자명함이 사라진다는 것을 저는 말할 뿐입니다. 저는 문화적 특성 자체를 선택하고 자신의 문화적 고향을 형성할 수 있는 그런 자유를 매우 긍정적으로 여깁니다.

이러한 새로운 자유로부터 사회를 위한 어떤 기회가 생기는 것인가요?

가변문화성은 관계능력을 의미합니다. 가변문화적 생활형식들 사이에는 상이함이 존재할 뿐만 아니라, 일련의 공통적인 요소와 중첩, 즉 소통과 교환을 가능하게 하는 공동체들의 교차점이 항상 있습니다. 이에 반해 낡은 문화 모델에 따르면 문화는 항상 민족적이며, 더욱이 '악마(종교적 용어로, 인류가 아담으로부터 그 적의를 이어받은 악마의 뜻처럼, 대대로의 원수를 뜻함―옮긴이)'와 같은 명칭을 본질적으로 상속하려는 이웃들의 문화와 완전히 달라야 합니다. 가변문화적 형식들의 장점은 그것이 스스로 관계능력과 소통을 가능케 한다는 사실에 놓여 있습니다. 사실 우리 중의 대부분은, 특히 젊은이는 그런 가변문화적 관계망과의 경험을 갖고 있습니다. 20~30대의 젊은이들이 여러 국가들을 오가며 다른 혈통의 사람들과 원활한 의사소통을 나누는 것이 저는 매우 놀랍습니다.

이제 사람들은 사회 안에 통합과 동의를 지시하고, 어떤 갈등도 허용치 않으며 동일성과 체제유지를 고집함으로써 이러한 가변문화적인 길을 방해하는 힘들이 존재한다는 사실을 동시에 볼 수 있을까요? 가변문화성이 이러한 압박에 견뎌낼 수 있을까요?

세 가지 소견들, 물론 새로운 모든 것에 대한 저항들이 있으며, 우리 인간의 자명성이 문제시된다면, 저항은 더 강력하게 됩니다. 저는 결코 인간들이 선한 의지로 새롭고 더 나은 것을 산출한다고 믿지 않습니다. 과정들에서 변경될 수 있는 어떤 선택도 없이 그렇게 전개된다면, 당신도 믿지 않을 것입니다. 임마누엘 칸트가 인간에 관해, 곧은 것이 나올 수 없을 만큼 매우 구부러진 목재로 조각되어진 것이라고 말했습니다. 그러나 객관적인 과정의 압력은 인간을 긴 시간에 걸쳐 그들의 태도와 견해들을 변경하도록 강요했습니다. 두번째 소견, 역사적으로 볼 때, 문화에 대한 민족적 이해는 18세기와 특히 19세기의 산물입니다. 그 전에 유럽 문화는 세기에 걸쳐 국제적이었습니다. 르네상스와 바로크는 프랑스, 독일 또는 이탈리아에 어떤 고유한 것이 아니며, 도처에 그것들이 존재했습니다. 유럽에서 상호문화적이고 또는 가변(연계)문화적인 순환이 지배했습니다. 민족적 사고의 등장, 국가의 구성과 더불어 비로소 문화를 민족적으로 정의하는 것이 아마도 당연시되었습니다. 그러나 이것이 200여 년 전에 일어났기 때문에, 이러한 정의 역시 다시금 사라질 수 있습니다. 세번째 소견, 문화가 민족적으로 형성되더라도, 동질적이지 않습니다. '우리 독일인'은 우리의 문화적 형성과 기대에서 고도로 다양합니다. 많은 이론가들이 오래 전부터 동질적 문화란 허구이며 허구적으로 머문다고 파악하였습니다. 통일성은 다만 동반적 삶이 가능하다는 의미에서만 요구되는 것입니다. 그것에 관해서 모국어의 학습이 유용할 수 있습니다. 기본적인 수준에서 통합은 다른 삶들과 사이좋게 사는 것을 의미합니다. 그래서 언어는 자연스럽게 여기에 속합니다. 교통에서와 마찬가지로 사람들은 규칙을 배워야 하는데, 그렇지 않으면 사고가 납니다.

가변문화성은 나를 둘러싼 그룹들이 인정받는다는 사실을 전제합니다 –악셀 호네트가 『약자에 대한 승인』에서 썼듯이 말입니다. 가변문화성은 첫 걸음으로서 법적 토대 위에서의 승인을 미리 고려한 것인가요? 우리는 국적과 같이 민족국가의 성과로부터 결별해야 하는 것 아닌가요?

저는 독일에서 이중국적을 허용하지 않는 것을 스캔들로 여깁니다. 연방공화국에서는 항상 혈통권(ius sanguinis)이 지배합니다. 독일인은 그가 어디서 태어났는지와 상관없이 독일인 부모로부터 출생한 자입니다. 다른 나라들, 프랑스는 속지법에 따라 운영합니다. 프랑스인은 어떤 부모인지와 상관없이, 프랑스 영토에서 태어난 자입니다. 저는 이러한 속지법을 선호하는데, 그것은 통합을 더욱 강하게 촉진합니다. 그러나 사람들은 두 가지 측면을 결합하는 개념에 대해 생각할는지 모르겠습니다. 아마도 유럽에서는 거기로 이행하고 있습니다. 게다가 그것은 국가들을 권리의 보장, 승인권으로 안내합니다. 그러나 그것은 국민국가들을 통해 일어나지 않으며, 국제적 국가들을 통해서 성취될 수 있습니다. 우리가 오늘날 알고 있는 그런 국가들로부터 가시적인 미래에 무엇이 발생하게 될 것인가 하는 것은 아주 흥미로운 물음들 중의 하나입니다.

헬무트 빌케

지식사회

생애

헬무트 빌케(Helmut Willke)는 1945년에 출생하였고, 빌레펠트 대학의 사회학 교수이다. 그의 주전공 분야는 체계이론, 국가이론과 통제이론 및 지식경영이다. 그밖에도 그는 기업, 교육기관과 정당 등에 자문 역할을 하고 있다. 그의 학문적인 성과는 1993년에 독일 연구단체에서 수여하는 <라이프니츠 상>을 받았다.

"사회에 대한 우리들의 지식은 이제 시작일 뿐이다." 우리들은 믿을 수 없을 만큼 많은 에너지와 자원을 사용하여 멀리 떨어진 나상성운(螺狀星雲)을 이해하려 하고 있다. 이러한 노력은 우리가 살고 있는 사회를 어느 정도 이해하기 위하여 쓰여지고 있다. 사회에 대해 더 많은 지식을 만들기 위해 많은 책을 쓰고 있는 헬무트 빌케는 사회이론이 턱없이 부족한 현실을 개탄한다.

3부작으로 된 『국가이론』은 놀라운 테제로 자극하는 것은 아니지만 비범하다. 그는 지식이 많아지면 국가가 정책을 강제로 수정할 수 있는 능력을 잃어버린다고 말한다. 정치적 게임의 규칙을 새로 세워야 한다는 것이다. 빌케는 기존의 사회적 구성에 대한 관념과 결별하고 있는 것이다. 정치의 무능력에 대한 그의 비판은 그가 좀더 정당한 사회에 대한 전망을 갖고 있기 때문이다.

■ 주요 저작들

- Helmut Willke. 1983, *Entzauberung des Staates: Überlegungen zu einer gesellschaftlichen Steuerungstheorie,* Koenigstein/Taunus: Athenaeum Verrag. — 『국가의 탈주술화: 사회통제이론에 대한 고찰』
- _____. 1992, *Ironie des Staates: Grundlinien einer Theorie des Staates polyzentrischer Gesellschaft,* Frankfurt/M.: Suhrkamp Verrag. — 『국가의 이율배반: 다중심사회의 국가이론 기초』
- _____. 1997, *Supervision des Staates,* Frankfurt/M.: Suhrkamp Verrag. — 『국가의 전망』
- _____. 1998, *Systemisches Wissensmanagement*, Stuttgart: Lucius & Lucius Verrag. — 『시스템적 지식경영』

개념 기술발전이 가속화되는 과정에서 지식사회가 활짝 열렸다. 헬무트 빌케는 1997년 출판된 자신의 저서『국가의 전망』에서 지식사회의 개념을 구성하고 있다. 그 책에서 그는 국가정책의 한계를 지적하였다.

지식사회는 모든 기능이 지식 의존적이고 새로운 지식의 생산에 의존하는 사회이다. 그의 견해에 따르면 고도로 기술화되고 분화된 사회는 이미 지식사회에 진입한 것이다. 그 사회에서 지식은 건설과 구조와 기업과 조직의 목적 달성에 결정적인 역할을 하며, 생산품의 가치와 노동방식을 결정한다.

학문 시스템만이 지식을 생산하고 지식에 기초하여 작동되는 것이 아니라, 사회의 모든 기능 시스템은 그 재생산을 위하여 스스로 지식을 생산, 이용하고 있다. 학문 시스템과 마찬가지로 경제 시스템과 정치, 문화, 법, 그리고 건강 시스템도 특정한 지식에 의존하고 있는데 그것은 그 시스템이 기능하기 위한 것이다.

지식사회는 부분 시스템이 전면에 등장하지 못한다. 근대사회의 확장은 위계질서에 의한 것이 아니라 이질적인 요소들로 구성된다. 모든 하위 시스템들은 동등한 자격으로 병렬적으로 작동하고 있으며 상호 의존적이면서 동시에 자율성을 갖고 있다. 빌케는 정치의 우선성에 대한 문제 제기를 하고 있는 것이다.

지식사회에서는 상품의 가치가 그 상품 생산에 필요한 물질과 그 생산에 투여한 노동시간에 따라 평가되는 것이 아니라, 그 상품의 생산에 필요한 지식에 따라 평가될 것이다. 즉 내장된 전문지식이 상품의 가치를 결정한다는 것이다. 컴퓨터 가격과 자동차 가격은 그러한 상품을 생산하는 데 투여된 지식의 양에 의해 결정될 것이다. 전문지식과 수준 이상의 능력에 따라 계산서의 높낮이가 결정되는 건강 시스템과 법 시스템도 비슷하게 움직일 것이다.

빌케에 따르면 사회의 모든 차원에서 지식은 항상 변화하고 새로워지며 확장되고 복잡해지고 있기 때문에 지식 의존적 사회에서 보다 많은 지식 소유가 요구되고 있다. 지속적으로 새로운 지식의 조각들을 익히는 것은 조직과 기업의 지식에 대한 요구를 충족시키기 위해서 피할 수 없게 되고 있다. 점점 더 길어지는 교육 시간과 재교육과 변환교육을 감수할 수밖에 없다. 전지구적으로 연결된 금융, 증권시장은 그에 적합한 지식에 대한 높은 수요를 말해주고 있다. 경제적으로 국경을 초월한 교환이 현실화됨에 따라 자본보다 지식이 훨씬 더 높은 투자분야로 떠오르고 있다.

지식이 더욱더 많이 사용되고 확산되는 것과 지식 내용이 점점 더 많아지는 것은 새로운 종류의 성취를 보장하는 지식기반 인프라의 건설을 유도하고 있다. 빌케는 2차 질서로서의 사회간접자본에 대해서 말하고 있는 것이다. 1차 질서의 사회간접자본(도로, 철도, 에너지와 전화망)에 비해, 더 빠르고 더 포괄적이며 더 효과적인 전지구적인 정보와 지식의 교환을 가능하게 하고 있는 것은 2차 질서의 사회간접자본이라는 것이다. 이 부분에서 빌케는 컴퓨터에 기반한 의사소통과 정보기술을 염두에 두고 있다. 그것의 능력은 자료와 정보와 지식내용들과 전문지식들을 전지구적으로 사용할 수 있게 만든다는 것이고, 그에 더하여 싼 가격에 사용·교환·적용할 수 있다는 것이다.

빌케에 따르면 전지구적인 의사소통의 망은 정치적 행동의 방향을 관찰하게 해주고 정부의 정치적인 결정은 그에 따라 점점 더 궁지에 몰리게 된다. 정책과 국가는 전지구적 연결에 직면하여, 그로 말미암아 발생하는 과제와 문제들에 의해 과부하 상태가 된다. 이것이 바로 고전적인 정치의 종말인 것이다.

빌케에 따르면 정치의 새로운 과제는 새로 등장한 지식사회의 맥락에서 봐야 한다. 지식에 기초하여 다중심적으로 구성된 사회에서 정치는 중심적인 역할을 위한 공간을 더 이상 확보하기가 어렵게 되었다. 정치의 과제는 다양한 사회영역의 기능들을 매개로 전환되었다. 정치에는 이제 사적인 관심과 공적인 관심을 서로 연결시킨 지식을 누구에게나 저렴한 비용으로 사용할 수 있게 하는 자문가적인 역할이 주가 된 것이다. 또한 정치는 법을 수호하고 경쟁의 공정성을 유지하며 계약의 자유를 보장하는 것이고, 끝으로 서로의 생존 가능성을 높여주는 것도 그 일이다.

공통질문

1. 당신은 스스로를 사회이론가나 사회비평가 또는 사회설계가로 생각합니까? 아니면 그저 동시대인으로 생각합니까?

저는 언급하신 모든 것들을 연결해보려고 노력하고 있습니다. 물론 사회이론가와 사회비판가에 중점을 두고 싶습니다만, 그와 연관해서 저는 사회설계가입니다. 제가 사교적인 동시대인인지는 잘 모르겠지만 그렇게 되고 싶기는 합니다.

2. 우리가 살고 있는 사회는 도대체 어떤 사회입니까?

언제나 그렇다고 할 수 있지만, 우리는 과도기에 살고 있습니다. 우리들은 땅과 자본, 노동이라는 생산요소를 가지고 있는, 테일러적인 산업사회에서 지식과 전문가가 지배적인 지식사회로 넘어가는 과도기에 살고 있습니다.

3. 현 사회의 긍정적인 면과 부정적인 면에는 어떤 것이 있습니까?

그 질문에는 명쾌히 대답하기 쉽지 않군요. 왜냐하면 '이' 사회가 더 이상 존재하지 않기 때문이지요. 그러나 제가 이미 말한 것처럼 사회는 변화 중입니다. 지식사회의 긍정적인 면은 지금까지의 자본에 크게 기초하고 있는 계급 계층의 차이가 점차 사라지고, 교육과 경험에 의한 차이가 점차 늘어나고 있다는 것입니다.

이 사회의 부정적인 면은 모든 사람들에게 지식사회에 걸맞은 일자리와 기본 생활을 보장하지 못한다는 데에 있습니다. 곧 이 사회에 잘 적응하지 못하는 많은 사람들이 있다는 것입니다.

4. 사회에서 당신의 역할은 무엇입니까?

개인적으로 저는 '미리 생각하는 사람'의 역할을 맡고 있다고 생각합니다. 교육자로서 제가 하는 일은 이중적인 일입니다. 이 사회에서 표준적이고 기본적인 역할이 되고 있는 교육자로서, 그리고 한 인간으로서의 역할, 교육자와 연구자의 역할을 지속적으로 하고 있습니다.

5. 사회소설 가운데 어떤 것을 좋아합니까?

제 글에서 자주 인용하고 교재로도 사용하고 있는 사회소설은 다니엘 디포의 『로빈슨 크루소』이고 또한 토마스 모어의 『유토피아』와 조지 오웰의 『1984년』입니다.

6. 당신이 즐기는 게임에는 어떤 것이 있습니까?

저는 사회적 행위와 육체적 행위의 합작품이라 할 수 있는 스포츠를 즐깁니다. 그 중 축구는 육체적으로 매우 활발하고, 예를 들어 배구보다 더 공격적인 운동입니다. 농구가 특별히 재미있는 것은 전략과 기술의 조화이기 때문입니다. 이러한 모든 행위는 팀 전체와 팀 구성원들의 사회적 관계에 작용하기 때문입니다.

7. 어떤 모임을 좋아합니까?

가장 좋아하는 모임은 제가 일하고 있는 시스템입니다. 그러니까 제가 직접 관여하고 있는 학생들과 학자들로 구성된 모임을 가장 좋아합니다. 그러나 12년 전에 이 상아탑에서 나와 그 이후로 계속해서 기업 자문 역할을 맡고 있다보니 사회의 다른 측면을 보고 있습니다.

8. 당신이 소속되어 있다고 느끼는 사회집단은 어떤 것입니까?

사회집단(Gesellschaftsgruppe)이라는 것은 없습니다. 사회에 집단이 있을 수는 있습니다. 그 집단은 엄격한 의미에서 구성원으로 정의되는 사회체계들을 말합니다. 사회의 영역들, 기능체계들 또는 사회의 부분 영역들을 말한다면 저는 확실히 학자집단에 속한다고 할 수 있습니다. 그 사이 저는 모든 영역에 재미있는 관련을 맺고 있습니다. 포괄적인 사회변동을 일으키고 있는 영역이 그것입니다. 경제, 클럽, 교회와 학문도 스스로 변화를 추동하고 있습니다.

9. 당신이 사회적으로 중요하다고 평가하는 사람은 누구입니까?

저 자신이 학자 사회에 속해 있기 때문에 제 평가에는 약간의 편견이 있을 수 있음을 인정합니다. 학자들은 정치가들을 얕잡아보는 경향이 있고, 저도 조금은 그런 편입니다. 제가 생각할 때 대부분의 정치가들은 경력에 문제가 있고 자리에 따라 움직이는 편이기 때문에 사회적으로 중요하게 평가하기 어렵습니다. 물론 예외는 있습니다. 그 예외에 속하는 사람들이 있으며, 저는 그들을 높이 평가하고 있습니다. 서로 약간의 차이가 있긴 하지만 예로써 빌리 브란트와 넬슨 만델라를 들 수 있습니다. 그 두 사람은 정치의 특정한 기본 주제와 기본 논리에 저항하였고 변화과정을 진행시켰습니다. 그것은 대개 정책에 의해서가 아니라 사회적 필요에 의해 발생한 일입니다.

10. 당신이 생각하는 이상적 사회는 어떤 사회입니까?

저는 학자로서 이상적인 사회에 대한 표상을 가지고 있어야 하기 때문에 이 질문은 중요하다고 생각합니다. 제가 생각하는 이상적인 사회는 지금까지 사회의 기본 문제인 노동문제가 해결된 사회입니다. 지식사회의 아이디어로, 어떻게 파괴적이고 비인간적이며 피할 수 없는 빈곤이 사라지게 할 수 있을까라는 질문에 대한 지능적인 해결책을 발견한다면 그것 자체로도 제 앞에 이상적인 사회가 펼쳐질 것입니다.

11. 당신은 사회를 변화시키고 싶습니까?

물론 그렇습니다. 그럼에도 저는 엄청난 모래더미 속의 작은 알갱이에 불과하다는 것을 잘 알고 있습니다. 제가 사회를 변화시키고 싶다고 말하면서도 저는 이미 알고 있습니다. 수천 수백의 다른 변화과정이 진행되고 있는 중이라는 사실을 말입니다. 자기변화의 과정과 자기조직의 과정, 의도적이고 개인적이며 정치적이고 전지구적인 변화의 과정이 진행되고 있지만, 저는 그 과정에 개인적으로 아무런 영향을 끼치지 못하고 있습니다. 이 엄청난 변화의 과정에 저는 오직 작은 충격만을 가할 수 있을 뿐입니다.

12. 미래사회는 어떤 모습이 될 것 같습니까?

그것은 누구도 알지 못합니다. 그러나 우리는 산업사회에서 지식기반구조로, 지구화로, 디지털화로 미래사회의 기반이 변화하고 있다는 것을 예견할 수는 있습니다. 머리와 육체의 분리, 정신과 현실의 분리는 현재보다 더 강한 갈등을 일으킬 수 있을 것입니다. 우리들이 오늘날 보고 있는 것은 교육과 훈련, 학교와 지속적인 재교육이 점점 더 필요하게 되고, 그로 말미암아 두뇌노동이 점차 더 강화되고 있다는 것입니다. 앞으로는 육체를 움직여 활동하고 진정한 의미에서 사람과 대상들이 서로 교환하는 일들이 현저하게 줄어들 것이라는 점입니다. 삶이 탈육체화되고 잠재화되는 것이지요. 그것은 기회와 새로운 가능성을 만들어내면서 동시에 박탈감과 상실감을 만들어내겠지만, 그 결과에 대해서 우리가 아는 것은 없습니다.

인터뷰

산업사회와의 대립에서 지식사회의 윤곽이 점차 뚜렷해지고 있습니다. 이것을 더욱더 분명하게 드러내주는 것은 무엇입니까?

그러한 새로운 개념을 사용할 때에는 그 개념이 표어로 오인되지 않도록 아주 조심해야 합니다. 각각의 순간들을 정확하게 묘사하고 그를 통해 지식사회의 특수성을 밝힐 수 있다면 그러한 잘못을 범하지 않을 수 있습니다. 우리가 고전적인 테일러적 산업사회에서 지식사회로 가는 전환기에 있다는 것을 증명하기 위해 세 가지 이상의 아주 구체적인 변화들을 표시해야 합니다.

그 하나는 산업사회를 움직여왔던 조직과 기업의 변화입니다. 가장 좋은 것은 고전적인 테일러적 산업형태의 기업에서 지능적인 기업으로 넘어가는 과정을 보여주는 것입니다. 지능적 기업은 내적으로 새로이 조직되고 재구조화되고 판매과정에 따라 변화됩니다. 그 결과 대량으로 생산된 상품이 아니고 지식에 기반한, 아주 개인주의적이고 서비스와 결합된 생산물들이 생산되고 있습니다. 이러한 것을 우리들은 지능적인 기업이라고 부릅니다.

두번째 관점은 기업의 전환과 연관되어 일어나는 노동의 변화입니다. 우리들은 더 이상 테일러의 의미에서 단순하고 반복적이며 상대적으로 까다롭지 않은 일을 하는 것이 아니라 점점 더 지식노동을 하게 되는데, 그것은 물질을 변화시키거나 천연자원을 활용하는 것이 아니라 상징과 지식요소들을 새로운 지식상품으로 가공하고 변화시키는 일을 의미하는 것입니다.

지식노동이 새로운 것인가요? 소크라테스나 아리스토텔레스도 지식노동을

하지 않았나요?

과거의 지식노동은 조직을 필요로 하지 않았다는 차이가 있습니다. 오늘날의 지식노동자들은 피할 수 없이 자신의 지식에 상응하는 조직에서 일하고 있습니다. 그 조직은 그들에게 가능성을 제공하는데, 그것은 여러 사회적 연결망에서, 하나의 팀이나 프로젝트 또는 지구적으로 연결된 조직에서 서로 공동의 작업을 할 수 있게 해주고 있습니다. 그 과정에서 아주 복잡하고 까다로운 생산물을 만들어낼 수 있습니다. 근대적 의미의 지식노동자들의 개념은 그렇게 이해하고 있습니다.

좀더 자세히 설명하자면 인공위성이나 비디오 카메라, 그리고 펜티엄 칩을 한 사람이 생산하는 것은 불가능합니다. 그에 상응하는 조직만이 이 일을 처리할 수 있고, 정확하게 이러한 의미에서 오늘날 하나의 상응하는 지식노동을 가지고 있는 하나의 조직은 각각의 개개인보다 훨씬 지능적으로 움직일 수 있습니다.

이제 제3의 개념으로 넘어와서 지식사회가 만들어낸 것은 지식노동의 결과이고, 그것은 지능적인 생산물이자 서비스이며 '지능이 내장된' 물건입니다. 그것은 원래 아주 단순한 것을 뜻하는데 생산물이나 서비스 상품의 잉여가치를 만드는 것은 이제 더 이상 물질이나 물질과 땅, 인간 노동력의 결합이 아니라 전문성이 내장된 아주 명확하고 탁월한 것입니다. 예를 들어 펜티엄칩은 물질적인 비용이 들기는 하지만 그것은 무시될 수 있는 수준입니다. 인공위성, 고성능 카메라, 녹음기 등에 들어가는 이 칩이 만들어내는 잉여가치는 그에 투여된 지능과 전문성에 들어 있습니다. 이는 서비스에도 그대로 적용되는데, 고전적인 전문 서비스들 변호사, 의사, 선생님, 학자들과 연구자들은 과거와 같은 형태의 서비스를 제공할 것입니다. 오늘날 많은 일반적인 서비스들은 지식과 전문가들에 기초하고 있습니다. 예를 들어 오늘날 고층 건축물의 전문가, 운전 연습의 전문가, 컴퓨터 수리전문가,

기업네트워크의 전문가 등이 있고, 그들은 정확한 의미에서 지식노동자들입니다. 그들은 지능적인 서비스를 수행하고 있고, 계속적인 학습과 새로운 상황 및 문제에 적응하는 능력을 가지고 있습니다.

지식노동의 부분과 '내장된 지능'의 부분이 계속 증가하고 있는 것인가요?

지식사회로 넘어가는 과정은 표준 생산물과 서비스에 기반하여 생산되고 있습니다. 경제적인 전체 과정에 변화가 일어나고 있습니다. 단순한 생산은 사라지고 복잡하고 지식에 기반한 상품 생산과 서비스로 넘어가고 있습니다.

자동차를 예로 들자면, 자동차 잉여가치의 약 20%는 소프트웨어와 센서들, 그러니까 컴퓨터 부속품들이 차지하고 있습니다. 몇 년 내로 그 부분은 잉여가치의 약 40% 이상을 차지할 것입니다. 자동차와 같은 정상적인 표준화된 상품은 몇 년 내로 첨단부품의 비중이 50%에 육박할 것입니다. 그것이 의미하는 것은 우리에게 지금껏 익숙했던 상품들이 지능이 내장된 지식기반상품으로 변화됨을 보여준다고 볼 수 있습니다.

지식에 기반한 부분이 증가하면서 순수한 물질비용은 점점 줄어들고 있습니다. 그 부분은 조금 과장한다면 5%에서 10% 정도에 머물고 있습니다. 컴퓨터의 생산비용은 약 100달러이지만 그 판매 가격은 500달러에 이릅니다. 이는 지식부품이 400% 정도 차지한다는 것을 의미합니다. 책은 대표적인 지식상품입니다. 그 책의 가치는 종이값이나 그 생산비용이 아니고 그 책에 들어 있는 지식이 결정합니다.

어디에서, 그리고 누구에 의해서 '단순한 노동'이 수행되고 있습니까? 모든 상품이 지식기반상품이 될 수는 없는 것이니까요.

그 질문에는 두 가지로 대답할 수 있습니다. 소위 '단순한 노동'은 이러한 일이 여전히 경제적으로 의미를 갖고 있는 나라나 지역으로 옮겨지고 있습니다. 일이 다른 나라로 넘어가게 되는 만큼 우리에게 그러한 일자리를 제공할 수 있는 기회는 줄어듭니다. 우리는 '단순한' 영역에서 사람들이 일할 수 있는 기회를 더 이상 제공하지 못합니다. 우리 사회의 비용과 복지정책은 결코 경쟁적이지 않기 때문입니다. 그것은 엄청난 사회정책적인 문제를 발생시키고 있습니다.

다른 측면에서 우리들이 보고 있는 것은 우리가 노동력을 빌려오고 있는 다른 나라들은 ―예를 들어 타일랜드나 인도, 중국과 같은― 우리가 생각했던 것보다 훨씬 빠른 속도로 발전하고 있습니다. 동남아시아의 호랑이 국가들은 ―한국, 타이완, 싱가포르― 벌써 지식기반사회로 나아가고 있는 중인데 우리가 생각했던 것보다 그 속도가 훨씬 빠릅니다. 사람들이 바라는 것은 이러한 일이 인도나 중국과 같은 아주 거대하지만 후진적인 나라들에서 일어나는 것입니다.

당신은 국민들(?) 소수에게만 지식이 전달되고 있는 것이 문제라고 하신 적이 있습니다. 그렇다면 지식사회에 대해 말하기가 어려운 것 아닌가요?

저는 노동시장이 세 부분으로 나누어져 있다고 생각합니다. 경제협력개발기구(OECD) 가입국에 상층 노동인구의 약 20%는 곧 전지구적으로 통용되는 전문교육을 받은 고도로 전문화되고 고도의 능력을 지닌, 진정한 지식노동자들이고 그들은 직장에 대한 걱정을 거의 하지 않는 사람들입니다. 이러한 사람들은 국가들마다 다른 규정과 세금 규정에 거의 영향을 받지 않는 것이 보통이고 그래서 그들은 언제든지 외국으로 옮길 수 있습니다. 그들에 대한 전지구적인 수요는 매우 높은 편이고 국가정책에도 거의 영향을 받지 않습니다.

그러나 교육받지도 못했고 교육받을 의사도 없으며 지식사회의 요구를 수용할 수 없는, 약 20%의 하층 노동인구도 있습니다. 따라서 실업자의 약 10%는 일자리를 찾는 줄에서도 찾아볼 수 없을 것입니다. 이 사회는 그 20%의 사람들을 잃어버린 것이고, 그 사람들은 이 사회의 요구에 따라 수용될 가능성이 전혀 없습니다. 그로부터 초래되는 사회정책적인 결과는 이 계층의 사람들은 영원히 실업급여에 의존하여 살아야 한다는 것입니다. 여기에 복지국가의 고유한 과제가 있다고 볼 수 있습니다.

노동가능인구의 약 60%가 점차 전문화되어가고 있습니다. 이 사람들의 업무수행능력은 매우 높은 수준이며 그들은 지속적으로 재교육받아야 하는 처지에 있습니다. 이러한 중간집단의 양쪽 끝에는 위로나 아래로 파동이 있을 수 있습니다. 특별한 자격을 갖추고 현장경험이 있는 사람들은 지식노동의 상층으로 이동할 수 있을 것입니다. 그들에게는 새로운 자격이 요구될 수도 있습니다. 예를 들어 새로운 기술이 발전되거나 2000년에 갑자기 다시 코볼 프로그래머가 필요할 수도 있기 때문입니다.

그것은 완벽한 자격을 갖춘 집단이 하층으로 추락할 수도 있다는 것을 의미합니다. 그들은 새로운 기술의 개발에 의해, 새로운 생산품에 의해서 또는 새로운 프로그램의 개발로 더 이상 필요하지 않을 수도 있습니다. 예를 들어 은행의 자료입력 노동자나 보험 자료입력 노동자들은 그 일처리의 자질을 가지고 있고 일련의 교육과정을 거쳤음에도 새로운 소프트웨어의 개발과 새로운 기술의 개발로 인해, 또는 텔레뱅킹의 도입으로 이 직업 집단도 그들의 일자리를 잃어버리게 되었습니다. 하룻밤 사이에 그들이 갖춘 자격은 더 이상 필요없어진 것입니다. 이러한 노동시장의 세 부분은 높은 파동과 역동성이라는 특징을 갖고 있습니다.

1953년 사회학자 헬무트 수길스키가 말했던 '평준화된 중산계층 사회'의 테제가 도래하고 있는 것일까요?

그 퍼센티지는 비슷합니다. 그러나 그 내용이나 그가 말한 역동성은 발견되지 않습니다. 60%에 달하는 지식사회의 중간계층은 평준화되지 않고, 높은 수준으로 분화되고 있습니다. 다양한 전문가들에 기초한 계층이고 그들은 완전히 서로 다른 능력을 가지고 있습니다. 우리들은 60%라는 큰 집단에 들어 있는 큰 차이를 발견하고 있습니다.

당신은 지식사회가 제대로 형성되었다고 볼 수 있다면 그것은 모든 부분의 시스템들이 스스로 재생산하기 위해서 완전히 지식에 의존하고 있다는 것이라고 말한 바 있습니다. 그렇다면 하층 20%에게는 무슨 일이 일어나는 것일까요? 당신이 말한 것처럼 사회에서 잃어버린 사람들 말이지요. 이 부분에서 엄청난 양의 사회적 폭탄이 만들어지고 있습니다.

그 의미에 대해서 설명할 기회를 주시겠습니까? 노동은 지식지향적입니다. 모든 일은 특정한 지식과 관련을 맺어 이루어진다는 것을 말합니다. 지식사회에서의 노동이라는 의미에서 지식노동은 완전히 다른 내용을 갖게 될 것입니다. 한번 형성된 지식만이 아니라 지속적으로 만들어지고 수정되고, 경험에 의해서 변화되는 그러한 지식을 말합니다. 지식은 더 이상 고정불변의 진리로서만 의미를 갖는 것이 아니라 자원으로서의 의미를 갖습니다. 이러한 일은 보충적인 지식은 끝없이 다양한 영역과 연관을 맺게 되고, 그것이 요약되는 만큼 조직된다는 사실에 의존하게 됩니다. 지식은 더 이상 권위적으로 교육과 지식체계에 의해서 관장되는 것이 아니고 실질적으로 사회의 모든 영역에서 생산됩니다. 그에 따라 지식체계는 완전히 새로운, 아주 정교한 상태에 돌입하게 된 것입니다.

지금 묘사한 새로운 지식의 형태는 지식사회의 노동시장에서 하층 문제와 관련이 있습니다. 그 계층의 사람들이 지식을 갖고 있지 못하다는 것은 아닙니다. 그들에게 부족한 것은 지식의 지속적인 수정을 요하는 사회의 도전에 응할 수 있는 능력이 있는가 하는 것입니다. 그들에게 부족한 것은 다양한 지식들을 연결시킬 수 있는 능력입니다. 따라서 그들은 지식사회를 움직이는 특수한 노동을 수행할 수 있는 상황에 있지 않습니다. 사실 이것은 사회에 폭탄을 던지는 것이나 마찬가지입니다.

이 폭탄의 뇌관을 제거할 수 있는 가능성은 있는 것인가요?

이러한 문제들에 대한 대안으로 저는 에치오니의 공동체주의 모델을 신뢰하고 있습니다. 이 모델이 가장 적절한 모델이라고 봅니다. 그것은 지역적이고 은둔적인 급진적 공동체주의와는 다릅니다. 아미타이 에치오니는 그것을 완전히 다른 형태의 행위로 분류하고 있습니다. 혹시 노동이라고 표현하여야 한다면 노동입니다. 예를 들어 공동체, 마을의 공동선을 위한, 그러나 이익 지향적이지 않은 그러한 행위입니다. 여기에는 완전히 다른 행위의 영역이 형성되고 그것은 그 중요성에 상응해서 사용하면 중요해질 수 있습니다. 그것은 공동체 차원에서, 그리고 지역적인 차원에서 탈중심적이고 자발적으로 조직된 영역입니다. 저는 비록 이러한 행위로 생계를 유지하기는 어렵다고 하더라도 노동시장에서도 의미 있는 행위가 될 수 있다고 봅니다. 이 영역에 있는 사람들이 경제적인 의미에서 스스로를 재생산하지는 못하기 때문에 그들은 실업수당이 필요한 것입니다.

여기에서 다시 국가가 등장합니다. 이 영역에서 정치와 국가는 분명하게 그 의미를 갖고 있습니다.

이러한 영역에서 국가는 그 의미를 갖고 있거나 그 의미를 얻게 될 것입니다. 국가나 정치가 정당성을 얻을 수 있다면 그것은 국가나 정치가 사회를 위해서 공공성의 역할을 수행할 경우입니다. 전통적인 집합재는 해체되고 있습니다. 특히 하부구조의 영역에서 철도, 도로, 전신전화체계는 탈규제화되고 민영화되고 탈국가화되고 있습니다. 현재 지식사회에서는 새로운 집합재의 필연성이 생겨나고 있습니다. 집합재는 정책에 의해서만 생산되는 것이 아니고 복잡한 연결 형태에서 형성되고 있습니다. 순수한 집합재는 없고 복합적인 집합재가 형성되고 있습니다. 그 집합재는 정치가 한 부분을 지원하고 다른 사회집단이 보충적인 부분을 보완하는 형태로 되어 있습니다. 이러한 사회정책은, 사회를 위협하는 부분을 완화시킴으로써 사회를 생존 가능케 하고 전체 사회의 통합을 이루기 위해 국가의 고유 과제를 수행하는 대표적 예입니다.

그것은 완전히 새로운 문제를 등장시킵니다. 여전히 연대공동체가 의미를 가지는 이유는 무엇입니까?

우리가 분명히 알아두어야 할 것은 국가 개입적 사회, 복지국가는 19세기 후반부에 분명하게 정의되었던 사회공동체를 만들었다는 것입니다. 그 국가의 형태는 초기 자본주의가 만들어놓았던 파괴와 빈곤에 대한 대응이었습니다. 지체부자유자와 노인, 질환자에 대한 강제적 연대공동체가 만들어졌는데, 그것은 국가의 강제 의료보험체계의 형태로 개인이 감당할 수 없는 위험을 조직화하는 것이었습니다.

오늘날 우리들은 큰 문제에 봉착하고 있습니다. 국민국가적 경계와 지역적으로 규정된 연대공동체가 지구화의 역동성에 의해서 해체되고 있는 것이 그것입니다. 정치와 국민국가는 점차 사회공동체를 위한 규제적인 행동을 점점 더 할 수 없게 되어가고 있습니다. 왜냐하면 다른 형태의 공동체가 이러한 일을 맡아야 하거나 고유한 개인적인 연대공동체로 정의되어야 합니다. 그에 대한 예로서 의료보험체계가 있습니다. 외국의 보험체계에 가입하는 것보다 그것이 더 싸다면, 국민국가적 의료보험체계가 살아남을 수 있을까요. 연금제도나 노인간호 제도의 경우도 점점 더 마찬가지입니다. 여유가 있고 정보와 경험이 있는 사람들은 강제 보험과 사적 보험에 동시에 가입할 수 있습니다.

이것은 바로 다음과 같은 두 가지 질문을 유발합니다. 오늘날 정착시킬 수 있는 연대공동체는 어떠한 것일까? 그리고 그것은 어떻게 경계지을 수 있을까? 그에 대한 대답은 두 가지의 차원에서 나올 수 있습니다. 그 두 차원은 서로 연결된 상태로만 기능합니다. 그 하나로, 사회적으로 가까운 환경과 마을들은 하나의 새로운 역할과 의미를 얻고 있습니다. 마을은 이제 전통적인 의미로만 이해해서는 안 될 것입니다. 마을은 이제 하나의 제도로서, 시민들의 권리와 의무가 서로 매력적인 자극에 의해 연결되어 있는 곳입니다.

두번째 차원에서 시장경제적 목적으로 조직되어 있는 연대공동체가 있습니다. 이 차원의 연대공동체도 필연적입니다. 오로지 시장만이 지금까지의 강제공동체와 국가적으로 조직된 연대공동체에 기능적으로 대응할 수 있을 것입니다.

국가와 정치가 여전히 하나의 역할을 수행할 수 있다고 보십니까?

우리는 진지하고 적절한 정치 역할에 대한 분석을 제시해야 할 것입니다. 그렇지 않으면 균형을 잃은, 그리고 무엇인가 부적절한 시장에 대한 평가나 시장의 가능성에 대해 말하게 될 것이고 지역적인 환경의 가능성에 대해서도 말할 것입니다. 이 점에서 저는 잘못 도출된 공동체주의의 위험이 있다고 봅니다. 그것은 실질적인 정치의 역할을 너무 쉽게 간과하고 있습니다. 다른 측면에서 신자유주의는 모든 것을 시장의 기능에 맡기려 하고 있고 정치의 역할이 얼마나 큰지를 인정하지 않는다는 점에서 비난받아 마땅합니다.

이러한 딜레마로부터 빠져나오는 데 국가의 주권이 도움이 될까요?

그 대답은 1970년대 이후 유럽 대륙에서의 정치 발전을 회상해볼 필요가 있습니다. 1970년대를 요약하자면 저는 그것을 국가의 탈주술화로 명제화하고 싶습니다. 이 시기의 큰 국가 지향의 개혁 시도는 좌절되었고 국가에 의해서 강제로 진행되던 개혁의 추진력은 사라졌습니다. 더욱 급진적이었던 것은 두번째 단계에서 발생하고 있습니다. 국민국가적 경계의 해체에 대한 반응으로서 복지국가의 파괴가 그것입니다. 복지국가는 이제 더 이상 유지되기 어려워졌습니다. 거대한 통치집단으로서 국가들이 서로 경쟁을 하고 있었던 구도는 전지구화의 역동성에 의해 대체되었습니다. 이러한 상황은 복지국가에 수정을 가하고 있습니다. 우리들은 국가의 아이러니를 경험하고 있습니다. 국가는 '총체적 규제자'의 역할을 수행해야 하는 상황에 있으며, 그리고 아이러니하게도 사회의 역동성에 거리를 유지하는 상황에도 처해 있습니다. 이러한 일이 일어난다면 국가는 새로운 역할을 맡게 되는 것이고, 그것이 국가의 주권이 될 것입니다.

그렇다면 누가 주권의 역할을 맡게 될까요?

그것은 바로 정치입니다. 국가의 주권은 산업사회에 대한 지식사회의 도전입니다. 전통적인 국민국가의 기반과 산업사회의 기반이, 그리고 상응하는 정치의 역할이 사라진다면 새로운 주권이 등장할 것입니다. 예를 들어 노동, 자본, 토지가 아니라 정신적인 것과 지식과 전문성이라는, 완전히 다른 자원의 기반 위에 성립한 지식사회는 정치가 스스로 변화할 것을 요구하고 있습니다. 그 주권적인 역할에서 정치는 완전히 서로 다른 부분 영역들—조직, 사회 시스템과 행위자들—의 총합적인 결과를 총괄할 수 있어야 하고 관찰자의 역할도 맡아야 합니다. 그래서 국가는 사회에 존재하는 갈등과 불화, 위험 등을 발견하고 그들의 미래를 전체적으로 파악하고 있어야 합니다.

저발전국가들이 도약할 수 있도록 초국가적 주권이 어떻게 활용될 수 있을까요?

예를 들면 UN과 같은, 일련의 전지구적인 기구들이 있습니다. UN은 예를 들어 지역적인 갈등의 경우에서 초국가적인 역할을 수행하고 있습니다. 마치 다국적기업처럼 지역갈등을 완전히 다른 관점에서 바라보기 때문입니다. 초국가적인 주권은 스스로 참여하지 않습니다. 갈등과 이해관계에 얽매이지 않고 냉정하게 판단하고 행동할 수 있습니다. 또 다른 전지구적인 성격을 가진 기구는 세계은행입니다. 현재 세계은행은 지나치게 중앙집중적인 역할을 수행하고 있다는 비판을 받고 있기는 합니다. 국민국가적 행동은 국민 경제적 논리와 분리되어 진행되지 않습니다. 정치는 세계 기준에 맞게 조정되고 그에 준하여 움직이며, 세계은행도 그렇게 움직이고 있습니다.

그 초국가적 주권이 민주주의를 확장시킨다고 보십니까?

그렇다고 봅니다. 자율적인 하부체계들의 자기 조정은 꼭 필요한 것이라고 봅니다. 초국가적인 주권은 우선적인 권한을 갖거나 우월성을 갖고 있지 못합니다. 복지국가 시스템이 그러했습니다. 마찬가지로 지식사회가 발전하더라도 그렇게 될 것입니다. 자율적인 부분 영역들은 정치가 아니라 전문가들에 의해서 움직일 것입니다. 중앙의 지식보다도 지역의 지식이 훨씬 더 발전할 것입니다. 우리들은 분화된 지식을 가지고 있습니다. 초국가적 주권이 우선권을 갖지 못할 것이고 그 대신 통합을 꾀할 것입니다.

중앙통제는 어떠한 일을 수행하게 됩니까? 그리고 전략적인 경영과 거대한 제도들에 대한 지도는 여전히 필요하다고 보십니까? 자영업의 탈중심적인 중심들도 있습니다. 그들은 고유한 전문지식과 고유한 경험을 가지고 있습니다.

지도자의 특별한 기능은 근대화에 있습니다. 그리고 탈중심적인 조직들을 미래 지향적으로 움직이게 하는 것입니다. 마케팅과 R&D(연구개발), 그리고 생산이 동시에 진행되는 경우, 그 공동의 기반은 찾기는 어렵지만 불가능한 것은 아닙니다. 그리고 그에 따라 공공의 생산물이 만들어집니다. 대기업은 어떻게 이러한 장애를 넘을 수 있는가를 잘 알고 있습니다. 그렇지 않으면 그 조직은 잘 움직이지 않거나 경쟁력이 약해질 수밖에 없습니다. 또한 사회도 이러한 학습과정을 여러 측면에서 이미 거쳤습니다. 유럽 통합이 그 대표적인 예입니다. 전지구적인 수준에서 그와 같은 상호작용이 있었고 앞으로도 있을 것입니다. 동양에 대한 서양의 개방과 또한 토론 및 접근과 충돌, 그리고 다시 서구와 이슬람 사회의 토론은 조금씩 학습과정이 될 것입니다. 정치는 기업으로부터 배울 것입니다. 그들의 기술과 전문지식으로부터 이익을 얻을 것입니다.

미래의 대한 긍정적인 전망이 있다면 말씀해주세요.

최소한 우리는 무엇을 피해야 하는가를 알고 있습니다. 대부분의 국가들은 우리가 공멸하는 것을 피하려고 합니다. 기본적인 목표는 그 일을 잘 수행할 수 있는 모델과 개념들을 발전시키는 일일 것입니다.

후기

"견고한 사회이론이 아직도 나타나지 않았다." 이 말은 그러한 이론을 제안하려고 많은 연구와 교육에 혼신을 다했던 니클라스 루만이 이미 30년 전에 언급한 말이다. 그렇다면 과연 그런 사회이론을 계획하는 것이 가능하고 의미 있는 일인가?

"당신은 어떤 세계에 살고 있는가?"라는 질문의 아이러니는 바로 어떤 명쾌한 대답도 없고, 대답 자체가 있을 수 없다는 데 있다. 사회는 범주화될 수도 한정될 수도 없으며 오히려 언제나 불투명하고 복합적이며, 지속적으로 움직이고 변화한다는 단적인 본질을 지니고 있다.

사회는 존재하지 않으며, 어쨌든 서로간에 독립적인 개인들이 존재한다고 주장하는 목소리들이 있다. 가문 안에, 계급에 따라 구별되거나 민족적 경계 안에 갇혀 있는 전통적 의미의 사회는 더 이상 존재하지 않는다는 것이 반드시 사회의 존속에 대한 의심을 뜻하는 것은 아니다. 여기서 우리가 대체로 한 사회 안에 사는가 하는 물음이 문제되는 것은 아니다. 오히려 노버트 엘리아스의 책제목처럼 『개인의 사회』가 오늘날 무엇을 특징짓고 있는지가 문제시된다.

이 책은 사회를 토론으로 해결하려 하거나, 지난 역사를 기억하게 하려는 어떤 의도도 갖고 있지 않다. 오히려 사회에 관한 다양한 구상들을 열거하고 대조하려고 한다. 추가적으로 한 가지는 강조되어야 한다. 제시될 사회에 관한 구상들은 하나의 견고한 사회이론을 명시하려는 어떤 요구도 갖지 않는다. 사회개념들과 이를 근거 짓는 사회적 구상들은 인간적 공존의 경제적, 정치적, 법적 또는 문화적 범위(틀)를 탐구하고 기술하고 설명하기 위해 사회에 대한 시각, 완전히 특정한 문제 제기, 그리고 특정한 의도에서 던져진 것이다.

사회를 '구조적으로 결합된 전체'로 보고 충분하게 서술하는 것은 사회과학의 대가들, 카를 마르크스, 에밀 뒤르켐, 게오르그 짐멜, 막스 베버 또는 탈콧 파슨스에게도 역시 허락되지 않았다. 그들에게 사회에 관한 포괄적인 진술을 해줄 것을 요구했지만, 그들도 이러한 요구를 충족하는 데는 성공하지 못했다. 그들은 사회의 본질을 기술하고 설명하기 위해 항상 한 단면만을 선택하고, 개별적인 현상들을 추적하거나 그것들을 문제로 삼는 단초를 선택하였다.

이른바 대가들 모두는 사회를 변화시키는 요소들과 사회적 행위자들에게 우리의 시선을 열어준 상이한 결론들에 이르게 되었다. 사회의 근본 특징은 변천이다. 변천을 통해 사회는 변화하고, 낡은 구조로부터 벗어나 동시에 다시금 새로운 형태를 얻는다. 그래서 우리는, '산업적 생산사회로부터 후기산업적 서비스 사회로'를 다니엘 벨이 언급하고, 마틴 앨브로가 확언하였듯이 '근대사회로부터 지구촌 사회로'의 이행에 놓여 있는 사회, 즉 '이행사회'에 관해 언급한 클리포드 기어츠의 견해에 동의할 수 있다. 울리히 벡도 재차 '산업사회로부터 위험사회'의 과도기에 관해, 게하르트 슐츠는 '계급사회에서 체험사회'에 대해 언급하고 싶었을 것이다.

'통치 공백기간'이라는 용어는 피상적이지만 아마도 가장 정확하게 사회의 본질, 시공간에서의 변화를 서술하고 있다. 사람들이 만약에 이행을 정확하게 분석한다면, 어떤 명료한 방향도 규정될 수 없다고 확정하게 된다. 오히려 모든 것이 서로 분산되며, 불분명해지고 모순될 것이다. 이행의 현상은 양가적이다. 전지구적 실행과 동시에 지역적 정주가 그것이다. 한 곳에서 민족국가는 의미를 잃게 되고, 다른 곳에서는 자신의 르네상스를 축하한다.

이 책은 다원적 사회에서 한 질문에 더욱더 많은 대답들이 제시된다는 결론을 시사하고 있다. 그런 까닭에 우리는 기능적으로 분화되고, 탈통합되고, 위기의식화되고, 시민적이고, 노동지배적이고, 체험지향적이고, 후기산업적이고, 지식기반적이고, 다중선택적이고, 다원문화적이고, 가변문화적인 전지구적 사회에 살고 있다고 잠정적으로 결론내려야 한다.

이로써 여전히 하나의 항존적 대답이 주어지지는 않았지만 —그것은 역시 발견되지 않는 것인데— 우리는 아마도 사회에 대한 새로운 통찰을 얻은 것이다.

찾아보기

용어

(ㄱ)

가능성 18, 22, 62, 106, 111, 127, 142, 179, 191
가변문화사회 201
가변문화성 248, 250, 267~268, 270
가부장주의자 201
가상적인 관계 266
가시적 폭력 147
가족구조 79
갈등 132, 139, 140, 145, 150, 188
갈등 조정 142
갈등사회 132, 139
강제이주자 166
개방 117
개별문화 250
개별성 198
개성화 114
개인주의화 45, 47, 50~51, 125, 199
개체화 133, 242
게임 27, 48, 71, 91, 113, 158, 181, 245
결과의 균등(equality of results) 157
결속위기 132
결핍사회 230
경기 하강 31
경제협력개발기구 285
경직성 220
경험교류 231
계급 55, 218
계급구조 28
계급사회 51, 55
계급투쟁 242
계몽 261
계획쾌감 184
고백동물 198
고용주 221
고유문화 251
공공성 150
공동체(Gemeinschaft) 196
공적인 폭력 132
공통어(lingua franca) 167
과잉사회 230
관용 160
관점방식 116
국가민족(volk) 200
국가시민권 171
국가의 개입 98
국민국가 20, 23, 37, 52, 60, 80~81, 89, 99, 103, 209, 270, 289
국민국가적 경계 242
국민성 258
국적권 167, 171
국제적 기업 37

권력 150
권력독점 162
극우주의 130
근대 23, 42, 114, 261, 264
근대성 23, 185, 193
근대화 42, 114, 189, 243
근대화과정 117, 186
근본모델 187
근본주의적 정체성 135
글로벌화 187, 189, 199
기간노동자 166
기계기술 75
기능분화사회 173, 194, 202
기능적 분화이론 176, 190~191
기본권 260
기회의 균등(equality of opportunities) 157
기후변화 52

(ㄴ)
낯선 것으로서의 사고 180
낯설음 113
내부문화 235
노동 11, 29, 42, 58, 78, 141, 197, 215, 274
노동 없는 자본주의 57
노동사회 204, 206, 207
노동시간단축 146
노동시장 58, 146, 197, 214
노동자구역 250
노사관계 100, 221
뉴딜 정책 121

(ㄷ)
다각적 분화 37
다문화사회 143, 151, 155, 161, 162, 167, 171, 201
다문화성 201~202, 250
다문화주의 201, 261
다원성 135, 156, 248, 250, 263
다중국적 125
다중선택사회 106, 108~109, 111, 117, 126, 127
다중의무사회 108
단일문화적 사회 161
단일민족 164
단체(community) 66, 95, 112, 195, 210, 272
대안집단지 250
대중매체 17
독일 통일 199
독일적 특별 운명 164
동등성 168
동질사회 252
동질화 37
두번째 근대 263
두번째 시선 174, 177, 182, 200~202

(ㄹ)
로마클럽 77, 244

(ㅁ)
망명입법 166
망명타협안 143
매체 267

멀티 쿨티 152, 154, 165
무질서 132
문화 26, 37, 64, 71, 96, 103, 126, 250
문화 모델 268
문화적 프로젝트 118
문화제국주의 267
미래의 불확실성 121
민족국가 184, 191, 195
민족국가적(nationalstaatliche) 정치 148
민족주의운동 189
민족화 195, 241

(ㅂ)
반성적 근대화 47, 187
반유대주의 연구 169
발전논리 245
발전의 종식 245
방향상실감 112
방향성 198, 253, 259
범주화 265, 295
법치국가 89, 191, 210, 218, 233
변형놀이공간 241
별장지 250, 259
보호장벽 81
복지국가 55, 58, 99, 123, 204, 286, 289
복지정책 48, 99, 219, 285
북미자유무역협정 80
분배투쟁 170
분화된 사회 191
분화이론 195
불안정감 112
불확실성 112, 118, 254

(ㅅ)
사교환경 232
사교활동 113
사회 불평등 42
사회(조직) 178, 180, 181, 186
사회계약 58, 121
사회문화적 선택 133
사회민주적인 모델 194
사회보장제도 55, 59, 214
사회불평등 55
사회성 198
사회입법 166
사회적 환경 231, 241
사회적인 배제 155
사회적인 양극화 141
사회학적 이론 174
사회화 143, 146, 149, 189, 122, 232
사회환경 239
산업사회 17, 44, 55, 66, 75, 192, 277, 282, 296
산업화 189, 261
삶의 프로젝트 241
상승 243
상징질서 238
상호인정 132, 139, 145
상호작용 143
상호작용이라는 의미에서의 사교 180
생명공학 77
생활세계 248

서구화 36
서류분류자(Portfolio-Worker) 120
서비스 56, 77, 206
선별 가능성 239
선택 108, 112, 118
선택화 114
성장 243
성장명령 109
성장의 모순 121
세계 질서 23
세계무역기구 96
세계사회 22, 24, 37, 61
세계 시민사회 103
세계시장 17, 59
세계화 20, 118, 184, 216, 264, 267
소속성 202
소수문화 145
소통매체 265
속지법(ius solis) 154, 165
수준환경 231
수직적 패러다임 239
수평적인 조정 231
순수한 규범 170
시간적 분절화 135
시민 참여 223~224
시민권 62, 89, 97, 103, 144, 171, 250
시민노동 58, 59, 101, 122
시민사회 86, 88~89 95, 97~99, 172, 211
시민운동 50, 197
시민적 특권 198
시민화폐 101, 102
시장경제 48, 89, 197, 190
식민적 예속 192
신비적 일치(unio mystica) 126
신자유주의 59

(ㅇ)
약한 다문화주의 162
여가시간 122, 146
여성주의자 201
역사의 종말 245
연극(운동) 181
연대성 113, 242
열린 사회 109
영토 경계 193
영토원칙 168
영토적 한계 125
온두라스 218
온실효과 22
완전고용 55, 59, 206
외국인 적대감 130, 171
우연성 117, 118, 125, 184
위기관리 157
위험감수사회 35, 44, 45, 47, 51
위험사회 15, 41, 296
유동성 251
유럽연합 86, 99, 168, 219
유목민 113
유연성 120~121, 135, 186, 220
유연한 다문화주의 169, 170
유연화 119, 146
유전공학 52

유토피아 137, 148, 162, 237
육체노동 66
의사소통적-상호작용적 차원 139
이데올로기 109
이민(Ein) 165, 171, 251
이민국가 164
이민법 152, 165~166
이민사회학 174
이민자 169
이방문화 251
이방성 180, 198
이상사회 115, 236
이상향 쾌감 184
이주(Zu) 165
이주제한법 166
이중언어주의 167
이해갈등의 조정 67
인권 45, 260, 270
인식론적 분리 179
인종적-문화적 분쟁, 130
인종적-문화적인 이질화 141
인종주의 164
인터넷 264, 265
1968년 혁명 137
일상생활의 심미화 230
일시적인 계몽자원 245
잉여사회 241

(ㅈ)

자간나트의 마차 124
자기성취 환경 231
자본주의 비판 138
자아-분열 126
자아-사냥 112, 125
자유 46~47, 58, 73, 81, 108, 143, 198, 218, 226, 263160
자유계약직 122
자유시장경제 88
자유시장원칙 81
잠재폭력성 132
적-녹색 정부 157, 197
적대적 폭력 147
전지구적 45, 52, 111, 251
전지구적 국제사회 193
전지구적 시대 20, 22, 32, 259
전지구적 진군명령 109
전지구화 24, 32, 36, 47, 80, 96, 100, 291
전진행군 113
정보기술 17, 31, 218, 275
정보기술의 발달 31
정치적 국가(nation) 200
제3세계 36, 118
조직 23, 38, 54, 96, 102, 122, 176~194, 237, 242
조직개념 185~186
조직론(Gesellschaft) 174, 176
조직적 권력 183
조직화 54, 177, 189, 237
조합주의 37
조화환경 231
종족 현상 123
주류문화 145
주변집단 200
주조화 241
지구화 17, 20, 43, 126, 133, 290
지배 150

지식기술 75
지식노동 282~287
지식사회 274, 277, 280, 282, 285, 287, 292~293
지역화 148
지향성(의도성) 187
직업세계 119
직업의 감소 47
집단 9, 23, 45, 71, 87, 132, 161, 189, 231~232

(ㅊ)
차이성 168, 191, 265
차이인정 109
참여소설 158
천연자원 66
첫번째 시선 174, 177, 182, 197
체계통합 139
체험사회 228, 230, 238
체험정위성 230, 238~239, 242
체험합리성 230, 240

(ㅋ)
카리타스 103
캡슐화 123

(ㅌ)
탈개인화 전략 196
탈규제화 59, 135, 146
탈분화과정 194
탈산업화 141
탈전통화 114
탈주술화 7, 108, 272, 291
탈통제화 119
탈통합 147
탐험가 113
통일화 265, 266
통합 134, 139, 146
통합문제 134
통합정책 144, 167
통합환경 231
특권 159

(ㅍ)
패러다임 116, 191
평등 142
폐쇄화 123
포스트모던 26, 32, 90, 248, 259, 261, 262, 263, 264
폭력 130, 132, 143
피고용자 221

(ㅎ)
합리화 7, 119, 243
합법화 143, 189, 196
합의사회 132, 139
해악 도그마 170
해체 134, 139, 145
해체사회 129
헌법애국주의 169
현대사회 9, 52, 90, 123~124, 259
현실성 111
혈통권(ius sanguinis) 270
혼합결혼 161
혼합사회 252
확실성 253

환경 22~23, 207, 217, 231, 238
환경오염 45
환경운동 23
후기구조주의 187
후기산업사회 17, 56, 63, 66, 75, 81, 209, 222
훌리건의 폭력 147

인명

(ㄱ)
갈브레이드, J. K 241
그로스, 피터(Peter Gross) 105~106, 108~109
기든스, 앤서니 32, 38, 124, 259

(ㄴ)
나세히, 아르민(Armin Nassehi) 173~174, 176~177
니체, 프리드리히 248

(ㄷ)
다렌도르프, 랄프 64, 86, 88~89, 172
뒤르켐, 에밀 195, 296

(ㄹ)
라인골드, 하워드 265
레게비, 클라우스(Claus Leggewie) 151~152, 154, 155
료타르, 장 프랑수아 248, 259
루만, 니클라스 116, 176, 191, 198, 295

(ㅁ)
마르크스, 카를 11, 58, 68, 124, 296
만, 토마스 48, 91, 158, 211
몽테뉴 262
무질, 로버트 132, 158

(ㅂ)
발저, 로버트 112, 114
베버, 막스 119, 192, 296
벡, 울리히(Ulrich beck) 32, 42, 45, 122, 196~197, 223, 296
벨, 다니엘(Daniel Bell) 33, 56, 66, 222, 296
벨슈, 볼프강(Wolfgang Welsch) 248, 250
보들레르 261
부르디외, 피에르 238, 239
비트겐슈타인, 루드비히 253, 256
빌케, 헬무트(Helmut Willke) 272, 274, 275

(ㅅ)
서로, 레스터(Lester Thurow) 124
세네트, 리처드 119, 120
슐링엔지프, 크리스토퍼 111, 113, 125
슐츠, 게하르트(Gerhard Schulze)

228, 230, 231~232, 296

(ㅇ)

에치오니, 아미타이 198
아리스토텔레스 262
앨브로, 마틴(Martin Albrow) 20, 22, 24, 259, 296
오페, 클라우스(Claus Offe) 204, 206, 207, 267

(ㅋ)

키에르케고르, 쇠렌 111

(ㅍ)

파슨스, 탈콧 185, 187, 190, 296
폰타네, 테오도르 236
푸코 198

(ㅎ)

하버마스, 위르겐 49, 259
하이트마이어, 빌헬름(Wilhelm Heitmeyer) 130, 132, 133
헉슬리, 올더스 234
호네트, 악셀 270
후쿠야마, 프랜시스 245

■ 엮은이

아르민 퐁스

1968년에 태어났으며 대학에서 사회학, 심리학, 정치학을 공부하였다. 현재는 뮌헨에 살면서 자유 저널리스트, 사진작가, 저술가로 활동하고 있다. 또한 자신이 편집한 책들을 주제로 한 강연회와 토론회, 전시회를 기획하고 있다.

■ 옮긴이

김희봉

연세대학교 철학과 졸업, 동대학원 졸업(석사)
독일 부퍼탈 대학교 철학박사
현재 그리스도신학대 교양학부 교수
저·역서: 『현대윤리학의 문제들』(철학과 현실사, 2002, 공저), 『철학의 거장들』(한길사, 2001, 공역), 『인간의 조건과 실천철학』(한양대출판부, 1996, 공저) 등이 있다.
논문: 「가상현실의 철학적 의미」, 「지각과 진리의 문제」, 「인간 폭력의 근원과 의미」외 다수.
e-mail: freizeit@hananet.net

이홍균

연세대학교 사회학과 졸업, 동대학원 졸업(석사)
독일 마부룩 대학교 사회학박사
연세대학교, 이화여자대학교, 국민대학교, 가톨릭대학교 등 강사
이화여자대학교 연구교수
현재 서원대학교 연구교수
저·역서: 『NGO 시대의 지식 키워드21』(아르케, 2003, 공저), 『사회적 압력과 소외』(학문과 사상, 2003), 『하버마스의 사상』(나남, 1998, 공저).
논문: 「국가·시장, 그리고 시민사회단체」, 「발전국가의 도덕적 해이와 새로운 세계질서: 'IMF 시대'의 내재적 원인과 외재적 원인」, 「지속 가능한 발전 개념에 대한 비판」.
e-mail: lhk330@chol.net

사회과학자 12인에게 던지는 질문

당신은 어떤 세계에 살고 있는가? ❶

엮은이 | 아르민 퐁스
옮긴이 | 김희봉·이홍균
펴낸이 | 김종수
펴낸곳 | 도서출판 한울

편집책임 | 최병현
편집 | 한혜정

초판 1쇄 발행 | 2003년 12월 10일
초판 3쇄 발행 | 2005년 5월 1일

주소 | 413-832 파주시 교하읍 문발리 507-2(본사)
121-801 서울시 마포구 공덕동 105-90 서울빌딩 3층(서울 사무소)
전화 | 영업 02-326-0095, 편집 02-336-6183
팩스 | 02-333-7543
홈페이지 | www.hanulbooks.co.kr

등록 | 1980년 3월 13일, 제406-2003-051호

Printed in Korea.
ISBN 89-460-3169-7 03330
ISBN 89-460-0113-5(세트)

* 가격은 겉표지에 있습니다.

한울의 관련 도서

사회과학자 12인에게 던지는 질문
당신은 어떤 세계에 살고 있는가? 2
아르민 퐁스 엮음/윤도현 옮김/404면/2003.10 발행

god, 스타덤과 팬덤
박은경 지음/240면/2003.7 발행

논쟁의 역사를 통해 본 사회학
자연과학–정신과학 논쟁에서 하버마스–루만 논쟁까지
김덕영 지음/424면/2003.7 발행

카스텔 3부작『정보시대: 경제, 사회, 문화』
제1권 네트워크 사회의 도래
마뉴엘 카스텔 지음/김묵한·박행웅·오은주 옮김/684면/2003.4 발행

제2권 정체성 권력
마뉴엘 카스텔 지음/정병순 옮김/근간

제3권 밀레니엄의 종언
마뉴엘 카스텔 지음/박행웅·이종삼 옮김/528면/2003.10 발행

한국사회의 계급론적 이해
신광영·조돈문·조은 지음/324면/2003.3 발행

계급, 문화, 언어
기업공간에서의 의미의 정치
박해광 지음/288면/2003.2 발행

노동과 발전의 사회학
한국산업사회학회 엮음/412면/2003.1 발행

사회이론의 구성
구조/행위와 거시/미시 논쟁의 재검토
정태석 지음/304면/2002.6 발행

스포츠, 그 열광의 사회학
왜 스포츠는 우리를 매혹시키고 사로잡는가?
앨리스 캐시모어 지음/정준영 옮김/512면/2001.3 발행

현대비판사회이론의 흐름
김호기 엮음/416면/2001.1 발행

사회연구의 철학
존 휴즈·웨슬리 샤록 지음/이기홍 옮김/372면/2000.11 발행

전자우편 hanul@hanulbooks.co.kr(대표)
plan@hanulbooks.co.kr(기획)
edit@hanulbooks.co.kr(편집)
marketing@hanulbooks.co.kr(마케팅)
design@hanulbooks.co.kr(디자인)